Meine acht Jahre bei VORWERK

Ein Insiderbericht

Thorsten Kupper

novum pro

Bibliografische Information
der Deutschen Nationalbibliothek:

Die Deutsche Nationalbibliothek
verzeichnet diese Publikation in
der Deutschen Nationalbibliografie.
Detaillierte bibliografische Daten
sind im Internet über
http://www.d-nb.de abrufbar.

ISBN 978-3-99038-408-4
Lektorat: Pia Euteneuer, MA
Umschlagfoto: Thorsten Kupper
Umschlaggestaltung, Layout & Satz:
novum Verlag
Innenabbildungen:
Thorsten Kupper (27),
Bild S. 119: Tilman Ehrcke, Heinigen
bei Göppingen

Gedruckt in der Europäischen Union
auf umweltfreundlichem, chlor- und
säurefrei gebleichtem Papier.

www.novumverlag.com

novum pro

Inhaltsverzeichnis

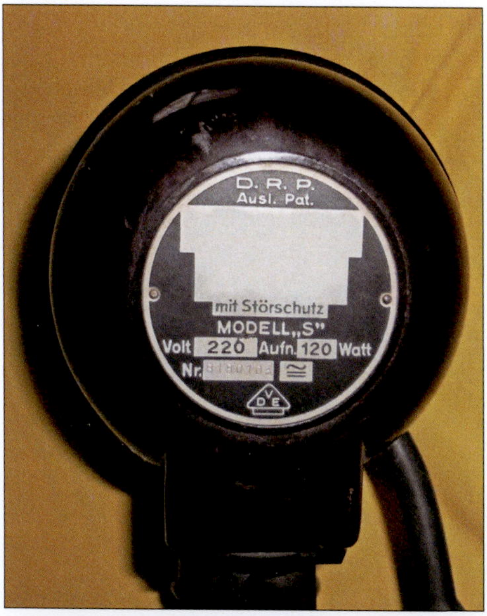

Motorschild 1938–1940 und 1945–1952

Maskottchen aus Plüsch

Teil 1

Anmerkung

Der folgende Text enthält zum größten Teil die männliche Form der Anrede, um die Lesbarkeit zu verbessern, gemeint ist aber auch die weibliche.

Vorwort

Um den Schutz der betroffenen und beteiligten Unternehmen, Ex-Mitarbeiter oder noch tätige Personen in diesem Unternehmen zu garantieren, haben Verlag und Autor das strengere österreichische Urheberrecht und nicht das deutsche angewandt. Außerdem wurden die rechtlichen Einwände von dem Leiter Unternehmenskommunikation des Vorwerk-Konzerns berücksichtigt. Die zugänglichen Informationen des Unternehmens – Geschäftsberichte, Familienstudien, Flyer, Bedienungsanleitungen und die Homepage – kamen zur Verwendung, ebenso meine persönlichen Erlebnisse, wobei das Persönlichkeitsrecht der Ex-Kollegen beachtet wurde, was hoffentlich die Lektüre trotzdem interessant macht.

Die Themen wie Direktmarketing, Multi-Kanal-Marketing, Fach- und Kundenberater kommen wiederholt vor, das aber deshalb, weil sie unter verschiedenen Aspekten erörtert werden, da das Buch drei Ebenen beinhaltet – nämlich die Unternehmens-, Bezirks- und persönliche Ebene. Bei genauem Lesen werden Sie merken, dass die Krisenjahre von 2006 bis 2009 auch in der Ursache wahrzunehmen sind.

Mit dieser Multi-Kausalität kann der lange, schwierige Weg der Gesundung von Vorwerk teilweise erklärt werden.

Dazu wurden die Themen wie Motivation, Entscheidung oder die Wirtschaftsethik in einzelne Kapitel mit aufgenommen, die übergreifend sind. Dennoch ist es nicht möglich, solche komplexen Themen umfassend darzustellen, da dies sonst den Rahmen des Buchs sprengen würde.

Für Leser, die solche Sachgebiete genauer interessiert, sei auf die ergänzende Literatur im Anschluss des Schlusskapitels verwiesen. Auf Querweise habe ich weitgehend verzichtet, um die Lesbarkeit zu verbessern. Daraus resultiert aber, dass einige Themen mehrmals in verschieden ausführlicher Form in den Kapiteln behandelt werden.

Erfahrungen aus der Kindheit

Ich kann mich noch an meine Kindheit erinnern. Ich war oft kränklich und wenn ich deswegen mal zu Hause sein durfte, kamen schon mal Hausierer, so nannte meine Mutter sie damals. An einen, der immer mit Schuhputzsachen, also Cremes, Schnürriemen, Deckchen und Putztüchern an der Tür stand, erinnere ich mich besonders. Manchmal kniete er vor meiner Mutter am Hauseingang, demütig, um sein Familienleben zu finanzieren. Seine Tasche mit den vielen Fächern ausbreitend versuchte er, oft vergebens, mit Engelszungen auf meine Mutter gestikulierend, seine Ware schmackhaft zu machen. Dabei wurde er aber niemals aufdringlich.

Durch meinen Vater, der über viele Jahrzehnte erfolgreicher Großhandelsvertreter und Reisender in der Lebensmittelbranche war, bekam sie die Herausforderungen des Verkaufs mit, trotzdem kaufte meine Mutter dem Hausierer nur selten oder wenig ab, was wohl in ihrer Vorsicht und Sparsamkeit begründet ist.

Direktvertriebe

Bild 22 (Tabelle) und im Anhang Glossar weitere Formen der Direktvertriebe [/1/]

Gibt es als Hof-Läden, die Eier, Milch, Käse, Kartoffeln, Honig auf dem Wochenmarkt feilbieten. Auf Flohmärkten, Ladenpassagen, Wochenmärkten, Straßenverkäufen, Hausierern, Stände in den Innenstädten, Fabrikverkäufe, Stände an Ausfallstraßen und der City. Es gibt Multi-Level-Marketing, eine besondere Form des Direktvertriebs, indem auf der Ebene des Verkäufers als auch über geleitete, geworbene Verkäufe die Produkte vermarktet werden, Verkauf übers Telefon, durch den Anruf des Kunden zu Hause geführtes Verkaufsgespräch, jedoch nur nach vorheriger Genehmigung des Kunden, Verkauf übers Fernsehen, wo Produkte von Verkäufern übers Fernsehen vermarktet werden, Verkaufspartys, meist in Privatwohnungen oder Gaststätten organisierte Verkaufsveranstaltungen, Werbung über Direktmailing, direkt adressierte Briefe an den potentiellen Kunden meist mit Prospekt und Bestellkarte zum Bestellen gesandt und unzählige Anbieter im Internet – sogar die Spendensammlung für einen guten Zweck des Rettungsdienstes, Sozialwerkes oder für den Erhalt der Kirchengebäude in den Großkirchen (Spendenmarketing oder aus dem Englischen: Fundraising[/2/]). Auch politische Parteien im Wahlkampf sind auf Stimmenfang bzw. bemühen sich um die Aktivierung ihrer Wähler und Sympathisanten. In umkämpften Wahlentscheidungen greifen sie selbst zur Haustürwerbung oder bieten Präsentationsmöglichkeiten für Organisationen und Privatunternehmen auf Parteitagen, werben um Spender und Sponsoren (politisches Fundraising), während sie sonst in Parlamenten und Wirtschaftsausschüssen wirtschaftliche Aktivitäten durch Gesetze einzudämmen suchen.

Das Buch ist in fünf Teile untergegliedert, damit es Ihnen möglich ist, sowohl aus fachbezogenen, unternehmensspezifischen und persönlichen Themen das auszuwählen, was Sie besonders interessiert:

Der Global Player und Konzern Vorwerk & Co. und das aktuelle Multi-Marketing-System, das Direktvertriebssystem und der praktische Vertrieb der Staubsauger sowie die persönlichen Erfahrungen mit der Gruppe oder Kollegen und die Staubsauger-Definition, EU-Verordnung, Grundlagen und der deutsche Markt, Öko-Anforderungen an den Staubsauger.

„In der Beschränkung zeigt sich erst der Meister.“[/3/]
Johann Wolfgang von Goethe

Was Sie aus diesem Buch lernen können

Dieses Buch kann Ihnen die Entscheidung für Vorwerk Staubsauger oder einen anderen Vertrieb erleichtern, aber ich will und kann Ihnen nicht abnehmen, ob Sie bei Direktvertrieben kaufen oder sich engagieren als Handelsvertreter. Dieser Beruf wird als „jemand, der *von [Büro] Tür zu [Büro] Tür* läuft und seinen Kunden mit einem *gleichbleibend freundlichen* Lächeln im Gesicht vom Druckerpapier bis zum Maschinenteil *alles* verkauft“[/4/] (Hervorhebungen vom Autor) definiert. Wie Branchenkenner wissen, „*die Chemie [muss stimmen]* – das ist *A und O* in der Zusammenarbeit zwischen *Werk und Handelsvertretung* [und *zur Gewinnung und Bindung* von Kunden]“ (Hervorhebungen und Ergänzungen vom Autor)[/5/]. Jeder muss selbst entscheiden, ob er sich in diesem Spannungsfeld von Werk, Vertretung und Kunde selbstständig machen möchte.

Sie sind, wenn man es nach Sektoren aufteilt, tätig in „**54 % Einzelhandel**, 52 % Großhandel, **47 % Industrie**, 19 % Handwerk, 15 % Öffentliche Hand und 7 % Gastronomie“.[/6/] Die Überschreitung auf 194 % entsteht durch Mehrfachnennung und lässt vermuten, dass freie Handelsvertreter mindestens zwei Unternehmen vertreten dürften.

Von den Beschäftigten stellen Sie 7 %; somit jeden 13. Beschäftigten, werden aber oft als „Klinkenputzer“ tituliert, obwohl die freien Handelsvertreter in Unternehmen, insbesondere der Entwicklungsabteilung, Fertigung, Planung und dem Management Arbeitsplätze sichern. Diesen ständig aktiven, kommunikativen, mit verschiedensten Menschen in unvorhersehbaren Situationen und Stimmungen zusammenkommenden Mitarbeitern muss täglich das Kunststück gelingen, die Produkte oder Dienstleistungen Fremden (Neukunden) oder alten Bekannten (Bestandskunden) zu verkaufen oder wenigstens im Gedächtnis zu bleiben. Dabei haben Außendienstler, angestellt oder selbstständig nach dem Handelsgesetzbuch (HGB) Umsatzvorgaben als Tages-/Wochen-/Monatsziele zu erreichen. Zusätzlich ist eine Reisetätigkeit zu bewältigen, die je nach Kundenkreis zwischen 60.000 km und 200.000 km jährlich mit dem Firmenfahrzeug oder abgerechneten privaten Auto; als Bahnreisende oder im Flugzeug umfasst.

Es lassen sich wenige Analogschlüsse aus diesen subjektiven Erfahrungen zu anderen Warensortimenten des Unternehmens Vorwerk aus dem Staubsauger-Direktvertrieb ziehen, wie die Strategien für Küchenmaschinen oder Pflege-, Kosmetik- und Nahrungsergänzungsprodukte. Der Direktvertrieb der Küchengeräte über Kochkurse und Kosmetikprodukte über Hauspartys bleibt wahrscheinlich eher eine Domäne des weiblichen Geschlechts, während es bei den Reinigungsgeräten eher männliche Vertreter gibt.

Dabei ist aber ratsam, eine gewisse Ambiguität der Umwelt hinzunehmen, also dass Menschen zwiespältig und mehrdeutig für einen in der Wahrnehmung sein können. Außerdem muss die Frustrationstoleranz hoch sein, also trotz viel Mühe eine große Enttäuschung hinzunehmen und nicht zu hadern und Ausdauer sowie Geduld an den Tag zu legen und bei ersten Rückschlägen nicht gleich aufzugeben. Außerdem gelten in selbstständigen Tätigkeiten andere Regeln als von abhängigen Beschäftigen (Arbeitnehmer) verlangt wird. Diese reichen weit mehr als der Kalauer, dass man „selbst und ständig arbeiten (muss)“, so haben freie Handelsvertreter schwankende Einnahmen bei laufenden Fixkosten, 100 % zu zahlende Sozialversicherungen oder die Kosten für eine private Absicherung, Risiken und Chancen des Markts im Wettbewerb, Vorsteuererklärungen, aber eine freiere Gestaltung der Gewinn- und Verlustrechnung, Bilanzgestaltung im Rahmen des Steuerrechts usw.

Quellen

1 vergl. URL: http://www.direktvertriebe.de **[Abrufdatum 21. 06. 2015]**

2 vergl. Marita Haibach: Handbuch Fundraising – Spenden, Sponsoring, Stiftungen in der Praxis, Berlin/New York, komplett aktualisierte und erweiterte Auflage 2012

3 Roland Leonhardt: Lebensweisheiten berühmter Dichter und Denker – über 2000 Zitate von Aristoteles bis Zuckmayer, Hannover, Originalausgabe (Buch); 2011

4 vergl. „Handelsvertreter: Outsourcing für den Vertrieb“ in „IHK Magazin Wirtschaft der IHK Region Stuttgart“ Nr. 05/2013, vergl. „Handelsvertreter: Outsourcing für den Vertrieb“, S. 7

5 „Handelsvertreter: Interview: Eine gehörige Portion Bachgefühl ist gefragt CDH Geschäftsführer Heiko Kübler über die Zusammenarbeit mit Handelsvertretern“ in IHK Magazin Wirtschaft der IHK Region Stuttgart Nr. 05/2013, S. 12

6 „Statistik der CDH“ in Handelsvertreter: „Interview: Eine gehörige Portion Bauchgefühl ist gefragt CDH Geschäftsführer Heiko Kübler über die Zusammenarbeit mit Handelsvertretern“ in IHK Magazin Wirtschaft der IHK Region Stuttgart Nr. 05/2013, S. 12

Teil 2

Über Vorwerk

Diese zwei Bilder zeigen exemplarisch die Fortschritte der „Kobolde“: vom kleinen, unscheinbaren Handstaubsauger auf der Erfolgsspur vor dem Zweiten Weltkrieg, aber schon mit Entstörung (vermutlich Radio-Empfänger), bis zum „Kobold“ für Allergiker, der bis heute weiter verbessert wurde.

Handstaubsauger Vor- und Nachkriegszeit (1938–1940, 1945–1952)

Handstaubsauger, 1960–1965 [/1/]

„Der kürzeste Weg ist nicht der möglichst gerade, sondern der, bei welchem die günstigsten Winde unsere Segel schwellen; so sagt die Lehre der Schifffahrer.“ [/2a/]
Friedrich Nietzsche

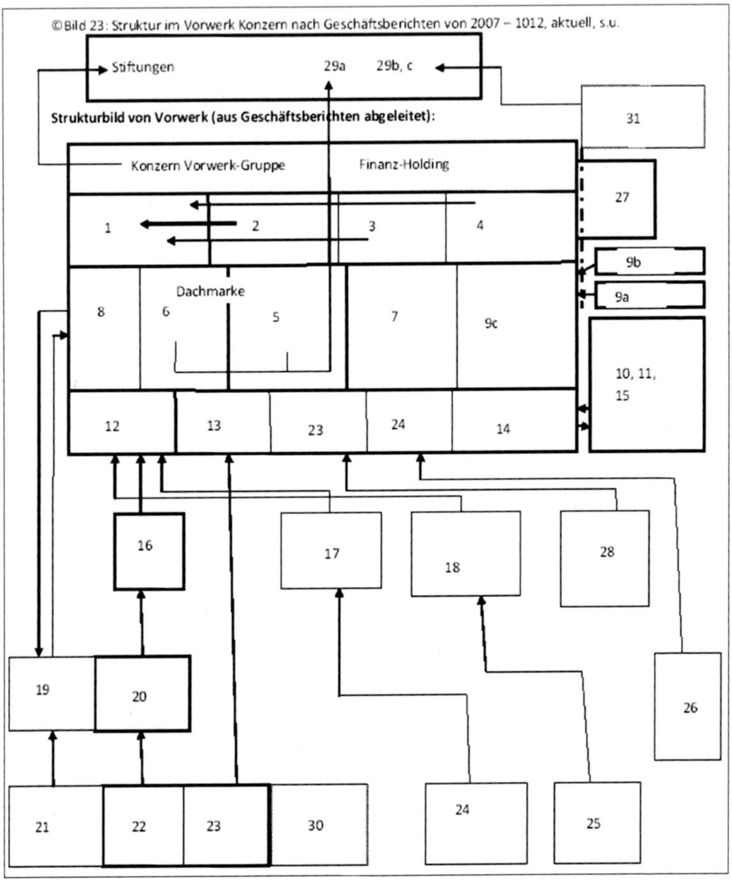

Unternehmensstruktur nach den Geschäftsberichten und Präsentationen

Legende: 1 = (berufene) zweiköpfige inhabergeführte Unternehmensleitung mit Zeitverträgen; 2 = (berufener) Beirat mit Vorsitz und Ehrenvorsitz, Kontrolle der Geschäftsführung und weiteres Gremium der Familienmitglieder (Gesellschafterversammlung und stille Teilhaber); 3 = Zentrale Planung und Ausführung, auch Innovationen, s. auch 15; 4 = Finanzielle Ressourcen: Vermögensverwaltung, Investitionen (intern); Controlling, Buchhaltung, Abschreibungen auf Anlagen; 5 = Division Reinigung/Raumpflege, Dachmarke seit 2012; 6 = Division Küchengeräte, Dachmarke seit 2012; 7 = Division Pflegeprodukte, Kosmetik aus Mexiko/USA; 8 = Division Management/Marketing/Vertrieb Teppich(-böden), Nadelfilz; 9a = Vorwerk Bank 1: Anlagegeschäft, Konsumentenkredite, Kredite an Unternehmen, s. u. Bild 25; 9b = Vorwerk Bank 2: Leasing, Fahrzeuge und Personal, s. Bild 26; 9c = Division Immobilien, Fusionen und Übernahmen, ab 2010; 1974 bis 30. 06. 2008 Division Einbauküchen, verkauft bis 31. 01. 2009 Division Bügelsystem, eingestellt; 10 = Fünf Produktionswerke (Fertigung), extern: Reinigungsgeräte/Raumpflege, Küchengeräte, Teppiche, Kosmetik (USA/Mexiko) und China; 11 = Einführung und Handlung neuer Produkte auf Ingenieurebene ; 12 = Multi-Kanal-Marketing und – vertrieb Raumpflege, national und international; 13 = Marketing und Vertrieb über in- und ausländische Repräsentanzen; 14 = Produktionsplanung/Engineering/Innovationen: Produkte, Dienstleistungen, Prozesse (technisch, wirtschaftlich); 15 = Qualitäts- und Umweltmanagement ; 16 = Flagship-Store Hamburg.

Zu den Staubsaugern, Küchengeräte, Teppichen oder Technischer Service: 17 = Division Asien – Pazifik/Produktion mit mehreren Produkten, darunter Wasserreinigung; 18 = Mehrheitsbeteiligungen oder komplette Übernahmen in neuen Märkten; 19 = selbstständige Handelsunternehmen/Shops zu Teppichen und Teppichböden; 20 = selbstständiger Handelsvertreter Reinigungsgeräte = Kundenberater; 21 = Kunde für Teppiche/Teppichböden; 22 = Kunde Reinigungsgeräte/Raumpflege; 23 = (inter-) nationaler Internetkunde für Reinigungsgeräte, Küchengeräte, Pflegeprodukte, Kosmetik; 24 = Beschaffung/Einkauf auch Personalleasing für Kantine und Reinigung, selbstständige Handelsvertreter, Werkverträge, externe Dienstleister und Vorprodukte, z. B. Fahrzeugflotte; 24 = Kunde zu Asien und Pazifik; 25 = selbstständige Handelsvertreter Kosmetika und Pflegeprodukte; 26 = Arbeitsmarkt für Helfer, Auszubildende, Gesellen sowie Meister, Akademiker, Spezialisten, Führungskräfte und Spitzenkräfte; 27 = Bis 30. 06. 2006 Reinigungsunternehmen, ab 2010 voll konsolidiert ins Unternehmen aufgenommen, ab 2013 Assoziation überführt in neue Gesellschaft, s. auch Bild 27; 28 = Beschaffungsmarkt für Rohstoffe, Bodenschätze, Vorprodukte, Warenzukauf und Dienstleistungen, national und international; 29a = Spenden an die Kinderdörfer über Ehrenvorsitzenden, Manager, Berater, interne und externe Mitarbeiter; 29b, c = zwei weitere fiduziarische Stiftungen, Mutter und Sohn des Ehrenvorsitzenden; 30 = erweiterte Öffentlichkeit: 31 = Spender/Sponsoren.

Die Organisationsstruktur, wie in den Geschäftsberichten gezeigt wird, beinhaltet lediglich eine sehr grobe Annäherung der Wirklichkeit. Sie reicht aber dazu, dass die Vorwerk-Gruppe trotz Schwierigkeiten, Verkauf, Einstellung von Divisionen, Einführung eines neuen Marketingkonzepts und Rückschlägen, wie Absatzrückgänge, dennoch im operativen Geschäft durchgängig insgesamt Überschüsse, d. h. Gewinne, verbuchte.

Das o. g. Strukturbild versucht hier, etwas mehr Klarheit zu bringen und auch die Kunden mit einzubeziehen, denn ohne Kunden gäbe es Vorwerk nicht. I. d. R. ist es dem privaten Kunden (Business to Consumer, B2C) im Bereich des BGB egal, wie das Unternehmen funktioniert, solange Vertrauen, Preise und Service stimmen, und auch egal, von wem er Staubsauger; Küchengeräte, Wasserreiniger, Parfüm kauft oder eine Beratung erhält. Beim Geschäftskunden (Business to Business, B2B) hingegen, wo das HGB gilt und Ruf, Bonität, Zuverlässigkeit, Kosten, Effizienz eine sehr große Rolle spielen, möchten die Beteiligten und Betroffenen meist vor Vertragsabschluss für Leasing, Miete, Reinigung und erst recht bei Bankgeschäften viel mehr wissen.

Deshalb ist diese Grafik auch eher für solche Leser gedacht, die sich betriebswirtschaftlich mit der Organisation, deren Abläufe heute besser Prozesse genannt werden, vom Auftrag, Herstellung und Auslieferung befassen und sich dafür interessieren, welche Rolle die Beschaffungswege dabei spielen.

Aber da das Spektrum sowohl der Finanzen als auch des assoziierten Reinigungsunternehmens vielfältig ist, sind diese mit Bild 25 bis 27 noch einmal ergänzend hinzugefügt.

Global Player sind aber im Allgemeinen sehr komplex, d. h. alle Zusammenhänge und Abhängigkeiten sind nicht sofort sichtbar – vermutlich sind selbst führende Manager und die Geschäftsführer nicht in der Lage, ohne Weiteres alles sofort zu benennen und zu überblicken.

Hingegen dürften die angestellten Berater an vielen Stellen ungewöhnliche Einblicke erhalten haben.

Eine weitere Aufteilung erscheint dann sinnvoll, wenn Potenziale gefunden werden sollen, Probleme zu benennen oder Lösungsvorschläge, d. h. für einen spezifischen Ansatz ein spezifisches Modell zu entwickeln, um aus diesem Verständnis heraus Ursachen zu erkennen und Konzepte zu entwickeln.

Diese Struktur könnte noch weiter verfeinert werden.

Aber dies würde nur dann interessant, wenn das Detail interessiert.

Dazu ist aber ratsam, selbst Pressemitteilungen, Homepage, Studien, Umwelt- und Geschäftsberichte selbst zu analysieren.

Hier geht es darum, die grobe Beschreibung von Vorwerk in die nächsttiefere Stufe zu zerlegen und die Fäden und Schlingen etwas zu entwirren, die nur durch Verstehen der Geschäftsberichte entstehen kann.

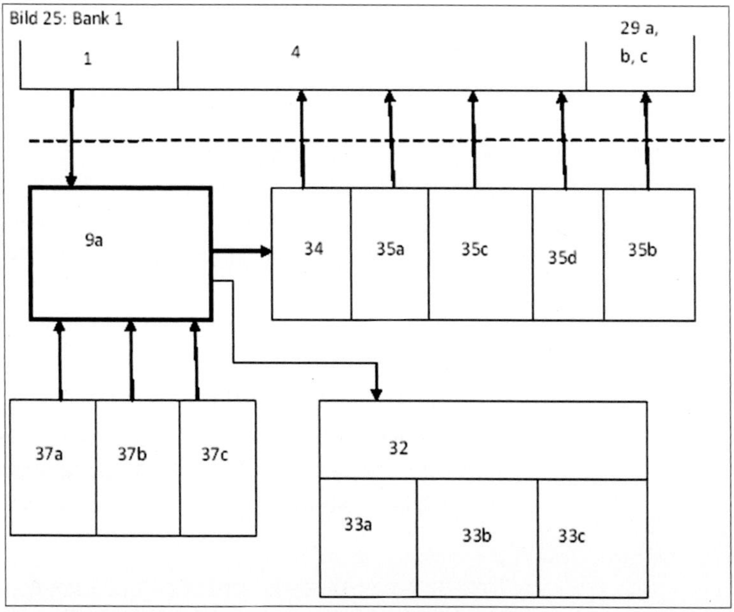

Bank 1, Bank- und Finanzgeschäfte

Legende: Zur Bank 1: seit 2013 abgetrennt vom Gesamtunternehmen. 1 = Geschäftsführung Vorwerk; 4 = Finanzielle Ressourcen, Controlling, Buchhaltung Vorwerk; 9a = Bank 1; 29a, b, c = Stiftungen von Vorwerk-Familienmitgliedern; 32 = Darlehen; 33a = Kredite an Private; 33b = Kredite an befreundete/übernommene Unternehmen; 33c = Kredite an fremde Unternehmen oder stille Teilhaber; 34 = Börse; 35a = Zinsswaps, Zinsdifferenzen, Währungsdifferenzen; 35b = Mündelsichere Anlagenfonds für Rentenleistungen an angestellte, interne Mitarbeiter, Stock („Eigenkapital" der Stiftung) und daraus Erträge (z. B. Zinsen, Dividenden); für Stiftungen: ; 35c = Spekulationen wie Aktien, Obligationen, Wettgeschäfte: Swaps; 37a = Einlagengeschäft, eigene; 37b = Einlagen, private; 37c = Anlage-Angebote.

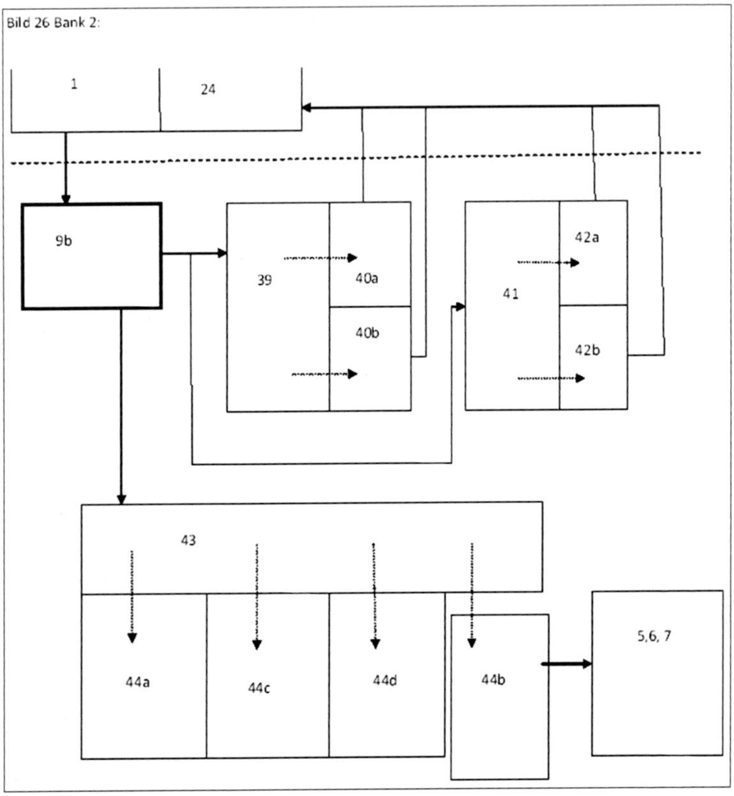

Bank 2, Leasinggeschäfte

Legende: 1 = Geschäftsführung Vorwerk; 5 = Division Raumpflege/Reinigungsgeräte, Handelsvertreter; 6 = Division Küchengeräte, Handelsvertreter; 7 = Division Kosmetik und Pflege, Handelsvertreter; 24 = Beschaffung bzw. Einkaufsabteilungen von Vorwerk; 9b = Bank 2; 39 = Leasing von Sachen; 40a = Leasing Fahrzeuge; 40b = Sonstiges Leasing; 41 = Leasing Personal, allgemein; 42a = Personal-Leasing, Reinigungskräfte; 42b = Personal-Leasing, Kantinenpersonal; 43 = Beschaffungsmarkt/Einkäufe; 44a = Beschaffungsmarkt Personal; 44b = eigenständiger Beschaffungsmarkt Handelsvertreter der Divisionen; 44b = Beschaffungsmarkt Fahrzeuge; 44c = Beschaffungsmarkt Sonstiges.

Bild 27: Zum assoziierten Reinigungs-Unternehmen:

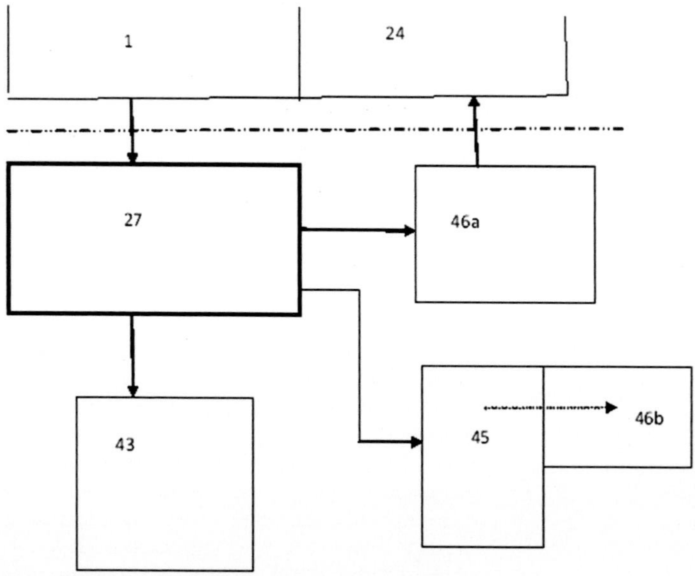

Reinigungsunternehmen, assoziiert

Legende: 1 = Geschäftsführung Vorwerk; 24 = Beschaffung/Einkauf Dienstleistungen von Vorwerk; 27 = Reinigungsunternehmen, assoziativ zu Vorwerk; 43 = Beschaffungsmarkt Personal; 45 = Kunden, allgemein zu Reinigungsdienstleistungen; 46a = Kunde Vorwerk; 46b = Fremdkunden.

Historisches

Siehe Bild 23, 25–27 mit Legende und Erläuterungen
Vorwerk beging im Jahr 2008 sein 125-jähriges Jubiläum, das im Jahr 1883 mit der Gründung der „Barmer Teppichfabrik" zweier Brüder mit Namen „Vorwerk" im Wuppertaler Barmen begann. Da ein Bruder schon bald starb, kam 1907 eine weitere Gründerfamilie hinzu, die bis heute maßgebend ist. Das Erfolgsgeheim-

nis dieses Familienunternehmens bestand und besteht daraus, sich immer wieder auf sich verändernde Anforderungen der Märkte einzustellen, mutig neue Wege zu gehen, z. B. in den 1930-er Jahren durch die Einführung des Direktvertriebssystems aus den USA für Staubsauger hierzulande und mit rotierenden Bürsten den Teppich als Erster zu saugen.

Heute ist die Vorwerk-Holding ein global Player mit über 3 Milliarden Euro Umsatz, der auf dem asiatischen und amerikanischen Kontinent stark vertreten ist. Das Spektrum der Produkte und Dienstleistungen umfasst neben Küchengeräten und Wasserreinigern auch die Personaldienstleistungen bis zur eigenen Bank. Eine eigene Abteilung ist damit beschäftigt auf den Aktienmärkten zu spekulieren, andererseits kauft eine eigens eingerichtete Abteilung – um das Innovationsklima zu stärken – Start-up-Unternehmen aus der Direktvertriebsbranche und dem Internethandel hinzu.

Gute Voraussetzungen sind gegeben, dass es Vorwerk weiterhin schafft als Champion mitzuspielen, indem es sich ständig bemüht, hoch motivierte und engagierte Mitarbeiter sowohl für den Außendienst als auch in den zentralen Werken weltweit zu beschäftigen.[/2b/]

Die aktuellen Geschäftsberichte aus den Jahren 2013 und 2014 deuten darauf hin, dass das Unternehmen vermehrt international um die Division der Finanzanlagen, Einwerbung privater Investoren, Zukäufe von Innovationen bemüht ist und dass endgültig das Küchengerät den Staubsauger auf die zweite Stelle verweist.[/2c, 2d/]

Es folgt nun ein detaillierter geschichtlicher Abriss zur Geschichte des Konzerns Vorwerk, die Philosophie des Familienunternehmens und -unternehmers[/3/] und deren beteiligte Protagonisten, was die Ziele, Entwicklungen, Krisen und Besonderheiten ausmachen. Ziel ist es nach eigenem Bekunden, dass Vorwerk Weltmarktführer im Direktvertrieb sein möchte, was erreichbar scheint, aber hierzulande auf Probleme stößt.

Dabei erfolgt zuerst eine Gesamtsicht, aber in vielen Beschreibungen beschränke ich mich auf die Division Reinigungsgeräte, die („Kobold“)-Geschichte aus den 1930-er Jahren bis heute. Das universelle Küchengerät, das bereits im Jahre 1971 aus Frankreich zugekauft wurde, steht neuerdings mehr im Fokus); sowie die Einbauküchen; die im Jahre 1974 dazu kamen, davor hatte Vorwerk bereits eine firmeneigene Bank im Jahr 1968 gekauft.[4] Diese Produkte des Reinigungs- und Küchengeräte-Sortiments und Kosmetika sind die, die nach wie vor die Bekanntheit und die Existenz des Unternehmens sichern. Zwei Brüder gründen im Jahr 1883 die „Barmer Teppichfabrik Vorwerk & Co."[5/6] – ein damaliges deutsches Familienunternehmen – und von Anfang an ist dieses Sortiment über den gesamten Zeitraum bis heute erfolgreich. Diese Teppichweberei ist nach wie vor für ihre Unverwüstlichkeit und hohe Qualität bekannt, sie war die Gründungsidee, ist heute unbedeutend vom Umsatz, aber immer noch prägend für das Selbstverständnis.

Im Jahr 1907 stieg ein Mitglied einer neuen Familie ein und diese Dynastie, die bis heute mit ihrem Miteigentümer als Geschäftsführer und Ehrenvorsitzender entscheidend[7] über drei Jahrzehnte den Konzern gestaltet hat. Später übernahm der Sohn diese Entwicklung, der sich momentan mehr als Stifter und Mäzen (siehe Stiftungen und Spenden) zu verstehen scheint.

Sie wird von drei geschäftsführenden Inhabern verantwortet, aber derzeit von einem Geschäftsführer[8], einem Niederländer, dominiert; der im Jahr 2008 seinen Vorgänger ersetzte, der nach 14 Jahren aus Altersgründen ausschied.

In der obersten Führungsebene befinden sich, bis auf zwei Frauen, nur Männer und trotzdem ist Vorwerk in seinen Sortimenten, die sich um Saugen (Teppich-, Teppichboden-, Hartbodenbürsten-Sauger), Milben Entfernen (Betten, Polster, Teppichboden); Reinigen (Fenster und Wasser), Kochen (Einbau-Küchen), Pflegen, Verschönern (Kosmetik und Hautpflegeprodukte) Bügeln (Bügelgeräte) kümmern, erfolgreich, was in der Führungsstruktur fast an die großen Non-Profit-Organizations (deutsch: Nicht am Gewinn orientierte Unternehmen, Gemeinnützige) des Glaubens erinnern könnte. Aber auch um Globalisierung insbesondere, Finanzierung, Kreditvergaben an Kunden und Unternehmen, Spekulationen in Lebensmittel und Rohstoffe (Zinswetten), Leasing von Fahrzeugen und Personal, Immobilen (z. B. Miete, Pacht, Kauf), internationale Partner, Kooperationen, Assoziationen, freundliche Übernahmen, technische Innovationen, Qualitätssicherung und Umweltschutz sowie Gemeinwirtschaftliches Engagement für die Schwachen in der Gesellschaft, insbesondere Kinder in Deutschland, Indien und Vietnam, zeichnen die Geschäftstätigkeit aus.

Erst in der dritten Führungsebene nimmt die Anzahl der Frauen anteilsmäßig zu, aber es werden hier auch die Ehepartner(innen)[/9/] mit genannt. Was wieder die Verbundenheit mit Familien und Tradition zeigt, die auf klassische Werte setzt.

Aus den Unterlagen geht zwar nicht unmittelbar hervor, wie Aufgaben und Kontrolle funktionieren, denn die Geschäftsführung wird anscheinend vom Beirat kontrolliert, während auf der dritten Ebene die verbunden Unternehmen und weitere Familienmitglieder, Männer und Frauen, mitreden können.

Es werden keine Angaben zum Einkommen auf der ersten Ebene gemacht; da diese Offenlegungspflicht auch nur für börsennotierte Aktiengesellschaften besteht. Vergleich mit anderen Konsumgüterherstellern, siehe Kapitel 2 in der Zusammenfassung, hier Vergleich mit börsennotierte Unternehmen) Das Strukturbild ist nur in Kombination der beteiligten Unternehmen im Adressanhang vorstellbar. (Siehe auch Bild 23, 25–27) Die Staubsauger-Produktion und Vertrieb wurden erst Ende der 1920er Jahre in Deutschland von Vorwerk begonnen, dabei gab um 1876[/10/], also mehr als eine Generation zurück, bereits erste Erfindungen, wie man den Staub aufsagen könnte.

In den Kriegsjahren 1940–1945 konnte Vorwerk seine Haushaltsartikel-Produktion nicht aufrechterhalten – wobei noch 1943 massive Kriegsschäden am Werk zu beklagen waren – sondern baute neben anderen Kriegsgütern unter anderem auch Elektromotoren. Nach dem Krieg wurden diese Erfahrungen und das Wissen dafür genutzt, diese effektiven, kleinen Motoren in die Staubsauger-Produktion weiter zu entwickeln, bis heute eine zweite Domäne des Unternehmens. Während der Kriegszeit traten zwei neue Mitglieder ins Unternehmen an verantwortlichen Positionen ein.

Durch den Eintritt eines neuen Eigentümers 1966 bis 1969 in die Geschäftsführung, danach bis ins Jahr 2005[/11/] als Geschäftspartner, wurden maßgebliche Entscheidungen initiiert, wie das Asien-Pazifik-

Engagement, im Jahr 2004 kamen dann noch die Kosmetik-Sortimente im Direktvertrieb aus den USA/Mexiko hinzu. Bis heute ist er Ehrenvorsitzender im Beirat.

Sein Rat, so ist zu vermuten, ist immer noch unverzichtbar.

Wahrscheinlich sind es der dominante Geschäftsführer seit 2008 /12/, belohnt für erfolgreiche Partnerschaft, und der Ehrenvorsitzende gewesen, die auf das neue Multi-Marketing-Vertriebssystem im Jahr 2008 drängten, wobei die Unternehmens-Strategie und die Vertriebsabteilung maßgeblich mitgewirkt haben dürften und auch externe Beratungsunternehmen vermutlich beteiligt waren.

Das Direktvertriebssystem wurde in den folgenden Jahrzehnten bis ins Jahr 2008 immer wieder an die neuen Marktentwicklungen angepasst, wie fast bis zuletzt Küchen- oder Personalwerbung, die es ergänzte.

Diese Kombination aus neuen Innovationen der Technik und im Marketing brachte für fast 80 Jahre eine Marktführerschaft in Deutschland mit Staubsaugern, die bis in die 2000er Jahre in jedem dritten deutschen Haushalt nach eigenen Angaben und meiner Außendiensttätigkeit vorhanden gewesen sind.

Im Jahr 2006 begann Vorwerk mit einem neuen Bügelsystem im Direktvertrieb, musste wegen der starken Wettbewerber und Veränderung der Nachfrage dieses neue Geschäftsfeld bereits im Jahr 2009 wieder aufgeben. In dieser Krisenzeit wurden die Einbauküchen im Jahr 2008 verkauft, die schon jahrelang Verluste eingespielt hatten und nicht für sanierungsfähig gehalten wurden, „ein *unumgänglicher Schritt* wurde im Dezember 2007 angekündigt: Der nur in Deutschland existierende Direktvertrieb von Einbauküchen (...) *wird beendet.*" /13/ (kursive Hervorhebungen vom Autor)

Aber hier zeigen sich auch wieder Schwächen der Direktvertriebe, die bei starkem Wettbewerb, wie bei Bügelsystemen und Einbauküchen, in Schwierigkeiten geraten können und dann meist *schnell* aufgegeben werden *müssen.* /14/

Zahlen, Daten, Fakten

Nach amerikanischen Erhebungen, die Vorwerk zitiert, ist man auf *Platz 3* von 100[15] der führenden Direkt-Vertriebsunternehmen und in Deutschland an führender Stelle zu nennen, diese Form des Direktvertriebs hat ihrerseits hierzulande ziemlich wenig Umsatz vom gesamten Konsumgüterhandel, da sie unter Imageproblemen leidet.

Im Jahr 2001 hatte die Vorwerk-Gruppe noch einen Umsatz von 1,218 Mrd. Euro, verkaufte überwiegend Staubsauger, Küchen und Küchengeräte, Teppiche waren nicht stark diversifiziert, kümmerte sich wenig um Fusionen oder Übernahmen, dachte nicht über Qualität, Umwelt oder daran externe Berater massiv einzustellen nach sowie starke Rationalisierung oder Outsourcing-Maßnahmen umzusetzen. Das Verhältnis von Angestellten im Unternehmen zu selbstständigen Außendienstlern lag nahezu bei 1,25, denn Vorwerk hatte eine Kernbelegschaft von 19.458 Mitarbeitern bei 25.864 Beratern im Außendienst.[16] Da konnte man noch leichter abnehmen, dass hier ein Familienpatriarch herrscht. Wobei das heute nur noch Sehnsüchte sind nach der „guten alten Zeit" (eine Illusion) und nicht wieder kommen werden.

Hingegen hatte im Jahr 2012 die Vorwerk & Co.-Gruppe eine Bilanzsumme von 3,379 Milliarden Euro bei einem Geschäftsvolumen von 2,494 Milliarden Euro, davon 1,9495 Milliarden Euro im Direktvertrieb, die Differenz erklärt sich aus Bank- und Leasinggeschäften mit über 400 Mio. Euro (entspricht 11,8 % des Umsatzes im Konzern), Vorwerk hat eine sehr hohe Fertigungstiefe, da von der Finanzierung, Innovation, Produktion, Multi-Marketing-Vertrieb und Direktvertriebe alles in eigener Hand liegen. Dazu kommen noch periodenfremde Gewinne durch Börsenspekulationen in Lebensmittel; Rohstoffe bzw. Bodenschätze (s. u.), was angesichts des gemeinnützigen Engagements in Stiftungen und die Kinderdörfer (ethische Fragen aufwirft, die dennoch nur kurz abgehandelt werden. Dabei bedient man sich weltweit eigenen Vertriebsgesellschaften und fremden Distributoren.Die Vorwerk-Gruppe verfügt im Jahr 2012 über eine konsolidierte (bereinigte) Eigenkapitalquote von 39 %

oder 1,329 Mrd. Euro, die liquiden Mittel (in der Kasse) wuchsen auf 884 Mio. Euro an, um mehr als hundert Millionen über denen des Vorjahrs. Die Zahl der Mitarbeiter im Kernunternehmen betrug im Jahr 2012 nur noch 12.342 und damit ca. 7.000 weniger als im Jahr 2001, was den Personalaufwand von 370 Mio. Euro im Jahr 2001 auf 434 Mio. Euro im Jahr 2012 sinken ließ, was eine Senkung um 146 Mio. Euro bedeutet. Da zusätzlich Managementsysteme installiert worden und hohe Beratungs- und Zertifizierungssystem/Audit-Kosten damit verbunden sind, konnte diese Ersparnis nur teilweise realisiert werden. Das bewerkstelligt sie in 2012 mit 610.516 selbstständigen Beratern weltweit, davon 9.116 als Berater im Bereich Staubsauger, beim Küchengerät 27.717 und 573.526 im Bereich Kosmetika.[/17/] Damit arbeiten heute 50 Mal mehr Mitarbeiter im Außen- denn im Innendienst und Erstere arbeiten auf Provisionsbasis in Festgebieten, davon haben nach wie vor den größten Geschäftsanteil von über 33 % mit einem Umsatz von 810 Mio. Euro[/18/] (33 %) die Reinigungsgeräte und Zubehör, das universelle Küchengerät 684 Mio. Euro (27 %); die Kosmetika 466 Mio. Euro (19 %), Teppiche und Teppichböden (3 %). Die bekannteste Marke ist der Staubsauger, der noch immer als erstes mit Vorwerk verbunden wird, aber zunehmend holt das Küchengerät auf; von dem weltweit bis ins Jahr 2011 mehr als erstmals 7 Millionen Geräte weltweit verkauft wurden, wie der Lagebericht auf S. 19 verweist, während sich die Erfolge im Bereich Kosmetika auf den nord- und südamerikanischen Kontinent, insbesondere Chile, mit 500.000 Fachberaterinnen, eingrenzen lassen. Die Wasser-Reinigungsgeräte sind im asiatisch-pazifischen Raum erfolgreich, da dort ein entsprechender Bedarf gegeben scheint.

Von 1929 bis zum Jahr 2008 haben „[n]ahezu über 100 Millionen und Staubsauger [und 7 Millionen Küchengeräte] seit 1929 die Vorwerk Elektrowerke verlassen. Selbst ältere Geräte versehen als Gebrauchtgeräte ihren Dienst in Haushalten rund um den Globus und lassen manches Neugerät anderer Hersteller in puncto Qualität und Zuverlässigkeit hinter sich“[/19/]. – ein Riesenerfolg!

Die Festangestellten mit Tarifverträgen sind vermutlich überwiegend im Metallbereich, aber die Vergabe an das eigene Personalleasing-Unternehmen als Dienstleistungsunternehmen ist bei der

Reinigung und in der Kantine zu finden. Vermutlich haben aber auch deren Beratung und Rationalisierung im Personalbereich mit zur stark gesunkenen Kernbelegschaft beigetragen und, wie der Geschäftsbericht indirekt nahelegt, auch zu deren Verunsicherung. Dazu kommen über die Jahre über 100 fest angestellte Berater im Haus, dazu gehören Sicherheits-, Umwelt-, Qualitätssicherungsbeauftragte, aber es darf angenommen werden, dass ebenfalls Finanzanlagenberater, Börsenberater und Risiko-Experten für Tauschgeschäfte, (Optionsscheinfond, Termingeschäfte für Bodenschätze, Rohstoffe) im Lebensmittelbereich oder Währungsabsicherung (Zinsswaps, Währungsswaps) für das hauptsächliche Engagement in den USA/ Mexiko und Asien-Pazifik tätig sind. Die sich entwickelten Staaten nennt man Emerging Markt, BRICS Staaten.

Zudem gibt es für die betriebliche Zusatzversorgung und im Rahmen der Stiftungen, Spenden und Sponsoring Sondervermögen in einer Vermögensverwaltung, der mit Garantiefonds arbeitet, dennoch ein Fondsmanagement zur Absicherung erfordert.

Denn Vorwerk muss zwischen den Shareholdern (Eigentümern, Anteilseigner, stille Teilhaber) und deren Interessen, aber auch den Berechtigten der Stake-Holder/20/ (Belegschaft, Kunden, Zulieferer) abwägen, was mehreren inhabergeführten Unternehmen aus den Gründerfamilien, Beiräten und Gesellschafterversammlungen vermutlich noch besser gelingt als börsennotierten Konzernen.

„Familienunternehmen" wird positiv definiert, dieser Anspruch lässt sich aus der Besetzung und Kontrolle der Geschäftsführung, Beirat und Familienangehörige in der dritten Ebene her verstehen. Ihr jahrelanger Erfolg beruht nach eigenen Angaben darauf, dass man eben ein Familienunternehmen ist und der Tradition verbunden ist, auf Bodenständigkeit, dass Mitarbeiter fair behandelt. Alle zwei Jahre werden alle Mitarbeiter (anonym?) befragt, und man sieht sich alleine schon durch eigene Befragungen im Jahr 2006 damals bestätigt, dass man eine hohe Beteiligung an Befragungen im Jahr 2006 automatisch mit hoher Arbeitszufriedenheit gleichsetzte. Parallel dazu fand in dieser Zeit die der Restrukturierung bis zur Neuaufstellung über Qualitäts- und Umweltmanagement einer Vielzahl von eigens dafür angestellten Beratern statt und mit einem ganz neuen Marketingkonzept im Jahr 2009, was vermutlich innerbetrieblich durch den entstehenden Druck zur Veränderung zur Verunsicherung führte, deren Spätfolgen bis in die Gegenwart spürbar sind.

Aber der massive Personalabbau um 7.000 Beschäftigte der Kernbelegschaft zwischen den Jahren 2000 und 2013 und der expansive Ausbau im Bereich des Außendienstes mit Solo-Selbstständigen um das 40-Fache auf ca. 600.000 sprechen eher eine andere Sprache. Jedenfalls haben dieses Bündel von Maßnahmen die Kernbelegschaft verunsichert und in Deutschland könnte das neue Multi-Marketing-Konzept (Internethandel, Shops, Kundenberater) besser laufen.[/21/]

Direktvertrieb von 1930–2008

Aber erst noch mal zurück in die Anfangszeiten vor dem Zweiten Weltkrieg.

Dabei erkannte Vorwerk die Innovation des klugen Chef-Ingenieurs[/22/], der statt des heute noch sehr verbreiteten Vakuum-Ansaugens von Schmutz aus dem Teppich hierzu zum ersten Mal die Bürstentechnologie verwendete. Der „Kobold" hingegen ist klein im Vergleich zu den bestehenden Staubsaugern, die Ende der 1920er-Jahre auf dem Markt waren, in den Fachgeschäften damaliger Prägung konnte er vermutlich deshalb nicht überzeugen.[/23/]

Er setzte sich erst durch den Direktvertrieb am Markt durch, da der Unterschied bei der Vorführung in der Wohnung offensichtlich wurde. Dies gelang damals, weil ein geschäftsführender Inhaber nach Amerika ging, daraufhin das Direktvertriebssystem in den 1930er nach Deutschland erfolgreich importierte[/24/] und mit seinem Bruder zusammen umzusetzen begann. Zu Beginn wurden elektrischer Strom oder für die Dame des Hauses der selbst entwickelte Haartrockner verkauft. Dabei entstand der Gründungsmythos, der bis heute Vorwerk prägt, nämlich „der Weg direkt zum Kunden und konsequente[r] Dienstleistungsgedanke[n]"[/25/] bei sich immer verändernden Marktbedingungen.

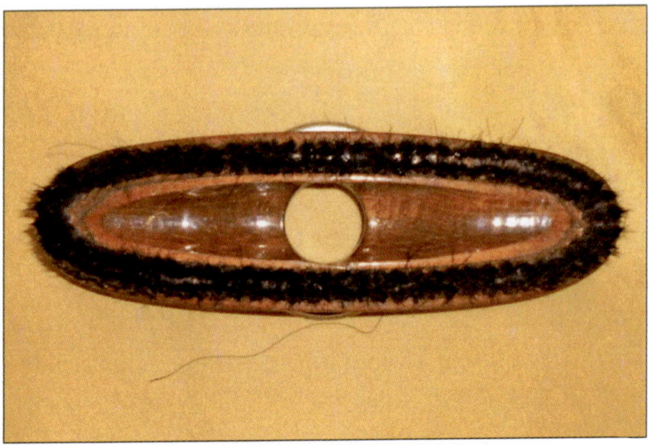

Bürste für Vor- und Nachkriegs-Handstaubsauger (1938–1940, 1945–1952)

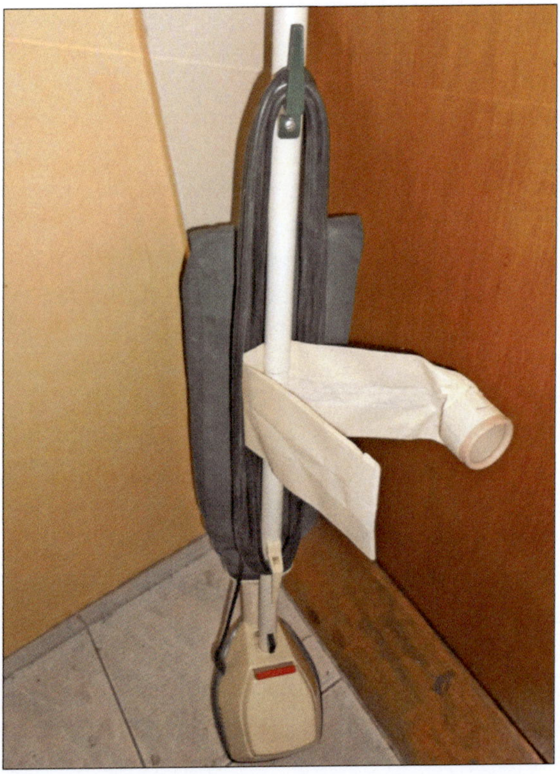

Handstaubsauger, 1972–1977 [28]

Krise im Direktvertrieb von 2006–2009

Der Krise des Direktvertriebssystems von 2007 wird verstärkt durch die Finanzkrise[26] und dem Misstrauen gegenüber dem Euro, der als Teuro (teurer Euro) bei einigen Kunden verdächtigt wurde, das erklärt den Nachfrageeinbruch durch die Zurückhaltung der Konsumenten im Jahr 2008. Diese Krise, wie sich für den Fachberater zeigte, wird in den Kapiteln zur Krise für die Bezirke ausführlicher dargestellt. Die Division Deutschland Reinigungsgeräte war deshalb weniger im Gesamtumsatz spürbar, da zu dieser Zeit der Staubsauger in Italien bei Kunden mit sicherem Einkommen, in Russland durch Anlockung internationaler Investoren und Öffnung der Märkte sowie im aufkommenden Konsumenten der neuen Mittelschichten des erwachenden China werden, die fehlenden Umsätze ersetzten. Aber dadurch war diese Division alarmiert, da es sich gezeigt hatte, dass es so nicht weitergehen konnte, wollte man künftig in Deutschland erfolgreich sein. Der nachfolgenden Umstellung in den Jahren 2007 und 2008, folgte im Jahre 2009 die Ersetzung des Direktverkaufs an der Tür durch einen Multi-Kanal-Vertrieb, der seinerseits wieder aus den USA importiert wurde.[27]

Multi-Kanal-Marketing und Vertrieb

Allgemeine Einführung ins Thema Multi-Kanal-Marketing; sinngemäß nach[29]

Der geschätzte gesamtdeutsche Privatkonsum im Jahr 2013 betrug 433,7 Mrd. €[30], davon werden 33,1 Mrd. €[31] dem E-Commerce (Internethandel) zugerechnet.

In einer groben Einteilung kann diese Art des Verkaufs verstanden werden als Kombination aus Shops mit gesetzlich eingeschränkten Öffnungszeiten und Internethandel rund um die Uhr. Sie gilt als neuste Handelsform, da zwei Handelswege mit völlig verschiedenen Ausprägungen an Zeitaufwand des Kunden, Kosten für den Kunden, Erreichbarkeit, Öffnungszeiten, Standorten, Verfügbarkeit der Ware, allgemeines Kaufrecht und Internet – Kaufrecht (sog. Fernabsatz), allgemeine Kostenstrukturen der beiden Strukturen bestehen, so sind sich die Fachleute darüber einig, dass der E-Commerce den stationären Sortimentshandel verändern wird; da er hierzulande noch in den Kinderschuhen steckt.[/32/] Im Internet-Shop ein Produkt zu bestellen ist wie „kaufen, aber nicht anfassen"[/33/] im Internet und kann bis 20 % oder 50 % des Umsatzes ausmachen, während es im Jahr 2012 nur 7,7 %[/34/] sind. Aber bei der Elektronik waren es 17 % im gleichen Jahr. Dabei kaufen, vor allem die Jüngeren, die nicht mehr gerne ins Geschäft gehen, über PC, Laptop oder Handy/Smartphone ein.

Multi-Channel ist als Mega-Trend wohl nicht mehr zu stoppen, dennoch mag der Kunde die Wahlmöglichkeit zwischen beiden Möglichkeiten, dabei muss der Handel aber qualifizierte Beratung bieten, um es dem Kunden zu erlauben, erworbene Ware im Internet vor Ort im Shop zurückgeben zu können.

Neben der Stärke der 24-Stunden-Erreichbarkeit, der Vorteile durch das Internet-Recht mit der Rückgabe der Ware ohne Angabe von Gründen von innerhalb von 14 Tagen nach Erhalt, hat E-Commerce einige gravierende Nachteile; wie die fehlende Haptik, die keine Beschreibung ersetzen kann, das Einkaufserlebnis, die Möglichkeit gründlicher Beratung, bei Gewährleistung schnell den Kundendienst zu erreichen und die Vertrauenswürdigkeit des Verkäufers und des Geschäfts zu überprüfen.

Bezahlen werden dies die vom Inhaber geführten Geschäfte, die es kaum noch geben wird. Aber es existieren noch viele Kunden, die deshalb im stationären Handel kaufen, weil sie die Ware anschauen und anfassen, gleich und schnell mitnehmen können, und sogar, weil sie persönlich beraten wurden.[/35/]

Auch die Zeit großer Warenhäuser, die von der Nachkriegszeit bis zu Beginn des neuen Jahrtausends ihre Berechtigung hatten, wird sich ändern müssen oder ganz vom Markt verschwinden.

Die Schwächen des Internets sind aber die Stärken der Händler vor Ort, die diese auch für sich nutzen sollten, nämlich:

- Die Ware zu begreifen (Haptik) und zu sehen, damit die Kunden sich einen Eindruck verschaffen können, mehr als eine Beschreibung je leisten kann,
- vor Ort erreichbar zu den Geschäftszeiten sein,
- persönliche, kompetente Beratung und Reklamation sowie Reparatur vor Ort,
- die gewünschte Ware vorrätig zu haben, um sie dem Kunden gleich mitgeben zu können.

Multi-Kanal-Marketing nach den Vorwerk-Unterlagen ab 2009[/36/37/38/]

Internet-Auftritt

In seiner Unternehmenspräsentation von 2012 verweist Vorwerk auf seine Fähigkeit „sich zu wandeln"[/39/] und bezeichnet den neuen Vertrieb „als Multikanal".[/40/41/]

Die momentane Situation bei Vorwerk im Detail stellt sich dar als kompletter Internet-Auftritt mit Firmenlogo, Homepage des Gesamtunternehmens[/42/], aber auch der anderen Sparten, sowie Produkten, Preisen und allen Kontaktmöglichkeiten, die Möglichkeit einen Ansprechpartner vor Ort in Shops, die in den letzten Jahren ständig zunahmen, oder aber diese selbstständige Kundenberater) mit Festgebiet nach Hause kommen zu lassen. Sie sind der Zahl nach aber höchstens die Hälfte der ehemaligen engagierten Fachberater[/43/] ohne Festgebiet. Im Gegensatz dazu sind die heutigen Kundenberater von der Güte ihres Standorts bzw. Gebiets[/44/] und deren Kaufkraft abhängig, hier kann nur Vorwerk Gerechtigkeit schaffen durch deren Zuschneiden. Liegen sie zu dicht nebeneinander, kann der *Kannibalisierungseffekt* [sic!] [Kannibalismus-Effekt][/45/] eintreten, das bedeutet, dass die Kundin zwischen dem Kundenberater, Shop und Internetkauf wählen kann – und meist zur Bequemlichkeit neigt, so dass der Kundenberater als schwächstes Glied dieser Kette der Dumme ist. Dabei besteht in Festgebieten immer das Problem des Fachberaters, dass sich hier sein Erfolg über die Zeit halbiert könnte. Weiterhin trifft man Vorwerk auf Messen zum Verkauf, das ist auch, um zu sehen, wie die Wettbewerber arbeiten oder deren Innovationen. Die Vorwerk-Gruppe macht auch Werbung, gibt zudem Pressemitteilungen, Geschäftsberichte, Produktbeschreibungen oder Flyer heraus.

Damit ist Vorwerk, wie jedes andere Unternehmen, darauf angewiesen, dass die Werbung Erfolge erzielt.

So wusste bereits der berühmteste amerikanische Automobilbauer, dass Werbung unerlässlich, aber die Erfolgsmessung durchaus schwierig ist.

„Ich weiß, dass 50 % aller Werbeausgaben zum Fenster hinausgeworfenes Geld ist, doch niemand kann mir sagen, welche Ausgaben zu den 50 % gehören.“[46]
Henry Ford

Kennzahlen für Internet-Marketing sind ermittelbar, da es mittlerweile Hilfsmittel, z. B. Cookies, die Interesse verraten können[47], gibt, aber auch:

Verweildauer, Historie (Verlauf), Homepage, Downloads, Anfragen nach Kategorien, Anforderungen der Kundenberater, Reklamationen, Anzahl Newsletter, Anzahl Bestellungen der Kunden-Kategorien, Wert der jeweiligen Bestellung, Anzahl der Produkte pro Bestellung, Storno, Reklamation, Gewährleistung, Garantie, Reparaturen.

Beim E-Commerce macht Vorwerk eigenen Angaben nach 170 Millionen Umsatz im Jahr 2011[48], hat hier immer wieder mit Rückschlägen zu kämpfen, was darauf hindeutet, dass hier noch großer Nachholbedarf – auch in der Umsetzung von Wissen – sein könnte. Denn glaubt man den Konsumforschern, dann werden Staubsauger überwiegend im Internethandel geordert. Wobei hier aber eingewendet werden kann, dass Vorwerk-Staubsauger, was Preis, Gewicht, Bedienung dieser Universalstaubsauger angeht, erheblich höheren Erklärungsbedarf als die Wettbewerbsprodukte haben und daher der Kundenberater hier dominierend ist. Es lässt sich sogar sagen, dass nur diese Außendienstler Vorwerk davor bewahrt haben, nicht in Deutschland unterzugehen und das E-Commerce (Internethandel) erheblich in seiner Bedeutung überschätzt ist – dennoch geht es in Zukunft nicht mehr ohne.

Internationales Branding/Markenpolitik

s. auch Dachmarke

Durch das Auftreten des Konzerns in weltweit 70 Ländern gilt für alle Maßnahmen des Unternehmens sich entsprechend der jeweiligen Sprachen/Kulturen/Gewohnheiten dieser Länder aufzustellen, selbst wenn diese Aufgabe teilweise Distributoren (Verteilern) übertragen worden ist. Dies geschieht sowohl im Internet als auch durch die Repräsentanzen, Distributoren und der Asien-Pazifik-Division, teilweise mit eigens kreierten Produkten, wie den Wasserreiniger oder Kosmetika, vor Ort, wobei das Image vom selbstständigen Außendienstler, d. h. Kunden- oder Fachberater, entscheidend mitgeprägt wird.

Da sich nur die Staubsauger und Küchengeräte massiv auf dem Markt durchsetzen konnten, schaffte die Geschäftsleitung im Jahr 2012 eine Dachmarke für diese beiden Divisionen.

Viel erfolgreicher als hierzulande sind die „Kobolde“ in den südlichen europäischen Ländern wie Frankreich, Italien und Spanien, aber mittlerweile auch im neu entstehenden asiatischen Mittelstand, z. B. in Chinas Industrie-Metropolen an der Küste. Auf dem deutschen Staubsauger-Markt teilen sich Vorwerk und sechs bedeutende Hersteller einen Anteil von ca. 6 % je Anbieter. Neben Vorwerk ist noch ein weiteres Unternehmen für Haushaltsgeräte aus Nordrhein-Westfalen führend, aber eher für die Zuverlässigkeit seiner Waschmaschinen bekannt, und ein bayerischer Elektrokonzern, der lange nett tituliert wurde als „schlafender Riese“, sowie ein Hersteller von Zyklon-Staubsaugern, ein Hersteller von Dampf- und Nasssaugern und ein Hersteller von Roboter bzw. Akku-Saugern.

Da Vorwerk aber hier das Vierfache des Erwartungswerts nach eigener Darstellung aufweist, ca. 25 %[/49/] Marktanteil, sind sie uneinholbarer Marktführer, wenn auch das Sechsfache (33 %), wie noch zur Jahrtausendwende, erst einmal in weitere Ferne gerückt ist.

Wenn die Hausfrau vom „Kobold" redet, meint sie den Staubsauger mit der Elektrobürste und die einheitlichen Markenfarben hellgrün-weiß, die wohl für Natürlichkeit und Reinheit stehen sollten, aber zufällig auch der Lackierung der Polizeiautos entsprach, die mittlerweile aber das Hellgrün durch Hellblau ersetzte. Vorwerk Reinigungsgeräte ist jetzt dazu übergegangen, das Grün durch Silber-Anthrazit zu ersetzen[/50/], was einerseits der Dachmarke geschuldet ist, womit aber auch die Wertigkeit des Produkts hervorgehoben werden soll.

Dabei ist es dem Unternehmen gelungen, ein besonderes Produkt auf einem *exklusiven* Weg zum Kunden zu bringen und einen *einzigartigen Preis* dafür verlangen zu können, was die anderen Staubsauger-Hersteller meist nicht durchsetzen können.

Um seine Präsenz auf dem deutschen Markt zu verstärken und höhere Marktanteile zu erlangen hat Vorwerk nie die Chance ergriffen, auf dem Segment der am Preis orientierten Käufer (Preisstrategie) eine weitere Marke zu etablieren. Dass dies funktionieren kann, hat bereits ein Stuttgarter Automobilbauer bewiesen.

Markenartikel[/51/] dienen dazu, sich als Produkt, Dienstleistung und Unternehmen fest im Gedächtnis des Kunden zu verankern, was eine lange Zeit benötigen kann und sehr teuer ist. Dazu ist erforderlich, dass die Marke mit leichten und unverwechselbaren Eigenschaften und Aussehen (Image, Design, s. u. Corporate Design) Wiedererkennbarkeit hat, mit stetigem Leistungsanspruch und hohen Qualitätsstandards verbunden ist, geringes Kaufrisiko bietet und hohes Vertrauen bei den Kunden genießt. Das sind die Ziele von Markenartikeln.

Dazu wird ein Image, ein möglichst einheitliches, harmonisches, einprägsames widerspruchsloses Bild des Unternehmens im Auge des Kunden, aufgebaut und die Marke mit Emotionen, einem einheitlichen Produkt-Design (CD = Corporate Design)[/52/] im Unternehmens-Design (CI = Corporate Identity)[/53/], verbunden, wobei immer die gleiche Werbebotschaft – meist als Werbespruch – wiederholt wird. Wichtig sind die Abgrenzung zu Produkten des Wettbewerbs, Verteidigung des Namens gegen Verwechslung, Mehrdeutigkeit und Missbrauch, weltweite Unterbindung von Produktpiraterie, Patent-, Namens- und

Gebrauchsmusterschutz, Schutz durch Exklusiv-Verträge und die unverwechselbare Leistung des Produkts, die jeder Kunde damit verbindet. Dabei sind diese Schutzrechte nicht nur Vorteile, denn diese müssen ihrerseits verteidigt werden und deshalb versucht Vorwerk entstehende Kosten im Vorfeld schon klein zu halten und auf Einigung und Verständigung zu setzen. Des Weiteren werden Marken auch gerne personalisiert, wie beispielsweise die Eigenschaften treu, ehrlich, zugewandt, progressiv zugeschrieben werden. Exzellente Marken sind so etabliert, dass die Marke statt die Produkte genannt werden, wie es bei Taschentüchern, Handys oder eben Reinigungsgeräten der Fall ist. Allerdings wenn Marken im Gedächtnis verankert sind und es Probleme/Skandale im Unternehmen gibt, dann wirkt dies gegenteilig und wird damit leicht zum größten anzunehmenden Unfall.

Nach wie vor, um das Besondere der Staubsauger bekannt zu machen, setzt Vorwerk weiterhin auf die Kundenberater und die Präsentation vor Ort[/54/] bzw. in der Wohnung.

Sortiments-Politik für die Reinigungsgeräte

Eine Erfolgsstory

Bis auf wenige misslungene Ausflüge in Nachahmer-Produkte wie den Naßreiniger für glatte Böden mit dem Namen eines weiblichen Fabelwesens, in die Marktnische der Industriesauger oder die überstürzte Einführung für Allergiker geeigneter Staubsauger Ende 1990, der Bügelmaschine oder des vermutlich viel zu späten Verkaufs der Einbauküchen-Sparte, war und ist Vorwerk im Warensortiment Haushaltssauger fast alles gelungen in den letzten Jahrzehnten. Es konnte sich als Innovator und Direktverkaufs-Marktführer – beim Staubsauger praktisch ein Alleinstellungsmerkmal – abgesehen von spezifischen Produkteigenschaften, der nach einem Hausgeist benannt ist, und als ein ebenbürtiger Anbieter von Qualitäts-Küchengeräten bei den Kundinnen weltweit fest etablieren.

Alleinstellungsmerkmale (Unique Selling Points) s. Text

Alleinstellungsmerkmale und Preis bis heute

s. a. Markenpolitik
(Jargon der Marketing-Fachleute: **USP** = **U**nique **S**elling **P**oint, **U**nique **S**elling **P**rice)

Das Geheimnis des Erfolgs lag lange Jahre einerseits beim Produktnamen des Hausgeistes, der Möglichkeit des hohen Preises und praktisch nicht relevanten Rabatten, technisch zuerst in der umschaltbaren Elektrobürste, vor allem im extrem schnell drehenden, elektronisch geregelten Bürstenpaar, das sich auf jeden Teppich bis zur Flortiefe von 1,5 cm automatisch einstellen konnte, beim Einsaugen großer Gegenstände die Bürsten selbsttätig blockierte, die Drehzahl konstant hielt, umschaltbar zwischen Teppich und Hartboden – zuletzt automatisch und mit kleineren Bürstensätzen, mit Reinigungsbürsten für die Teppichreinigung. Sie drehen, wobei sie zwei Kämme auf den zwei Bürsten haben, mit 5.800 bis 6.200 Umdrehungen/Minute (modellabhängig) und durchdringen damit den

Teppichflor zweimal pro Minute ca. 12.000-mal, neuere Elektrobürsten bieten neuerdings zusätzlich eine reduzierte Drehzahl von 800 Umdrehungen/Minute für empfindliche Teppiche an. Die Einmassier-Bürsten für Teppiche drehen sich mit ca. 1.500 Umdrehungen/Minute und durch zwei Kämme wird der Teppichschaum 3.000 Umwälzungen in der Minute in den Teppich hineingedreht. Dabei braucht es nur einen kleinen Elektromotor von 100 Watt Nennleistung; der obere Teil, der Staubsauger mit Tüte, braucht beim oberen drei- und max. vierstufigem Motor maximal aufgenommene Leistung von 900 Watt und somit in der Summe 1.000 Watt, die erste Stufe, die max. 240 Watt verbraucht; reicht im Teppich aus, also minimal nur insgesamt 340 Watt, wobei Wettbewerber meist das Drei- bis Fünffache brauchen. Da dieser Staubsauger mit vielen Zusatzgeräten für glatte Böden-, Polster-, Bettensauger, Fugen-, Leisten-, Gardinendüsen umgebaut werden kann und dazu ein autonomes Fensterreinigungsgerät anbietet, gehört er der Klasse der Universalstaubsauger mit seinem breit angelegten Sortiment an und dank dem Service und der Qualität hat er fast keine Wettbewerber, die etwas Vergleichbares anbieten können.[/55/]

Der Handstaubsauger mit Allergiefilter aus dem Jahr 1998 wurde bereits 1999 durch ein neues Modell ersetzt. Die Allergiesauger waren aber erst im Jahr 2006 ausgereift und waren leichter geworden. Die modularen Bodenstaubsauger wurden im Jahr 2005 erfolgreich ersetzt, weil das Modulkonzept die Kundinnen nie überzeugte. Die Wiedereinführung des alten Schlittensaugers mit den Namen einer Großkatze hatte der Kunde somit erreicht und der eingetretene Erfolgsweg bestätigte sich für Vorwerk bis heute.

Gleichzeitig gelang es in den Jahren 2000–2014 das Gewicht der Staubsauger durch Materialersparnis, aber auch teilweiser Senkung von Qualitätsstandards um über 1 kg zu reduzieren, was hauptsächlich durch die Reduzierung des Motorgewichts erfolgte[/56/], bedingt dadurch, dass besonders ältere Kundinnen sich leichtere „Kobolde“ herbeisehnten, die Ersparnis wurde aber auch durch die Einführung neuer innerbetrieblicher Normen (s. u.) begünstigt: durch das Liefern eines 10-Meter-Anschlusskabels wurde die Reinigungsfläche verdoppelt auf die Fläche (eine Verlängerung des Kabels um etwa 40 % bedeutet, dass die erreichbare Fläche um 80 % wächst, da Flächen quadratisch wachsen und wenn man diese Funktion ableitet, ergibt sich durch einfache Rechnung 2 x 40 % = 80 %) von Schlittensaugern; was aber auch die Reaktion auf Klagen der weiblichen Kundschaft über das Standardkabel beim Handstaubsauger mit nur 7 Metern Länge war, während dies beim Bodenstaubsauger keinerlei Probleme gab. Die Nennleistung liegt laut Vorwerk bei den eigenen Geräten bei 1.000 Watt, während alle anderen Marken im Durchschnitt bei 1.900 Watt[/57/] liegen. Die Lebensdauer beträgt 15 Jahren nach Werksangaben bei Vorwerk[/60/], während die Geräte von Wettbewerbern 10 Jahre halten, doch manche Tester nehmen rechnerisch eine Lebensdauer von 8 Jahren für alle Staubsauger an, damit die Testergebnisse vergleichbar sind.[/58/]

Innovationsfolger

Vorwerk ist wie in den 1930er-Jahren beim Staubsauger, Robotersauger und Direktmarketing, auch hier beim Multi-Kanal-Marketing, wieder ein Folger der Innovationen, ähnlich wie der bekannte amerikanische Betriebssystemhersteller mit der Fenstertechnik.

Aber gerade die hohen Risiken, hohen Innovationskosten der Pioniere wie Kinderkrankheiten, technische Fehlentwicklungen oder gar zu scheitern nicht zu haben, bringen viele Vorteile und erlauben Spielraum für eigene Ideen bzw. Adaptierung ans Direkt- oder Multi-Marketing.

Der Vorteil liegt darin, dass im Gegensatz zur Strategie des Pioniers nicht erst das Produkt oder die Dienstleistung bekannt gemacht werden muss, die hohe Kosten der Entwicklung nicht anfallen sondern diese erheblich niedriger ausfallen, das Risiko Fehler zu machen oder zu scheitern fast bei Null liegen.

Innovationen/Patente

Die Antwort von Vorwerk besteht bis heute seinerseits in Modellwechseln und kontinuierlichen **k**leinen **V**erbesserungs**p**rozess (KVP) an den Geräten.[59] Diese haben eine Lebensphase am Markt von durchschnittlich vier Jahren, die sich aber derzeit noch zu beschleunigen scheint. Laufen Modelle gut im Markt oder sind es Bodenstaubsauger oder Zusatzgeräte, dann können sie eine Lebensdauer bis zu 15 Jahre erreichen, was 5 bis 7 Jahre über dem, was üblicherweise bei solchen Kleingeräten erwartet werden kann, liegt. Zu diesen ständigen Verbesserungen gibt es zusätzlich Innovationen – aber immer mit Patenten, Gebrauchsmustern, Namensschutz, was der Absicherung des Geschäfts dient. Denn dadurch können meist höhere Preise durchgesetzt werden, Rabatte sind im Vergleich zu Wettbewerbern niedrig und in der Bilanz sind es zusätzlich immaterielle Vermögensgegenstände von beträchtlichem Umfang.[60] Auch in den Jahren nach der Finanzkrise bemüht sich Vorwerk ständig mit Innovationen zu punkten, so im Jahr 2014 in der Fensterputztechnik.

Neben diesen Alleinstellungsmerkmalen (Unique Selling Points) verweist das Unternehmen ständig auf jährliche Neuerungen/Innovationen/Zertifikate/Testergebnisse, womit es auf seine Orientierung auf Technologie, Qualität und Innovation deutet. Es pflegt die alte Tradition Deutschland als Land der Erfinder und versucht davon zu profitieren. Aber dies geht nur an Märkten, die exklusiv gehalten werden können und bei denen potenziell genügend kaufkräftige Kunden anzutreffen sind, die überwiegend weiblich ist, aber auch hier gibt es darunter wenige Männer.

Diese Technologieführerschaft erweist sich als teuer und ist nicht dazu geeignet, dass Vorwerk – zumindest, was Deutschland angeht – die Marktführerschaft halten kann, denn es kommen Sauger ohne Beutel, Dampfsauger oder Robotersauger oder von hiesigen Global-Playern neue Konzepte auf den Markt, die das Geschäft zunehmend erschweren, außerdem erschwert das veränderte Verhalten der Kunden am Markt oder gesetzgeberische Maßnahmen die Vorherschafft.

Bodenstaubsauger 2006, Saugroboter 2010

Der Bodenstaubsauger mit dem Namen der Großkatze wurde im Jahr 2006 wieder ins Programm aufgenommen, weil das modulare Staubsaugermodell sich nicht etablierte. Wobei die Fachberater diesen gut verkaufen konnten, aber hier für mich ein interner Kannibalismus unvermeidlich war, denn ich musste gegen die vorher verkauften Geräte argumentieren.

Weil die Saugroboter lange als nicht leistungsfähig genug vom Management angesehen wurden, hat es erst im Jahr 2010 diese am Markt eingeführt. Die einfache Bedienung dieser vollautomatischen Sauger erlaubt es, dass die Bedienungsanleitung lediglich 46 Seiten[/65/] umfasst. Wenn Vorwerk schließlich von Warentestern hohes Lob für diese Innovation erhielt so waren doch auch hier viele potenzielle Kunden bereits durch die Wettbewerber versorgt. So ist Vorwerk dazu gezwungen zu warten, bis die Unzufriedenen zu wechseln bereit sind oder die noch nicht versorgten Interessenten zu ihnen kommen, die lieber hohe Qualität zu kaufen, denn auf den Preis zu achten.

In den Zeiten des Direktvertriebs[/62/] im Jahr 2007 waren es noch 46 Seiten Gebrauchsanleitung beim Handstaubsauger[/63/], weil davon ausgegangen werden konnte, dass hilfreiche Fachberater den Service machten und Kniffe kannten, um Service, Reparatur oder Nachkauf in schweren Fällen zu empfehlen. Die Bedienungsanleitungen stellen eine Verdopplung an Aufnahmebereitschaft beim Leser dar sowie erhöhte Anforderungen an den Kunden, sich selbst helfen zu müssen. Die neusten Hand- und Bodenstaubsauger sind noch umfangreicher in ihren Details und Möglichkeiten für den Kunden geworden – nahezu unüberschaubar. So umfassen die Gebrauchsanleitungen des neusten Handstaubsaugers insgesamt 100 Seiten[/64/] (siehe Qualitätsnorm und Umweltnorm (s. u.), Fensterreinigung, Störungsbeseitigung). Soll das heißen, dass kein freundlicher Kundenberater bei jeder Störung vorbeikommt, sondern der Kunde sich bitte selbst helfen soll?! Diese Normen wurden erst im Rahmen der Unternehmenskrise neu implementiert und danach durch Vorwerk umgesetzt. Diese Zertifizierungen des Qualitäts- und Umweltmanagements, welches entsprechende Erläuterungen in den Bedienungsanleitungen erfordert, aber die Lesbarkeit sehr erschwert und überflüssig empfundene Beschreibungen auslösen kann, was vermutlich gerade bei älteren und wohlhabenden Kunden keine Begeisterung hervorrufen wird, langweilt eher und stößt ab. Zumal nur wenige Kunden diese Anleitungen lesen, gerade wenn sie den Eindruck erwecken, dass es sich vom Umfang her um ein Buch handelt bzw. ein akademisches Studium vorauszusetzen scheinen.

Garantieleistungen; Gerätebeschreibungen

Vorwerk bot in Zeiten der Marktführerschaft in den 1990er Jahren, speziell 1994–1998, am Beispiel des Handstaubsaugers aus diesen sehr guten Tagen noch diesen außergewöhnlichen Service an: die Garantie für fünf Jahre. Geräte in der Zeit von 1998 bis 2012 wurden nach meiner Kenntnis lediglich mit gesetzlicher Gewährleistung von nur zwei Jahren angeboten, mussten zeitweise vom Kunden zum Werk eingesandt werden, bis 2005 wurde eine Reparatur auch zu Hause mit Anfahrtspauschale angeboten oder konnte beim Servicebüro vom Kunden angeliefert werden. Seit dem neuen Handstaubsauger im Jahr 2013 ist die Firma Vorwerk wieder zur fünfjährigen Garantie und der Reparatur vor Ort zurückgekehrt.

Fachberater (1930–2008) – vs. Kundenberater (ab 2009)

S. Bild 21 und Bild 24
Fachberater zeichnen sich dadurch aus das sie täglich von morgens bis abends in einem zugewiesenen Gebiet, jedoch frei und ohne Weisungen bestrebt waren, jeden Bewohner an der Haustüre zu

werben, die Geräte zu pflegen, Reklamationen anzunehmen. Um die zu erhaltenden Verdienstmöglichkeiten zu erhöhen war es möglich, bei besonders erfolgreichen Fällen Prämien zu erhalten und zusätzlich bei Vermittlung der Vorwerk-Küchen sich zu engagieren oder neue Kollegen zu werben und Verbrauchsmaterialien oder Staubsauger nach Vorführung direkt zu verkaufen. Hinzu kam dabei auch, dass neue Kunden geworben werden sollten, was bekanntermaßen sehr viel aufwendiger und teurer ist, als alte Kunden zu halten. Die Aufstiegsmöglichkeiten sind in der Hierarchie der Fachberater vielfältig, hängen jedoch fast nur vom erreichten Umsatz und Führungsfähigkeiten ab. So kann er die Sprossen zum Gruppenleiter, Bezirksleiter, Gebiets-Verkaufsleiter erreichen und es sogar bis in die Wuppertaler Zentrale schaffen. Dabei ist die erste Stufe zum Gruppenleiter vergleichsweise einfach, aber auch hier können die ersten Klippen von Sprachproblemen, mangelnder Gruppenleistung oder die Schwäche, die Fachberater zu motivieren oder zu unterstützen oder das eigene Leistungsversagen in der ersten Bewährungsphase schon zum Rückzug auf die Fachberaterebene führen. Zumal zu Beginn hier eine Weiterbildung erfolgt und dabei Vorwerk beachten musste, dass bezüglich kaufmännischen und Management-Wissens bei der Einstellung keinerlei Voraussetzungen gegeben sein müssen.

Als Basis für den Fachberater galt die Gruppe, die dem Einzelnen zur Motivation, zur Abrechnung mit dem Gruppenleiter, zur praktischen Weiterbildung, zum Kontakt mit den Kollegen und der Einschätzung der eigenen Leistung dient, aber auch zur Unterstützung bei Fragen, Erholung und Feiern.

Im Gegensatz zu freien Gebieten verkaufen Kundenberater in einem Festgebiet, haben somit die gleichen Kunden, soweit diese nicht den durch Wechsel zum Wettbewerber entfallen, wegen Unzufriedenheit nicht mehr kaufen, umziehen in einen anderen Ort oder schlicht versterben. Diese Gebiete müssen notwendigerweise relativ viel größer als die der Fachberater sein. Sie können jedoch Ladengeschäfte eröffnen, auf Märkte mit ihren Ständen auftreten und damit auch mit Werbemaßnahmen auf sich aufmerksam machen. Sie können durch den Service der Geräte beim Kunden dazuverdienen und werden anteilig am Umsatz im Gebiet, das die Zentrale erwirtschaftet, beteiligt. Selbst wenn Kundenberater zum Service angereizt werden sollen, ist es nicht zu erwarten, dass sie das tun, wenn gleichzeitig die Provision für den Verkauf einer Ersatzbürste oder eines kompletten Staubsaugers winkt statt schlecht bezahltem Reinigen des Geräts, Beschwerden sich anzuhören oder noch einmal gemeinsam die Anleitung durchzugehen.

Kundenberater hingegen können sich nicht mehr auf ihre Gruppe beziehen, haben aber dennoch eine Führungskraft und die Shops oder Service-Center vor Ort. Unumgänglich wurde es durch fehlende Anreize in einer Hierarchie aufzusteigen, dass hier eine Förderung geeigneter Kundenberater erforderlich in der Zentrale installiert werden musste.[/61/] Sie besuchen einen Kunden nur dann zu Hause, wenn dieser sich über die Wuppertaler Zentrale oder den Shop gemeldet hat.

Qualitäts- und Umweltmanagement, Allgemein

Das Qualitäts- und Umweltmanagement wird nicht zwingend durch den EU-Gesetzgeber vorgeschrieben und ist nur sinnvoll, wenn ein regelmäßiges, externes, kostenpflichtiges Audit bzw. Zertifizierung erfolgt. Dabei sind die entstehenden Kosten von Umsatz und Betriebsgröße abhängig und werden alle drei Jahre neu erteilt, wobei der Gutachter kein Mitglied des Unternehmens ist, aber im Zentralen Management ein oder mehrere Qualitätsbeauftragte erforderlich sind. So verfügt das Unternehmen über ein Zertifikat im Umwelt-[/66/] als auch im Qualitätsmanagement[/67a/] ist also durch unabhängige Dritte überprüft worden (Audit). Beide sagen aus, dass das jeweilige Managementsystem in Ordnung ist, doch die *Definitionen* der Qualität und die Umweltanforderungen obliegen *Vorwerk*! Jedoch scheint das Umweltmanagement eine Reaktion des Gesetzgebers auf gestiegenes Umweltbewusstsein in der Bevölkerung zu sein, was diesen veranlasst, die Unternehmer vermehrt in die Pflicht nehmen zu wollen.

Dies ist eine Querschnittsaufgabe, da sie alle Bereiche und Mitarbeiter betrifft und diese eingebunden werden müssen. So lassen sich folgende inhaltliche Grundsätze benennen, wie die durchgängige Kundenorientierung, auch bei den Mitarbeitern, die nicht mit Kunden im direkten Kontakt sind, Die Integration von Potenzial-, Prozess- und Produktqualität, das Prinzip der aktiven Prozessgestaltung, also Fehler von vornherein zu vermeiden und ständig kleine Verbesserungen (KVP) zu initiieren sowie alle Mitarbeiter einzubeziehen und deren eigenverantwortliches und kreatives Potential zu wecken. Da dies aber nur durch die Bereitstellung von Ressourcen zu bewältigen ist, bedarf es ständiger Information der beteiligten Abteilungen untereinander, bei Großunternehmen ist eine Institutionalisierung von z. B. Task Forces, Lernstätten, Qualitätszirkeln unumgänglich, weiterhin ist ein Konzept der Kunden – Lieferantenbeziehungen erforderlich, weiterhin kann es sinnvoll sein, erfolgreich agierende Mitarbeiter über immaterielle Belohnungen zu fördern statt Prämien, oder fehlerhaftes Verhalten zu bestrafen.

Dies ist zu Beginn mit hohen Investitionen verbunden, die über die erwirtschafteten Vorteile im Wettbewerb, geringer Stornoquote, weniger Garantiefällen erst auf längere Sicht erkennbar ist.

Insbesondere Qualitätsmanagement

Qualität scheint begrifflich einfach zu fassen zu sein und in Fachliteratur findet man verschiedene Begriffe wie die objektive, subjektive und zweckmäßige (teleologisch).

Dabei ist die objektive Qualität deshalb am einfachsten, da sie sich messen lässt, wie die Merkmale z. B. Nennleistung, Größe des Staubbeutels, Länge des Anschlusskabels oder der Lärm des Staubsaugers. Erheblich schwieriger erweist es sich, wenn die subjektiven Qualitäten eines Staubsaugers einzuschätzen sind, denn hier gehen persönliche Wünsche und Vorstellungen des Kunden ein, aber auch der Verwendungszweck, die damit von dessen Einstellungen, Wahrnehmungen und Werten sowie Bedürfnissen geprägt sind. Kennt man hier seine Wünsche bzw. die der eigenen Zielgruppe, ist es Aufgabe des Staubsaugerproduzenten, dem möglichst nahe zu kommen. Die teleologische Sichtweise der Qualität stellt ihrerseits eine Über-Kreuz-Verbindung zwischen objektiver und subjektiver Sicht dar, wobei hier die Eigenschaften genormt sind, um zielgerichtet zu produzieren und um zu (ver-)kaufen. Dabei beinhaltet zwar die Qualitätsnorm eine unabhängige Aussage über die Güte des Qualitätsmanagements (QM) bzw. deren Prozesse zu deren spezifischen Herstellung als Produkt oder Dienstleistung – auch extern, aber die Definition über das, was das Unternehmen oder die Kunden mit Qualität oder Umwelt meinen, erfolgt damit nicht. Da unterschiedliche Qualitäten durch die Normierung eine Preisdifferenz möglich machen und die Kunden durch Befragungen ihre Wünsche und Bedürfnisse äußern, besteht durch Überdeckung dieser Daten die Möglichkeit, einen marktgängigen Staubsauger herzustellen.[/67b/]

In der Verkaufspraxis treten diese Wünsche oder Bedürfnisse aber nicht so klar hervor, womit die theoretischen Grenzen klar werden:

Wenn aber der Kunde über die Eigenschaften eines Produkts oder deren Dienstleistung spricht – und somit über dessen Qualität –, dann gehe ich davon aus, dass hier diffuse Vorstellungen, Erwartungen, Wünsche formuliert werden und es ihm kaum selbst möglich ist, sich anhand objektiver Eindrücke davon zu vergewissern, was es hier im konkreten Fall eines Staubsaugers für den Hausgebrauch für ihn bedeuten könne.

Meist geht es daher dem Käufer um die Fragen der Nennleistung („Wattzahl"), den Kaufpreis, die Marke, Farbe oder Sympathie zum Verkäufer oder Inhaber des Geschäfts. Dabei ist für Unternehmen mit hohem Preis und Qualitätsanspruch nicht immer leicht beim Käufer zu punkten.

Jedoch bei technischen Produkten, die hier zur Diskussion stehen, ist es bei messbaren Größen wie der Nennleistung und Normen etwas leichter für den Kunden die Qualität einzuschätzen, das kann dann aber bei Preisen, Rabatten, verlängerte Garantien schon bald scheitern, da Unternehmen den Kunden mit Differenzierungsmöglichkeiten die Vergleichbarkeit meist erschweren.

Bei dem Unternehmen Vorwerk ist Qualität und der hohe Standard nie eine umstrittene Angelegenheit gewesen, da es schon immer was

Technik, Produktion, Vertrieb und Recht anging bemüht war sich vorbildlich zu verhalten und das im schwierigen deutschen Umfeld, insbesondere was den Direktverkauf betraf und betrifft.

Insbesondere Umweltmanagement

Zur Umweltnorm EN ISO 14001 (2004) wird als Rechtfertigung in der Einleitung folgende Begründung im Wortlaut angegeben:

„Organisationen aller Art sind zunehmend damit befasst, eine solide Umweltleistung zu erzielen und unter Beweis zu stellen, indem sie die Auswirkungen ihrer Tätigkeiten, Produkte und Dienstleistungen auf die Umwelt in Übereinstimmung mit ihrer Umweltpolitik und ihren -zielen ermitteln und bewerten."[/67c/]

Damit wird klar, dass neben erwünschten und erzielten Einspareffekten von Umweltmaßnahmen, genau wie beim Elektroschrott, hier die Anstöße vom Gesetzgeber kommen und Unternehmen eher dazu neigen, solche Umweltaspekte zu ignorieren. Doch Vorwerk kann seit 2008 darauf verweisen, dass durch eigene Initiativen das Problem erkannt wurde[/68/] und entsprechende Berichte regelmäßig verfasst und veröffentlicht wurden, die erfolgreiche Bemühungen beweisen.[/69/70a/]

Umweltmanagement, insbesondere marktorientiertes Umweltmanagement, geht dabei weit über die Kunden-Lieferanten-Beziehungen hinaus, weil hier drei Zielbereiche in den Blick kommen, nämlich ökologische Ziele wie Ressourcen zu schonen oder die Herstellung umweltfreundlicher Produkte, ökonomische Ziele wie Kostenreduzierung bei Materialien oder Energie, aber auch gesellschaftspolitische Ziele wie die Schaffung von Transparenz oder keine gesundheitliche Gefährdung von Anwohnern z. B. in der Umgebung von Produktionsstätten und deren Immissionen.

Da es viele Zielkonflikte gibt und viele Wechselwirkungen noch nicht genau bekannt sind, andererseits auf politischer und administrativer Ebene Vorschläge, Initiativen, aber auch teilweise bei Verstößen Geld- oder Haftstrafen existieren, kann jedes Unternehmen für die Allgemeinheit und sich selbst aktiv durch ein Management-Konzept aktiv werden, das einen normativen, strategischen und operativen Teil umfasst. So können vermehrt die Abfälle recycelt werden, die Lebensdauer der hergestellten Produkte verlängert werden, diese weniger Energie verbrauchen und leichter recycelbar sein, die eingekauften Materialien weniger belastend für die Umwelt sein, der Produktionsprozess wesentlich energiesparender und mit weniger Materialeinsatz verbunden sein, eine Offenheit in der Kommunikation gegenüber den Bewohnern, der Presse und Politik, stabile mit angemessenem Lohn statt prekäre Arbeit auf Zeit oder nur dazugekauft als Dienstleistung.[/70b/]

Tests in Verbrauchermagazinen

Die Geräte erhalten viele Auszeichnungen unabhängiger Institute, wobei aus Sicht des Verbraucherschützers bekanntermaßen die Seriosität dieser Siegel nicht immer gegeben sein muss. Jedenfalls dann, wenn die Siegel vom Haus selbst, z. B. das EC-Zeichen, der eigenen Branche oder Unternehmensverbänden stammen und zudem nur einzelne Aspekte beleuchten, die gar nicht allumfassend sein können oder wollen.

Seit Gründung der staatlichen Stiftung für Verbraucherschutz werden regelmäßig die Staubsauger von den Warentestern unter die Lupe genommen und darin schnitten sie mindestens dreimal im letzten Jahrzehnt als Beste (in den Jahren 2008, 2011, 2014)[/71/72/] ab.

Durch das Aufkommen weiterer Zeitschriften im Internet, die ökonomische, ökologische, technische und rechtliche Normen der Geräte testen, gelingt es den Vorwerk-Staubsaugern – allein wegen des Gewichts – mit Konkurrenten gleichzuziehen.

Die Staubsauger erhalten auch Design-Preise (wie im Jahr 2006).[/73/] Dies hat Vorwerk außerdem noch zu verdanken, dass die internen Produktionsketten hervorragend organisiert sind.[/74/]

Während Testergebnisse auf Käufer bekanntermaßen positiv wirken – so sollen dadurch die Umsätze um 20 % steigen können, was der Geschäftsbericht 2012 nahelegt – wird es zwischen gutem Design, soweit damit nicht die Alltagstauglichkeit für die Hausfrau gemeint ist, vermutlich kaum die Umsätze nach oben beeinflussen, da die Kundinnen eher pragmatisch beim Kauf denken, wie der Kauf von „Schlittensaugern" vermuten lässt. (s. u. Kaufverhalten)

Shops/Stores und deren „Flaggschiff" in Hamburg

Die Shops und Servicebüros liegen nicht alle zentral, wie Vorwerk meint, z. B. wurde der Shop in Ulm-City nach Senden verlegt, in Bayern findet man ihn nicht in München, sondern in Landshut, aber dafür in Hamburg am Jungfernstieg.[/75/] Hier entstand das, was Vorwerk als „Flagshipstores", das größte, aber auch alleinige Flaggschiff", bezeichnet und in dem die Kunden auf drei Ebenen alles finden, was Vorwerk zu bieten hat, nämlich: Staubsauger und Zubehör, Küchengeräte und Teppiche. Aus der Sicht von Vorwerk ein Alles-Inklusive-Geschäft. Hier gelten Kennzahlen des Sortimentshandels – aber auch die klassischen Vertriebs-Kennzahlen können angewandt werden bzw. aus den **Rohdaten** ermittelt werden wie z. B. die Kundenfrequenz, Kundengespräche, Vorführungen, erzielte Umsätze an Produkten je Kundenkategorie = Verkäufe, Umsatz Verbrauchsmaterialien, zeitliche Verläufe der Umsätze, Anzahl Reklamationen, Anzahl Reparaturen, Retouren von Internetverkäufen über den Shop, um den Erfolg vor Ort, aber auch die Shops untereinander zu messen und zu vergleichen. Dazu können diese Daten auf Bezugsgrößen umgerechnet werden, wobei diese Größen wieder regionale Faktoren wie Kaufkraft oder Kunden in der Region oder Jahreszeiten berücksichtigen können.

Dabei bieten Shops den Vorteil, unmittelbar mit dem Kunden ins Gespräch zu kommen, und dabei Informationen vom Kunden mitgeteilt zu bekommen, die über Studien, Umfragen übers Telefon oder das Internet nie zugänglich, aber vor allem nicht direkt erfahrbar sind, wie der Staubsauger gesehen, angefasst oder benutzt wird und welche emotionale Beteiligung entsteht oder das Einkaufserlebnis. Schriftliche Kommunikation über EMAIL; SMS und Soziale Netzwerke hat den Nachteil, dass Mimik und Gestik nicht erkennbar sind; somit die Vertrauenswürdigkeit und ob Ironie oder andere Gefühle wie Freude, Enttäuschung, Wut enthalten sind, nicht erfasst werden. Der sogenannte „shitstorm", also massenhaft wüste Beschimpfungen übers Internet, der durch unzufriedene Kunden oder User ausgelöst wird, ist kaum zu lokalisieren.

(Selbstständige, Geführte) Kundenberater ab 2009

Geht der Kunde zum Kaufen nicht in einen Shop, so kann er den selbständigen Kundenberater meist vor Ort beispielsweise auf einem Wochenmarkt antreffen, wo dieser sowohl die Staubsauger, aber auch Verbrauchsmaterialien wie Tüten, Bürsten oder Filter anbietet. Dabei können Besuchstermine vereinbart werden, da der Kundenberater auch den Service im weiteren Sinne macht, was das die Erläuterung der Gerätenutzung, aber auch die Annahme von Beschwerden, Mängelrügen in der Gewährleistungsfrist, Reklamationen bedeuten kann. Denn hier zuzuhören bietet Chancen zum Verkauf, aber auch, um Ideen an die Zentrale weiterzugeben für die Verbesserung der Geräte.

Da der Kundenberater auch zum regionalen Shop und Servicebüro Verbindung hält, kann er bei reparaturbedürftigen Geräten den Kunden dahin verweisen.

Parallel wird nach Anforderung des Kundenberaters über die Zentrale dieser unmittelbar zum Kunden geschickt, um diesen prompt zu bedienen.

„Schnuppertag“ und Ausbildung zu Kundenberatern

s. auch Kapitel 3
Sie erhalten zum Kennenlernen quasi einen „Schnuppertag“.[77] Dieser Tag dient dazu, dass der potenzielle neue Mitarbeiter von einem erfahrenen Kundenberater oder einer Führungspersönlichkeit mit guten Verkäufen die künftige Arbeit kennenlernen kann. Dabei ist es gut, wenn an diesem Tag die Geschäfte gut laufen und alles leicht aussieht. Denn trifft man an diesem Tag keine Käufer, kommen dem Bewerber Zweifel. Wird er aber überzeugt, dann erhält er einen klassischen Vertrag als Vertreter für sein Festgebiet. Dabei ist es seine Aufgabe, die Umsätze für Vorwerk durch sein Engagement beim Kunden zu generieren, z. B. durch das Vorführen von Staubsaugern und den Zusatzgeräten. Weitere direkte Anreize sind dadurch gegeben, dass der Service der Geräte beim Kunden, z. B. Reinigung oder Auslieferung von Tüten oder Filtern, extra vergütet werden. Ein weiteres Zusatzeinkommen wird dadurch möglich, dass der Kundenberater an den Umsätzen der Verbrauchsmaterialien beteiligt wird, die der Kunde im Internet kauft. Ein weiterer Anreiz besteht auch darin, dass der Kundenberater seine Kunden mal einen „Schnuppertag“ anbieten kann, denn diese Kunden kennen Vorwerk und im Gespräch erfährt er, ob Unzufriedenheit im Job, Wechselwille, Arbeitslosigkeit oder Geldnot herrscht. Vermittelt er neue Kollegen, profitiert er unmittelbar. Zusätzlich werden Zuschüsse zur Krankenversicherung bzw. eine eigene Versicherung des Hauses und ein Zuschuss zur Rente in Aussicht gestellt – meist aber vom Umsatz abhängig, aber ein zu erwartendes Einkommen wird nicht konkretisiert; das wäre vermutlich unseriös durch die vielen *unsicheren Wechselwirkungen* im Gebiet wie Engagement des Beraters, Zeiteinsatz, saisonale und nicht oder kaum zu beeinflussende Faktoren wie Urlaubszeit, Feiertage, Wettereinflüsse, aber auch die potenzielle Nachfrage im Festgebiet, die lediglich prognostiziert werden können, aber selbst nicht in der Macht von Vorwerk sind.

Danach erfolgt eine Ausbildung bzw. Schulung mit theoretischem und praktischem Teil von 13 Wochen (ein Quartal), die mit einem Zertifikat/Zeugnis abschließt. Jedoch befinden sich in dieser Phase der Ausbildung die Kundenberater im Einsatz. Zur Unterstützung für seine Tätigkeit erhält der Neue Präsentationstische für Märkte gestellt, da dies sein Geschäftsmodell ist, aber auch die Möglichkeit besteht, ein eigenes Ladengeschäft zu eröffnen. Außerdem gibt es für den Neuen und auch später eine persönliche Unterstützung durch einen Betreuer bzw. eine Führungskraft. Sie hat die Aufgaben klassischer Führung wie Motivation und Kontrolle, praktische Ausbildung und Störungen zu minimieren, Konflikte zu bereinigen und sie rechnet gegenüber dem Bezirk und der Zentrale ab.

Aus diesen Bedingungen ergeben sich für den Neuen Freiheit und Chancen, die versprochen werden, aber auch Grenzen und Risiken seiner Tätigkeit:

Denn er wird zwar geworben, dass er als selbstständiger Handelsvertreter auftritt, aber dennoch *„eingebunden" ist:*[/76a, 76b, 76c/] Kundenberater und andere Außendienstler sind meist durch das *Festgebiet* im Wirkungskreis eingeschränkt. Umfang an Zeiteinsatz und Ort der Arbeit, wie verkauft wird, dürfen nicht durch Weisungen vorgegeben sein in der Selbstständigkeit. Somit ist die Vermutung, dass hier Scheinselbständigkeit vorliegen könnte, mindestens nicht abwegig. Deshalb greifen vermutlich Regeln für das Auftreten, die Kodexe des Direktvertriebs-Verbandes und die Unternehmensverantwortung gegenüber dem Außendienst, um Auswüchse zu begrenzen. Außerdem hält Vorwerk eine Ausbildung oder Erfahrung im Kaufmännischen selbst nicht für erforderlich, solange man sich einsetzt, engagiert zeigt mit Einsatz und freundlich beim Kunden ist. Dass aber keine oder mangelnde Vorbildung nicht automatisch mit Engagement ausgeglichen werden kann, kommt nicht zur Sprache und es wird verschwiegen, dass Angelernte weder eine besonders gute Bezahlung erwarten können, berufliche Aufstiege selten sind und das Risiko zu scheitern – es liegt in der Natur der Sache – höher ist als besser Gebildeter.

10 Jahre Familienstudien

Parallel wurden die Familien bezüglich ihres Verhaltens bereits seit dem Jahr 2003 verstärkt mit soziodemografischen Studien eines unabhängigen Marktforschungsinstituts am Bodensee durch deren Mitarbeiter interviewt. Diese repräsentativen Studien mit persönlicher Befragung durch Interviewer werden jedes Jahr zu neuen Schwerpunkten durchgeführt. Sie sind damit ein Abbild der deutschen Familie, aber auch Alleinstehenden oder Alleinerziehenden in soziologischer, psychologischer, politischer und wirtschaftlicher Hinsicht.

Sie erfassen, teilweise mit dem Abgleich fremder Studien von dem bekannten schwäbischen Automobilzulieferer und bundesstaatlichen Studien von Ministerien und Trendverfolgung der eigenen Ergebnisse, die Familien- oder Geschlechterrollen, Verhältnisse zu Arbeitgebern, Einkommensverhältnisse, Entscheidungsträger in der Familie und Freizeitverhalten. Dabei wird nicht nach Bildungsabschluss, sondern nach beruflicher Stellung differenziert.

Dabei ist für die Marketingstrategie aber nur eine geringe Zahl von Fragen überhaupt relevant. Renommierte Fachleute gehen davon aus, dass soziodemografische Angaben nur wenig Nutzen fürs Marketing haben[/78/], z. B.: Art der beruflichen Tätigkeit, Altersgruppe, Geschlecht, Familienstand, Beteiligung an der Hausarbeit, Anerkennung von Hausarbeit, Freizeitverhalten, Umfang der Freizeit.

Interessant ist hier, dass die Berufstätigkeit der Frauen sowohl in Teilzeit- und Vollzeitarbeit zunimmt.[/79/] Dies sind künftige Kundinnen, die selbst kaufen und die hohe Ansprüche an sich und auch an Vorwerk-Produkte stellen, ohne den Partner um Erlaubnis fragen zu müssen.

Entscheidend ist auch, wer über größere Anschaffungen im Haushalt entscheidet und bei welchen Produkten. Männer entscheiden eher die Technik und beim Auto, Frauen bei der Kleidung – auch für den Ehemann.

Auch die Anerkennung der Hausarbeit hat sich verbessert, aber es gibt nach wie vor wenig Hausmänner, auch wenn sie wegen familienpolitischer Förderungen des Staates wie verlängerte Elternzeit – auch für den Vater –, Erhöhungen des Kindergeldes und der Kinderfreibeträge für Besserverdienende, Rechtsanspruch auf einen Kita-Platz fürs einjährige Kind, länger bei den Kindern sind.[/80/] Die ersten vier soziographischen Merkmale bieten einige Anhaltspunkte auf das verfügbare Einkommen bzw. für Konsumausgaben bereitstehende Budget.

Diese Studien sind nur dann aussagekräftig, wenn weitere Daten aus der Konsumentenforschung und Daten von Statistikämtern des Landes und Bundes hinzugezogen werden.

Die Kundinnen (Versuch einer Beschreibung)

Vorwerk hatte schon immer das Selbstverständnis, die Premium-Marke der Staubsauger (Slogan wegen Urheberschutzrechten abgewandelt) zu sein. Vorwerk, führend für die Reinigungsgeräte, verlässt jedoch spätestens 2000 das Premium-Segment endgültig[/78/] durch ständige Ausweitung des Programms bis zuletzt zum kompletten Hausfrauen-Ausrüster in den Jahren 2004 bis 2006. Außerdem gewährt Vorwerk Kundenkredite maximal für die Dauer der Gewährleistung, sprich 24 Monate.

Aus Marktbeobachtungen wurden folgende Käufertypen in den letzten 25 Jahren soziologisch beschrieben: Smart-Shopper[/84/], besser zu beschreiben als Hybrid-Käufer, der einerseits an niedrigem Preis bei alltäglichen Produkten interessiert ist, wo Qualität nicht so entscheidend ist, aber auf der anderen Seite bei einem höherwertigen Produkt für dieses Qualität viel Geld zu zahlen bereit ist[/81/], charakterisiert wird, Sie sind die Klugen (smart), die eine Mischung aus Einkaufsverhalten zeigen, einmal preiswert – einmal teuer, Hipster sind die Modebewussten mit höheren und hohen Einkommen, die sich von der Masse abheben wollen, indem sie sofort die Neuheiten kaufen[/82/] und Dinks sind die Doppelverdiener ohne Kinder, die sich kaum irgendwo einschränken müssen und somit sich bis zu drei Urlaube im Jahr sowie fast jeden Luxus leisten können, wohl eher konservativ und meist selbstbezogen entscheiden können.[83] Diese Beschreibungen zeigen, wie schwierig es geworden ist, den Kunden mit einfachen Kategorien beizukommen. Dazu gibt es noch die älteren Kategorisierungen aus der letzten Dekade vor dem Jahrtausendwechsel wie die Yuppies, die in diesen eine jugendliche Käuferschicht mit hohem Einkommen, Markenorientierung und aufs Image bedacht darstellte.[85]

Die Kunden sind vom Familienstand und beruflicher Qualifikation betrachtet eher Single, seltener Alleinerziehende oder Familien. Handwerker, Schichtarbeiter, imagebewusste Handwerker, die auch dazugehören wollen – bis zum Meister und Akademiker, Künstler bis zum Professor sowie Bauern, Ingenieure, Einheimische aber auch Zuwanderer, klein- und mittelständische Unternehmer, Händler bis zu Bundes-/Landesbehörden zählen zu den Vorwerk-Kunden.

Daneben zeigt das Käuferimage[86] eine grobe Orientierung an. Darunter fällt, wie Vorwerk oder der Fachberater seinen typischen Käufer beschreibt oder sehen möchte oder der Kunde sich sieht, neben psychologischen Momenten, also individuell, wird dieses Image auch mit sozialen Merkmalen, Familie, Arbeitswelt, Status, einzuordnen versucht. In der Praxis sind das hilfreiche Anhaltspunkte, aber auf abweichende Einzelfälle war ich immer vorbereitet – es ist wichtig, möglichst unvoreingenommen bei jedem Besuch zu sein. Meines Erachtens lassen sich viele Kunden grob charakterisieren: sie haben meist das mittlere Alter, in der Regel höheres Einkommen,, und ein erhöhtes Bewusstsein für die Reinheit von glatten Böden, Teppichen, Polstern, Betten und Gardinen. Sind sie einmal für Vorwerk gewonnen, dann sind sie treu, auch sind sie seltener unzufrieden, haben aber gehobene Ansprüche an den Service wie bei der Lieferung von Verbrauchsmaterialien, Reparaturfähigkeit der Geräte und Kulanz bei Garantieproblemen.

Zusammenfassung und Ausblick

Weltmarktführer Direktvertrieb?

Vorwerk strebt das immer wieder postulierte Ziel der Weltführung beim Direktmarketing an und unterteilt dies in fünf Unterziele.

Um aber an die Spitze weltweit zu gelangen, ist eine stärkere Konzentration auf das Kerngeschäft ratsam, anstatt sich ständig mit Akquisitionen und Fusionen zu befassen. Jedenfalls lehrt die bisherige Erfahrung das Unternehmen vorsichtig zu sein, wo gerade im starken Wettbewerb sowohl die Einbauküchen als auch das Bügelsystem keine Profite brachten, und dass nur exklusive Märkte oder weit verstreute Kunden in Regionen, siehe Nord- und Südamerika, Teile Asiens oder wo Vorwerk sich als Marke etabliert hat wie in Italien, für Direktvertriebe überhaupt infrage kommen.

Beratungsunternehmen/Angestellte Berater

Der Einfluss der Berater, die sich neben der Einführung des Qualitäts- und Umweltmanagements, der Multi-Marketings-Konzepts und Umbenennung von Division Technik in Division Engineering[/87/] ausstreckt, scheint sich eher auf strategische Beratung und Kostensenkung – s. o. Reduzierung der Belegschaft um ca. 7.000 Personen in 11 Jahren, Ausweitung des Beraterpools auf das 50-Fache der Belegschaft mit einer immensen Expansion seit dem Jahr 2004 – zu beziehen. Die Definition von Unternehmensberatung oder Consulting lautet „*individuelle* Aufarbeitung betriebswirtschaftlicher Probleme eines Unternehmens durch einen *externen, unabhängigen* Berater oder durch eine Beratungsgesellschaft.“[/88a/] Es wird unterschieden nach „Problemlösungsberatung (der Berater als neutraler Dritter [z. B.: Coaching]); Krisen- und *Sanierungsberater* (Berater als Krisenberatung) und *laufende Beratung* mit Eingriffsmöglichkeiten mit dem Klienten (der Berater als Interventionist)“. (Hervorhebungen vom Autor)[/88b/] So scheint es, ist Vorwerk in dem Jahr 2006 mit Krisenintervention gestartet und seit dem Jahr 2011 zur kontinuierlichen Beratungsleistung übergangen. Dabei ist nur die akute Krise überstanden, denn die Orientierung auf „Internationalisierung“[/88c/] und „Social Media“[/88d/] bedeutet konsequent umgesetzt, dass der deutsche Markt eigentlich aufgegeben sein könnte.

Dies kann man leicht am Geschäftsbericht 2009 erkennen, wo es auf den Seiten 10 folgende Visionen und Grundsätze der Vorwerk Gruppe erstmals verlautbart werden wie „Kundenorientierung; Unternehmertum schaffen, Exzellente Qualität, Langfristiges Denken und Handeln“[/89a/] und „Offen für Veränderung“[/89b/]. Dazu kommt das Projekt „Fit for the Future“[/89c/]; was man salopp mit „Gesund in die Zukunft“ übersetzen könnte.

Dem folgen im Jahr 2012 dann die schon genannten „fünf strategische Erfolgskriterien“[/89d/] wie das „Talentmanagement, Internationalisierung, Projektmanagement, Social Media und Business Development“[/89e/]; wobei unverkennbar Moden aufgegriffen werden. Exzellente Qualität oder Kundenorientierung, die übrigens in der Qualitätsnorm DIN ISO EN 9001 seit der Gründung 1883 ein Ziel ist, wird spätestens 1907 zum zentralen Anliegen. Auch die Offenheit für Veränderung ist nur eine Umformulierung der philosophischen Erkenntnis, dass alles fließt oder wie es Kaufleute ausdrücken, dass nichts so beständig wie der Wandel sei. Der Begriff „Social Media“ ist vielseitig interpretierbar, denn damit können verschiedenste Formen der Kommunikation im Internet – wie E-Commerce allgemein, aber auch Soziale Netzwerke im Internet, gemeint sein. Und wer im Geschäftsleben nicht gesund in die Zukunft gehen möchte, gilt wohl als nicht normal, ein Image, dass Champions keinesfalls entstehen lassen dürfen. Betrachtet man die Geschäftsberichte 2007 und 2012, so ergeben sich erhebliche Umsatzzuwächse, aber trotz aller Aktivitäten ist die Rendite gleich geblieben und der alte Glanz vor der Jahrtausendwende lässt – zumindest hierzulande, abgesehen vom Küchenstar – auf sich warten.

Wenn das Management Board jetzt den Beratern in Richtung Internationalisierung, Projektmanagement und weiteren Zukäufen folgt, vermeintlich um Schwung in den Laden zu bringen, könnte dies den weiteren Abstieg oder Ausstieg aus dem deutschen Markt nach sich ziehen.

Vergessen wird dabei, dass die Beraterbranche heute über eigene Strukturprobleme verfügt, ihre eigenen Strategien überdenkt und in einer tiefen Krise steckt – und den Ausgang der Neuausrichtung erkundet. Diese Erfahrungen kennen schon seit langem andere Industriezweige.

Längst ergibt sich die Möglichkeit, den Beratern detaillierte Aufträge zu erteilen, Projekte auszuschreiben und Methoden und Ergebnisse mit den Mitarbeitern abzustimmen.

Eigentlich sind die Zeiten vorbei, wo man als Berater mit unverbindlichen Konzepten, Flip-Charts, Brainstorming, Portfolios, Coachings für Führungskräfteprobleme, Trainings, risikoreichem Change Management und Workshops mit Spielen noch Eindruck schinden kann, wenn Erfolge nicht nachweisbar oder vielleicht erst viele Jahre und unter neuen Bedingungen eintreten könnten.

Denn es nicht einzusehen, dass ausgerechnet Unternehmensberater keinen Wirksamkeitsnachweis ihrer oft teuren Therapien erbringen können; es ist, wie wenn Sie – wenn ein hinkender Vergleich erlaubt ist – von einem Heilpraktiker auf die Stufe einer Nahrungsergänzung mit süßen Aromen und viel zu viel Vitaminen, Tai-Chi, oder Chipgong gebracht werden, anstatt ein Medikaments der Apotheke des promovierten Arztes mit analytischem Blick und Apparatemedizin zu nehmen, was bitter schmeckt.

Stattdessen kann Vorwerk die Talente, die früher zu dem Consulting gingen, einstellen und mit diesen eine eigene Strategieabteilung auf Geschäftsebene installieren. Das hat den Charme, dass das eigene Herrschaftswissen und Marktkenntnisse nicht mehr abfließen und bei anderen Unternehmen zum Tragen kommen.[/90a, 90b, 90c/]

Wachstum außerhalb Deutschlands?

Eine Analyse zeigt, das sowohl das Küchengeräte-Programm wächst mit +11 % in den Jahren 2010, 2011 und 2012 und sich die Staubsauger im südlichen Europa wie Italien, Frankreich und Spanien gut verkaufen. Das Geschäft in Asien und Pazifik, hauptsächlich in China, läuft mit Staubsaugern und Wasserreinigung, das Kosmetika-Programm erzielt Gewinne in Nord- und Südamerika; besonders Mexiko. Wobei diese regionalen Schwerpunkte Brasilien, Indien, China, also BRICS-Staaten, beinhalten. Die Wasserreinigung ist nur im asiatisch-pazifischen Raum zu vermarkten, da es hier offensichtlich Probleme mit dem Wasser zu geben scheint. Der Gesamtumsatz in Deutschland liegt unter 20 %; über 80 % wird im Ausland erwirtschaftet. Zudem ist das Direktvertriebssystem immer wieder hierzulande mit einer kritischen Öffentlichkeit und schwieriger Personalsuche belastet.

Das Geschäft in Deutschland, was Reinigungsgeräte angeht, erhielt im Jahr 2011 – aber auch im Aufbau des neuen Marketings – einen massiven Dämpfer (–6,5 %), konnte sich aber mit dem Multi-Marketing-System (+6,5 %) im Jahr 2012 wieder auf das Niveau von dem Jahr 2010 erholen und stieg stark (+18,3 %) im Jahr 2012, aber Vorwerk spricht seit dem Jahr 2007 davon, dass es die Probleme beim Vertrieb der Staubsauger Division beseitigen möchte.

Vorwerk wächst wieder durch Integration und Übernahmen – Mergers and Akquisition[/91/] – aber nicht so sehr auf dem ursprünglichen operativen Geschäft, was sich in steigenden Finanzanlagen – Kundenkredite über die eigene Bank – zeigt, die sich von dem Jahr 2011 mit 55 Mio. Euro auf 112 Mio. Euro mehr als verdoppelt haben und 2012 auf 200 Mio. Euro (immer mehr Kundenkredite) angewachsen sind und sich als neues Geschäftsmodell etabliert haben. Die Umsätze stiegen von 2010 bis 2012 wieder an, aber die konsolidierte Eigenkapitalquote und die Finanzen-Equity (stille Beteiligungen Dritter) stagnierten, sodass zwar jährlich ein höherer Gewinn erwirtschaftet werden konnte, aber nicht relativ.

So wird der ganze Gewinn aus 2013 – also 130 Mio. Euro – in notwendige Investitionen gesteckt.

Eine Ausrichtung auf Chile für Kosmetikprodukte und im asiatischen Markt erhöhte Aktivitäten, z. B. an den chinesischen Küstenstädte, Vorwerk könnte in Europa in Italien und Spanien an Bedeutung gewinnen und im Land des Gründers allmählich zurückgehen. Somit kann Vorwerk erst mittelfristig darauf hoffen, die alte Stärke auf dem heimischen Markt und die Eigenkapitalquote von 52 % aus dem Jahr 2008[/92/] zu realisieren, kurzfristig wird es sich aber mit weniger Marktanteilen zufrieden geben müssen.

Neuer Star Küchengerät?

Wertet man die Geschäftsberichte aus, dann lassen sich dennoch einige interessante Veränderungen feststellen, aber diese Berichte zeigen nachhaltige Wirkung auf den deutschen Markt, der bei Staubsaugern stagniert, während bei Küchenmaschinen noch ein Wachstum – auch in Deutschland – zu verzeichnen ist.

Daher scheint sich Vorwerk in Deutschland vermehrt bei Werbung und Präsentationen auf die Küchenmaschinen zu konzentrieren, wobei Millionen verkaufter Küchengeräte im Vergleich zu über 100 Millionen Staubsaugern eine erheblich geringere Marktdurchdringung vermuten lassen. Hier ist es aber vermutlich aus strategischer Sicht noch möglich Marktanteile von Wettbewerbern zu holen, weil der Ruf so gut ist, wie ehedem beim „Kobold": Doch die Küchengeräte wurden in den letzten Jahren praktisch kaum verändert – wenn auch technisch verbessert und zur Dachmarke ernannt – während es bei Staubsaugern viele Innovationen gab, was nur den Schluss zulässt, dass Neuerungen nicht automatisch Umsatzsteigerungen in einem Sortiment bedeuten müssen – vielleicht verunsichert es sogar den Kunden, ständig mit neuen Gerätegenerationen konfrontiert zu sein.

Die Kosten der z Familienstudien dürften sich jährlich im fünf- oder sechsstelligen DM- bzw. Euro-Bereich bewegen. Es ist deshalb schwer erklärbar, dass dies schon eine Tradition zu werden scheint, denn sie dienen bestenfalls als Unterstützung für den Verkauf und damit Erfolg des Unternehmens. Maßgeblicher Einfluss, also die Korrelation, dürfte schwach sein. Damit entstehen dort hohe Kosten im Vergleich zum geringen Nutzen, was aus kaufmännischer Sicht fraglich ist, da auch künftig durch neue Fragestellungen keine wesentliche Verbesserung zu erwarten sein dürfte. So sollte folgende Stimme des Experten Heino Hilbig zu denken geben: „... zum Beispiel die Soziodemographie sich schon vor Jahrzehnten als untauglich erwiesen hat, Einstellungen und Kauferwartungen abzubilden. Mein Lieblingsbeispiel: männlich, britischer Staatsbürger, 65 Jahre, Einkommen über eine Million jährlich, einmal geschieden. Zwei Vertreter dieser Zielgruppe: Prinz Charles und der Rocksänger Ozzy Osbourne. Welche Anzeige soll es schaffen, diese Herren gleichermaßen zu interessieren?"[/93/]

Bankgeschäfte/Leasing

S. Bilder 23, 25, 26
Weiterhin verfügt das Unternehmen über eine eigene Bank, der in den letzten Jahren das Einlagengeschäft erlaubt wurde. Aber Hauptaufgabe ist die Vergabe von Darlehen an Kunden, also Konsumentenkredite, die die Ausweitung des operativen Geschäfts erlauben, und Kredite an assoziierte, aber wohl auch fremde Unternehmen.

Ein weiterer Teil befasst sich mit Fonds- und Vermögensverwaltung, einerseits für die freiwilligen Betriebsrenten und Erträge für die Stiftungen. Weiterhin beschäftigen sie sich mit dem Einlagengeschäft (Kontoführung) und Anlagengeschäft für Privatkunden.

Um die weltweite Geschäftstätigkeit in Asien und Amerika und deren Zinsrisiken, Währungsrisiken zu minimieren, bei Rohstoffen und Lebensmitteln günstig zu kaufen, geht das Unternehmen, hier mit den Instrumenten Obligationen und Swaps (Kopplung eines Devisen-Kassa-Geschäfts mit einem Devisen-Termingeschäft, Risikogeschäft oder Wette) ein, muss damit Termingeschäfte aktiv auf dem Spekulations-Markt betreiben.

Das Leasing von Fahrzeugen kann Kosten einsparen und die Investitionsquote niedriger machen und damit das Eigenkapital, was wiederum die Kreditwürdigkeit bei der Hausbank senkt, nicht die des eigenen Instituts.

Dieses Vorgehen von Vorwerk sind alles Modelle der Expansion, wobei offensichtlich freie Mittel minimal verbraucht werden sollen. Allerdings zeigt sich beim weiteren Instrument Fusionen und Übernahmen, dass das Denken in den alten Strategien des ständigen quantitativen Wachstums und Erweiterung zu einigen Rückschlägen führte und daher zumindest überdacht werden könnte.

Fusionen und Übernahmen (Mergers and Acquisitions) (Skalierung ein Ausweg?)

S. Bilder 23, 27

Seit dem Jahr 2000 betreibt Vorwerk verstärkt durch eine eigens gegründete Gesellschaft eine Verbreiterung des Geschäfts durch den Einkauf kleiner Direktvermarkter im Internet.

Geschuldet könnte das dem Prinzip „teile und herrsche“ sein; nach dem alle Familienmitglieder der großen Sippe möglichst partizipieren und profitieren können, aber dabei zwingend einen Teil des Risikos, der Verantwortung und Arbeit mit übernehmen sollten, indem sie Eigenkapital oder Aktienanteile (Equity-Quote) einbringen. Aber selbst beim derzeit Ehrenvorsitzenden ist ein potenzieller Nachfolger in das Engagement von Stiftungen ausgewichen – und war dabei auch erfolgreich.

Das Unternehmen hat bereits seit den 1960er Jahren, verstärkt ab dem Jahr 2007, mit einer eigens gegründeten Gesellschaft, die Division Direct Selling Ventures[/94/], immer wieder – eine Politik der Fusionen und Übernahmen (Mergers & Acquisitions) betrieben, was aber eigentlich schon seit den 1970ern keine Strategie ohne Probleme ist, wie Zukäufe, Rückführung zur Assoziation, Abtrennung wegen Gesetzes-Novellen, Verkäufe und Insolvenzen belegen. Vorwerk übernahm sehr erfolgreich Banken – und forciert damit Kundenkredite für Staubsauger und Küchengeräte forciert, übernahm auch Leasingunternehmen, Küchengeräte-, Einbauküchen- und Parfüm-Direktvertriebe übernahm und dehnte sein Geschäft ab dem Jahr 2000 nach Asien-Pazifik aus. Es wird versucht, in gesättigten Märkten dennoch die Expansion durch hinzugekaufte Produkte und Dienstleistungen beizubehalten oder das Geschäft auszudehnen, doch dabei können verschiedene Kulturen aufeinandertreffen, die in Arbeitsmoral, Firmenkultur, Sprache differieren, oder der Zukauf erweist sich als nicht zu sanieren oder Flop. Eine Garantie auf Erfolg gibt es nicht, wie viele Beispiele aus dem Automobilbereich gezeigt haben, aber auch Vorwerk selbst ist davon nicht verschont geblieben. Dabei wird man ergänzend im internationalen Geschäft von Nordamerika oder Asien mit Währungs-

und Zinsrisiken konfrontiert, soweit die Fusionierten oder Übernommenen dort tätig waren oder sind, die ihrerseits wieder neuen Erfordernisse hervorrufen Damit entsteht ein schwer durchschaubares Netz von Beteiligungen, die in der Gesamtrechnung nur noch in Salden auftauchen. Insgesamt führen die vielen Aktivitäten des Unternehmens von Bankgeschäften, Spekulationen, Fusionen und zuletzt dem Kerngeschäft Direktvertrieb (2007), aber auch dem Multi-Kanal-Marketing zu keiner Rückkehr der alten Stärke auf dem deutschen Markt, sondern eher zur Zersplitterung der Aktivitäten Das sichert zwar den Spitzenleuten die Macht, da nur noch wenige Führungskräfte das System durchschauen, aber jede vermeintliche Schwäche und Nische bietet eine Chance für Berater ihre Konzepte anzubieten, die Ungemach beseitigen. Insofern hat die Strategie des Multi-Marketing – bisher nur zur Stagnation geführt – beinhaltet später sogar ein Potenzial der Schwächung. Denn kaufmännisch betrachtet ist jeder Stillstand ein Zurückfallen. Deshalb wurde es erforderlich, dass Vorwerk sich auch mit Zins-, Währungs- und Lebensmittelspekulationen beschäftigen musste und mit den zugehörigen Instrumenten. Aus diesem Grund gibt es Broker und weitere Personen, die Fonds, Vermögen und Immobilien verwalten und für das Unternehmen oder die Hausbank, direkt oder indirekt, tätig sind. Bestenfalls fallen hier periodenfremde Gewinne durch Aktienverkäufe an, aber es gibt auch Risiken, die wiederum abzusichern sind. Während für die Stammbelegschaft ein Rentenfond und für die Wohltätigkeit Sondervermögen bestehen, macht man dazu parallel Zins- und Warentermingeschäfte. Damit hat man mit Brokern zu tun und Experten, die diese Geschäfte in der eigens gekauften Bank optimieren sollen, denn die Geschäftsleitung war mit Risiken konfrontiert, die nicht zum Wissen eines Inhabers und Geschäftsführers oder Teilhabers gehören.

Es scheint hingegen erforderlich, die Innovation, Kreativität und das Schwimmen gegen Strom dringend zu stärken, wie Geschäftsentwicklungsprojekte, die Arbeit an besonderen Aufgaben und Suche und Schulung von exzellenten internen und externen Mitarbeitern zeigen, es benötigt mittel- bis langfristige Maßnahmen, die Rückschläge beinhalten können, daher Ressourcen wie monetäre und zeitliche Mittel brauchen werden. Dies lässt sich eben nicht durch Zukäufe fremder Fantasie zu delegieren. Das kann nur ein kurzfristiger Ersatz und Zwischenschritt sein.

Hier lässt sich nicht umfassend auf die vielen Besonderheiten, d.h. Risiken und Chancen von Finanzgeschäften der Banken – speziell Broker, Fonds – und Vermögensverwalter – eingehen. Deshalb beziehe ich dazu nur eine generelle Stellungnahme (s. u.), weil Details und Einzelprobleme aus Platzgründen nicht erörtert werden können und das Thema sprengen würden.

Dazu verweise ich auf die einschlägige Literatur zu diesem schwierigen Themenkomplex Banken, Anlagengeschäfte und Börsen, Wirtschaftsethik im Besonderen. Einen guten Überblick über die Herausforderungen der Unternehmensethik bietet das Michael S. Aßländer als Herausgeber des „Handbuch Wirtschaftsethik“ und das „Handbuch der Wirtschaftsethik, Band 4.2 Konkrete wirtschaftsethische Problemfelder – Shareholder Value – Wirtschaftskriminalität“.

Um aber an die Spitze weltweit zu gelangen, ist eine stärkere Konzentration auf das Kerngeschäft ratsam, als sich ständig mit Akquisitionen zu befassen. Jedenfalls lehrt die bisherige Erfahrung das Unternehmen hier vorsichtig zu sein.

Multi-Kanal-Marketing

Hinzu kommt, dass das neue Multi-Kanal-Marketing, also sowohl über Ladengeschäfte als auch im Internet zu verkaufen, sich noch im Markt etablieren muss, da es erst im Jahr 2009 eingeführt wurde. Andererseits sind vier Jahre ein angemessener Zeitraum, der eigentlich zum Etablieren hätte reichen können, zumindest mit vergleichbaren Konsumgüterherstellern gleichzuziehen.

Es könnte sein, dass es an letzter Überzeugung fehlt und die Krise des aufgegebenen Direktmarketings alter Prägung noch mitschwingt.

Kundenberater vs. Talentfindung?

Der Geschäftsbericht zeigt, dass die klassische Präsentation beim Kunden durch den Kundenberater nicht zu toppen ist[/95/], das ist also das, was der Direktvertrieb bis ins Jahr 2008 auch tat. Aber Talente im Kundenberaten zu finden, ist schwer, zumal weder eine Ausbildung noch Berufserfahrung, sondern reines Engagement Voraussetzung sind. Dieses Manko bleibt auch im neuen System erhalten. Die im Geschäftsbericht 2012 angekündigte Offensive für interne Mitarbeiter und den Außendienstbereich mit der „Business Development, Talentförderung; Social Media, Projektmanagement, Internationalisierung"[/96/] deutet darauf hin, dass es eben doch nicht zum Besten hierzulande steht. Aber Projektmanagement, Talentsuche und die Sozialen Netzwerke sind Modethemen. Hinter dem Begriff Geschäftsfelder-Entwicklung kann sich von Verbessern des Marketings, Innovationen für den Wettbewerb bis zum weiteren Aufkauf neuer Unternehmen alles verbergen. Der Ausbau des „Social Media" bedeutet eine vermehrte Konzentration auf den Internethandel – vermutlich würde dies zu Lasten der Kundenberater gehen, wenn hier expandiert wird. Für Vorwerk erscheint es immer noch schwer, Talente im Verkauf zu finden, da wird über kurz oder lang eine Entscheidung zwischen Kundenberater und Internethandel unausweichlich – oder beide Verkaufsmethoden werden parallel gefahren. So wird es aber schwierig, Talente zu gewinnen und im Unternehmen zu halten, weil Begabte und Hochbegabte sich gar nicht darauf einlassen. Im Risikoteil wird die Zukunft des deutschen Direktvertriebsverhalten angesprochen.[/97/]

Betrachtet man die Kundenberater/Teamleiter/Shop/Internethandel (Multi-Kanal-Marketing) im Vergleich zum Fachberater/Gruppenleiter/Bezirksleiter/Bezirksbüro zentrales Unternehmen (Direktmarketing), so bestehen die gravierenden Unterschiede (siehe Bild 24) darin, dass der Fachberater das Haustürgeschäft betreibt, der Kundenberater aber auf Märkten verkauft und auf Wunsch des Kunden kommt. Die Kunden erwarten beim Besuch dann Service, der aufwendig ist und eher unbeliebt beim Verkäufer, daher vergütet Vorwerk beim Kundenberater diese Leistung. Daher verkauft man Vorwerk-Reinigungssysteme wenig über das Internet, die Kundenberater machen überwiegend das Geschäft direkt beim Kunden. Der Fachberater aber lebte ganz vom Haustürgeschäft allein. Empfehlungen, Kundenanfragen, die über die Zentrale und Bezirke ihn erreichten und zum Verkauf führte, spielten dagegen eine untergeordnete Rolle.

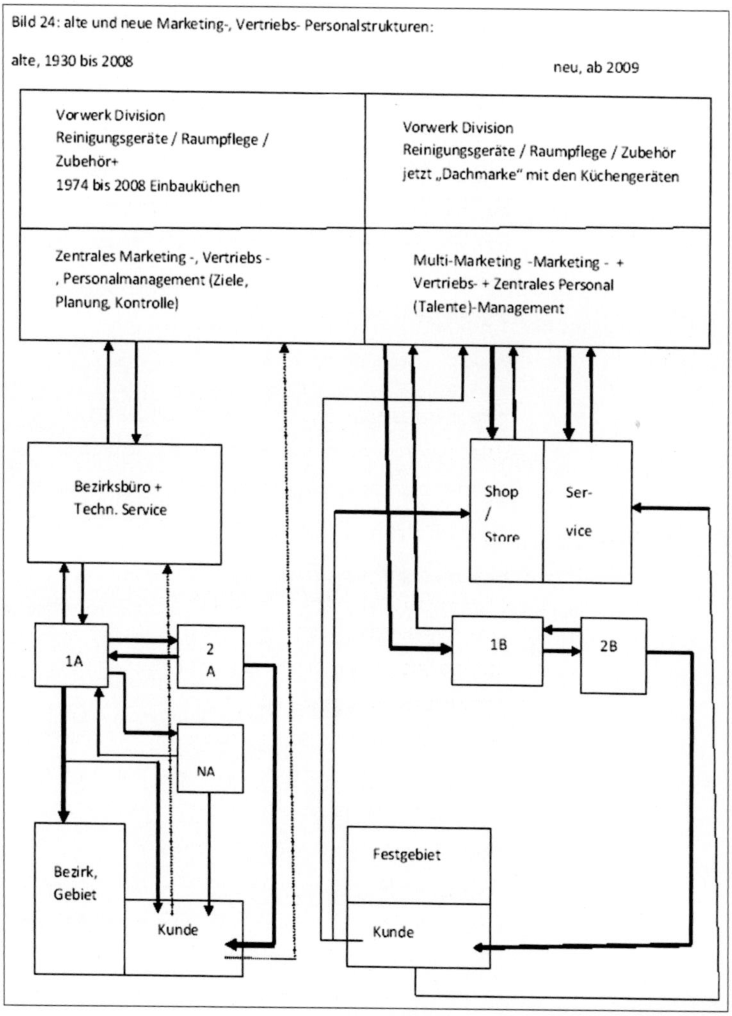

Vergleich Fachberater Kundenberater-Struktur

Hingegen vermute ich aus den vorliegenden Geschäftsberichten, dass das Provisions- und Prämiensystem wenig verändert wurde.

Dass Vorwerk die Serviceleistungen extra belohnt macht Sinn, wie das folgende Zitat belegt:

„Die Fähigkeit, sich durch *Innovationen* vom Wettbewerb abzuheben, trennt die erfolgreichen von den weniger erfolgreichen Unternehmen („Champions“ [Vorwerk] und „Verfolger“). Bei den im Schwerpunktthema untersuchten Themenkomplexen zur Digitalisierung der *Serviceprozesse* [E-Commerce, Flagship Stores] verfügen die Champions insgesamt über ein deutlich stärker ausgeprägtes Bewusstsein für die Bedeutung der innovativen Technologien und deren Möglichkeiten als die Verfolger“[/98a/] und daraus sehen die Unternehmen „[d]ie größten Ertragspotenziale (…) in den klassischen (…) Dienstleistungen wie [Auslieferung von Verbrauchsmaterialien], *Reparatur* (…) sowie Wartung (…). Ein eindeutiger Trend lässt sich des Weiteren in der *Beratung* erkennen.“[/98b/] und weiter unten heißt es:

1. „Die Investitionsschwerpunkte der Unternehmen liegen aktuell und zukünftig in der Erhöhung der *Kundenbindung*, der *Mitarbeiterqualifizierung* [Vorwerk-Gruppe: Talent-Management] und der *Optimierung der Prozesse* zur Dienstleistungserbringung [Qualitäts-Management]. Es wird deutlich, dass in dem vorhandenen Wettbewerbsumfeld die *langfristige* Bindung bestehender Kunden und der *eigenen* Mitarbeiter für die Unternehmen ein extrem *relevantes Handlungsfeld* darstellt.
2. Eine Analyse der Altersstruktur zeigt bei der Hälfte der Unternehmen, dass ein *beträchtlicher* Teil der Mitarbeiter bereits *über 55 Jahre* [Demographischer Faktor] alt ist.“[/98c/]
   (Kursive Schrift und Anmerkungen vom Autor)

Zwar können selbstständige Handelsvertreter, also Fachberater oder Kundenberater, dem Unternehmen zwar einerseits zugerechnet werden – obwohl heute der *größte* Teil bei Vorwerk unter Berücksichtigung der Division Kosmetik es als *Nebentätigkeit* ausübt –, andererseits sind sie eigenständig und nicht *direkt* ins Unternehmen eingebunden, können keinen Stundenlohn oder *Mindestlohn* fordern und genießen keine besondere soziale Sicherheit – eigentlich sind es prekäre (atypische) Arbeitsverhältnisse, die im letzten Jahrzehnt auch in Deutschland stark zugenommen haben. Gemildert wird dies nur dadurch, weil Vorwerk sowohl die Krankenkassen- als auch die Rentenversicherung bezuschusst, was in Direktvertrieben nicht selbstverständlich gegeben ist.

Zwar kann man hier einwenden, dass Vorwerk dennoch überdurchschnittliche Einkommen und eine betriebliche Altersvorsorge bietet und die Fachberater gerade im Reinigungsbereich ordentliche und bei dem Küchengerät noch erträgliche Umsätze haben, es ergeben sich dort ähnliche Provisionen und Prämien in der Summe wie andere Einkommen, doch hier trägt der Fachberater die Sozialversicherungen zu 100 % und weiterhin alle seine anderen Kosten und Aufwendungen. Zumal, wenn die Zahl der Fachberater steigt, legen nicht automatisch deren Umsätze, sondern die Umsätze der Division zu. Dabei kann es zu Ausnahmejahren wie im Jahr 2012 kommen, dass die Kundenberater profitieren, wie der Geschäftsbericht zeigt. Allerdings zeichnet sich im Jahr 2014 ab, dass die Division Reinigungsgeräte gegenüber der Division Küchengeräte immer mehr an Boden zu verlieren scheint.

Vergleicht man es damit, dass in klassischen Unternehmen durchschnittlich jeder 13. Mitarbeiter im Vertrieb arbeitet, in Vorwerk aber das 50-fache der Belegschaft, so ist dieses Verhältnis extrem ungleichgewichtig und auffällig. Hier das Verhältnis wie im Jahr 2000 auf ca. 1 zu 10 anzustreben, wäre ein langfristig erstrebenswertes Ziel bis 2025, hingegen auf mittlere Sicht bis zum Jahr 2020 auf 1 zu 25. Doch eine Veränderung der Personalpolitik ist nicht erkennbar.

Kosmetik als Killer vs. Stammbelegschaft als Macher hoher Produktivität

In Kauf nimmt man, dass gerade durch die Kosmetik-Division die Produktivität pro Mitarbeiter immens in Mitleidenschaft zu Wettbewerben gerät. Denn dadurch, dass das Verhältnis von internen zu externen Mitarbeitern von 1,25 auf 50 anstieg, sinkt der durchschnittliche Umsatz aller Fachberater in den Nebenverdienst. Andererseits führt die starke Reduzierung der Stammbelegschaft von 7.000 Mitarbeitern zu einer überproportionalen Steigerung auf dessen Seite, wobei diese Betrachtung ohne ausgelagerte Tätigkeiten gemacht wird.

Kundenberater im Multi-Kanal-Marketing – Risiken und Chancen

S. Kapitel 3 Resümee und Bilder 21, 22

Allerdings ist Deutschland für Direktvertriebe weniger geeignet wegen der dichten Besiedlung, hingegen Nordamerika mit dem Mittleren Westen mit kilometerweit auseinanderliegenden Farmen und Kanada mit dünner Besiedlung ist besser geeignet, aus diesen beiden angloamerikanisch und frankofon geprägten Ländern stammen die Konzepte des Direktmarketings, Multi-Channel-Marketing und des Sozialmarketings, während unser Land in der Mitte Europas und als Transitland der Nachbarn als das Land der Dichter und Denker, der Ingenieure und deren Innovationen galt und gilt sowie besonders nach dem 2. Weltkrieg als Exportnation sich erst nach Westen orientierte und heute bis nach Brasilien und China reichend im Investitionsgüterbereich hervortat.

Personal im Direktvertrieb zu finden, wo man Talente oder Verkaufskanonen sucht, bleibt ein Risiko nicht nur aus Sicht von Vorwerk[/99/], auch der damalige Fach- und der heutige Kundenberater – anders als in den 1960er und 1970er-Jahren des Fachberaters – braucht fast immer ein zweites Standbein oder den verdienenden Ehepartner, will er das Risiko eingehen. Es ist nicht einfach, schnell ein genügendes Einkommen zu erwirtschaften. Dabei ist ein besonderes Problem, Talente zu finden, denn selbst erfahrene Unternehmensberater haben Schwierigkeiten in der Begriffsbestimmung.[/100a/] So kann man zwar die lexikalische Erklärung finden, wie „die Anlage zu überdurchschnittlichen körperlichen und geistigen Fähigkeiten auf einem bestimmten Gebiet“[/100b/], womit hier das Talent auf Experten, Sieger in Wettbewerben gemeint ist. Man kann hier zwar von besonderen beruflichen Fähigkeiten, Begabungen, Befähigungen und höherer Intelligenz ausgehen, aber andererseits sind (Hoch-) Schulabschlüsse wie Prädikatsexamen – also Verdienste, keine Garantie für Erfolge. Schulen vermitteln selten im Unterricht Lebenstüchtigkeit (soziale Kompetenzen) oder Problemlösungskompetenzen (Schlüsselkompetenzen); weil diese Fähigkeiten durch Herkunft, gesellschaftliche Schicht und Familie geprägt sind und in Bildungseinrichtungen nur begrenzt oder überhaupt nicht gefördert werden können. Die Annahme, dass Hochbegabung und Intelligenz gleichzusetzen seien, ist von der psychologischen Forschung mittlerweile aufgegeben worden“[/100c/] und „Hochbegabung bezeichnet allein die Fähigkeit, eine herausragende Leistung auf einem oder mehreren Gebieten vollbringen zu können, und ein hoher IQ [hier mehr als 130] bedeutet nicht, grundsätzlich alles besser zu können. Hochbegabung setzt … das Ineinandergreifen vieler Faktoren voraus, so z. B. eine hohe Motivationsfähigkeit und Kreativität …, die aber nur zum Tragen kommen, wenn das … unterstützende Umfeld stimmt.“[/100d/] Weiterhin ist dieses Humankapital recht teuer, das Wissen ist nicht verfügbar oder aktivierbar und bietet keine berechenbare oder einsetzbare Sicherheit.[/100e/] Das Gewinnen, Halten und Fördern solcher Talente kann sich wohl nur auf besondere Verantwortung oder Leistungen beziehen in einem wohlwollenden Umfeld, aber das trifft auf den anderen Mitarbeiter genauso zu.

Es scheint fraglich, ob Unternehmen es überhaupt schaffen können die erforderlichen Freiräume für Talente schaffen zu können, weil gerade das klassische Management immer bestrebt ist, Störungen zu beseitigen. Dabei sind aber Störungen z. B. von narzisstischen, psycho- oder soziopathischen Mitarbeitern zu trennen, die etwas etwas anderes sind – und ein reales Problem sind. Die besonders Befähigten, Talente und Hochintelligenten zeichnen sich eben dadurch aus, dass sie die Ordnungen kreativ in Frage stellen, gerade zu Grenzüberschreitungen neigen – und damit eben schwierig oder störend sind – und das klassische Management neigt dazu, Störungen um jeden Preis zu beseitigen. Sie lassen sich von den Zuständigen meist nicht erkennen, werden von „Normalen“ meist bekämpft. Von anderen Belegschaftsmitgliedern, die sie bedrohen und ängstigen könnten, als Sonderlinge, Einzelkämpfer, Paradiesvögel, schlimmer als verkannte Genies, Zerstreute oder Besserwisser werden sie leicht ausgeschlossen und vertrieben, gehen dem Unternehmen verloren. Damit sind sie mit klassischer Personalentwicklung ohnehin kaum zu überzeugen.[/100f/] Dabei neigen sie dazu, sich ihr eigenes Umfeld zu schaffen – ein kreatives Feld – jenseits des Abteilungsdenkens.[/100g/]

Dabei sind die Einkünfte der Fachberater beim Staubsauger ordentlich, beim Küchengerät noch erträglich, aber bei den Kosmetika eher ein Nebenverdienst und da gelten andere Bedingungen wie Wohnen bei den Eltern, Studium, arbeitender Lebenspartner, Zuverdienst zur Haupttätigkeit oder Aufstockung der Existenzsicherung.

Da es sich aber um Exklusiv-Verträge handelt und der Zeitaufwand erheblich ist, lassen sich höchstens weitere Produkte und Dienstleistungen vertreten, die kompatibel zum Geschäftsmodell sind oder sich integrieren lassen; aber dennoch nicht vom Wettbewerber stammen. Erschwerend ist es auf der anderen Seite ein, zwei konträre Vertretungen zu kombinieren, ohne dass es zulasten von Vorwerk gehen könnte.

Zunehmend wird in Vorstandsetagen klar, dass Direktvertriebe – in Deutschland nahezu unbedeutend – selbst für Vorwerk zum Problem werden könnten – auch wenn man mit entsprechender Verbandsarbeit, PR/Öffentlichkeitsarbeit und Selbstverpflichtungen dem entgegenwirken möchte.

Familienunternehmen – Realität oder Mythos?

In den aktuellen Geschäftsberichten wird das Familienunternehmen beschworen, aber gilt das für die Finanzholding heutzutage – ironischerweise wird das mit autokratischem Führungsstil des Patriarchen und Abwesenheit von Betriebsräten verbunden[/101/], was bei Vorwerk zu Beginn 1883 bestimmend gewesen ist, als die beiden Vorwerk Brüder und Visionäre die Teppichfabrik gründeten. Als im Jahr 1907 eine weitere erfolgreiche und bis dominierende Familie dazu kam, da konnte noch eine Verbundenheit zwischen Belegschaft und den Visionären als Familienverband vorhanden gewesen sein, da in der Anfangszeit die Chefs ihre Mitarbeiter noch persönlich kannten.

Diese alte Nähe wird heute damit begründet, dass das Unternehmen sich mit seinen Mitarbeitern verbunden fühlt und Vertrauen genießt, und es führt alle zwei Jahre entsprechende Befragungen dazu an, die allerdings aus der relativ hohen Teilnahme schon ein positives Verhältnis herleiten, Details aber nicht nennen.[/102a/] Vermutlich trifft dies auf die Führungsebenen der Holding zu, die sich aus den verschiedenen Familien und deren Nachkommen zusammensetzt, wobei wieder eine Familie mit ihren Angehörigen dominierend ist. Damit ist möglich, dass die Inhaber gute Kontakte pflegen, aber es darf bezweifelt werden, dass es für die Beschäftigten genauso gelten kann.

Familienunternehmen sind verwobene Teilsysteme mit fließenden Grenzen, nämlich Unternehmen und Familie – und daher anfällig. Tritt in der Familie Streit auf, kann dies negative Folgen haben. Daher müssen solche Konflikte gelöst werden, da diese ein Unternehmen zerstören, externe Einflüsse hingegen selten. So hat das Patriarchat sowie als unangreifbarer Autokrat zu herrschen und damit interne und externe Kritiker zu ignorieren zur Insolvenz der Schlecker-Drogeriekette geführt. Weder der Unternehmensberater, der das „Fit for the Future"-Programm startete, noch dem Insolvenzverwalter gelang es, mit den beiden Kindern der Familie drastische Sparmaßnahmen und ein generelles Umdenken in die neue Zeit umzusetzen, weil das Konzept der kleinen Drogerien vor Ort, erreichbar bis zum Schluss, nicht aufgegeben wurde, wie der letzte Slogan „For You. For Ort" drastischer nicht veranschaulichen konnte.[/102b/]

Wenn es, „immer [nur] um Geld, Liebe und Macht [geht]"[/102c/] und sich „Einer immer ungerecht behandelt fühlt"[/102d/], wie der Unternehmensberater Arnold Weismann meint, dann ist es leicht zu verstehen, dass diese weder leicht zu beraten noch zu beraten sind. So bestehen Eigentümerfamilien aus komplizierten Networks, wo auch die mitreden, die ferne stehen.

Heute ist es allerdings ein weltweit agierender Konzern, besser Finanzholding mit Rendite von 3,5 % bis 5 %, die damit geringer ist als die der Börse, denn aus den Geschäftsberichten von AGs kann vermutet werden, dass man dort 7 % erwartet

Markenpolitik Dachmarke

Neuerdings ist das Branding, also eine Dachmarke zumindest zu entwickeln, für zwei Divisionen der Reinigungs- und Küchengeräte angedacht und auch teilweise umgesetzt.

Bedauerlicherweise bleibt hier die Asien-Pazifische Division mit ihrem Wasserreiniger und die Kosmetik-Division für Amerika außen vor.

(Interne) Mitarbeiter/Belegschaft/Stake-Holder

Vorwerk ist in über 70 Ländern vertreten – wobei Vorwerk beispielsweise in Australien über einen Partner agiert, der das Verhältnis von 1 zu 50 zwischen einem selbstständigen Außendienst zur Kernbelegschaft schafft, die ihrerseits massive Personalreduzierungen hingenommen hat. Dabei ist unklar, ob Outsourcing/Outplacement, Restrukturierungs-Maßnahmen oder Produktivitätssteigerungen dazu führten.

Ich vermute, dass sowohl durch den Einsatz von Personal-Leasing im Helferbereich bzw. außerhalb der Kernaufgaben, als auch durch die Ausdünnung der Hierarchie-Ebenen und Einführung des Qualitäts- und Umweltmanagements Einsparungen und Rationalisierungen möglich wurden und werden.

So führt Vorwerk alle zwei Jahre Mitarbeiterbefragungen durch[/103/], vermutlich anonym durch externe Beratungsbüros, doch hier kann auf eine profilierte Führungskraft verwiesen, die dazu in einem Interview sagte:

„Was ist der Schlüssel zum Erfolg?

Ganz entscheidend ist, dass unsere Führungskräfte die Unternehmenskultur und die Werte leben und den Mitarbeitern ein Vorbild sind. Auch dabei ist das *Vertrauen* die wichtigste Grundlage.“[/104/]

Und zu „Instrumente[n]“:

„Dazu gehören vor allem unsere sehr *offene und ehrliche* Kommunikation. (…)

Es gibt *keine festgelegte* Agenda und *alle* Fragen sind erlaubt. Solch eine offene Atmosphäre schafft natürlich Vertrauen. Zweimal im

Jahr haben wir auch eine Betriebsversammlung (...) Und zweimal im Jahr trifft sich unser Geschäftsführer (...) mit jeder unserer Abteilungen."[/105/]

Kursive Hervorhebungen vom Autor

Gleichwohl hat dies aber vermutlich die Belegschaft verunsichert und Ängste bei den Verbleibenden um den eigenen Arbeitsplatz geschürt, was ihrerseits wieder negativ alle anderen Maßnahmen beeinflusst und sogar schlimmstenfalls ins Gegenteil verkehren kann.

Zu diesem an der Rendite orientierten Verhalten, Spekulationsgeschäfte auch mit Lebensmitteln zu machen, mit Leasingkräften Personalaufwand sparen zu wollen sowie kleine Unternehmen und damit Innovationsfähigkeit und neue Patente zu kaufen gibt es parallel die gemeinnützigen Stiftungen, die sozial verwaiste Kinder, Bedürftige und Benachteiligte unterstützen, die das Bild des Unternehmens nach Außen widersprüchlich erscheinen lassen. Oder ist es gerade die Absicht, diese Widersprüche im Unternehmen zu vereinen? Damit entsteht aber eher der Eindruck, dass entweder Profitstreben legitimiert werden soll durch „gute" Taten andererseits, aber noch schlimmer kann es wirken, nämlich als praktizierte Doppelmoral.

Kinderdörfer/Stiftungen[/106/]

Es gibt zwar parallel ein vorbildliches finanzielles Engagement für die Kinderdörfer mit 1,4 Mio. Euro Spenden und Sponsoring durch den Ehrenvorsitzenden, der Mitarbeiter und Berater, zu dessen 70. Geburtstag, bis zum Jahr 2013.[/106/] Sowie mit der Gründung eines weiteren Kinderdorfes in Vietnam und darüber hinaus durch dieses Spendenaufkommen. Seine Ehefrau und Sohn gründeten weitere zwei wohltätige Stiftungen, die mittlerweile fusionierten. Diese fusionierte Stiftung soll nach ihrem gemeinsamen Stifter-Willen benachteiligte Randgruppen in die Gesellschaft zu integrieren, und der Sohn erhielt für seine Verdienste im Jahre 2010 für diese Anstiftungen den nationalen Stifter-preis.[/108/]

Spekulationen andererseits

S. Bilder 23, 25

Dies wirft die Frage auf – auch angesichts steigender Umsätze und konstanter Gewinne und viel Innovationsbereitschaft – ob es nicht zu dieser Firmenphilosophie passt, dass nicht zu viele Absatzrisiken und die eigene soziale Sicherung zum großen Teil den vielen Fach- und Kundenberatern übertragen werden und welche Partizipation dieser Mitarbeitergruppe angemessen ist?

Während in der Produkt-Entwicklung, im Marketing, Management und der Fertigung andererseits die Mitarbeiter aber mit gut dotierten Metalltarifverträgen arbeiten? Hinzu kommt noch die Auslagerung von einigen Dienstleistungen in die Zeitarbeit, wie die Kantine und Reinigungskräfte, was darauf hindeuten könnte, dass hier schlicht einem allgemeinen gesellschaftlichen Trend gefolgt wird.

Weniger ins Gewicht fallen da unternehmensnahe Dienstleistungen wie Bankgeschäfte – aber ihr Umfang nimmt ständig zu und erwirtschaftet zunehmend die Unternehmensumsätze – Steuerberatung oder Testate der Unternehmensprüfung, Unternehmens-, Personal- oder Rechtsberatung oder Gewerke, die so selten gebraucht werden, dass sie bei Bedarf zugekauft werden.

Andererseits geht das Unternehmen dazu über, in Lebensmittel- und Rohstoffwetten spekulative Zins- und Währungswetten abzuschließen, was nur über die eigene Bank zu realisieren ist und entsprechendes Fachwissen verlangt.

Dennoch ist ein solches Verhalten nicht von vornherein verwerflich, da es im Interesse der Eigentümer liegt, das Kapital gewinnbringend anzulegen. Auch hier folgt das Unternehmen weitgehend einem Trend, der zur Mehrheit wurde, also dem, was vergleichbare Unternehmen dieser Größenordnung im internationalen Geschäft auch machen – Vorwerk wird immer mehr zur Bank mit angeschlossener Produktion, wofür es in Deutschland bereits Vorbilder aus der Elektro- und Automobilbranche gibt.

Legt man dafür einige Maßstäbe aus der Wirtschaftsethik zugrunde, dann lässt sich zu diesen Spekulationsgeschäften, unter bestimmten Bedingungen, durchaus etwas Positives sagen, wovon aber letztlich alle im Unternehmen direkt (z. B. durch den Gewinn) oder indirekt (z. B. Arbeitsplatzsicherheit, Innovationen) profitieren könnten.

„Die Kapitalmarktspekulation ist ethisch zulässig, da sie die objektive Funktion in der Wirtschaft erfüllt: Sie reduziert die Unsicherheit … […] sie ist gerechtfertigt durch die ökonomische Wertschöpfung, welche die Spekulation schafft. [Aber] Spekulation ist [nur dann] gerechtfertigt, Unsicherheit zu absorbieren in Situationen, in denen es kein anderes Mittel für diese Aufgabe gibt.“[/109/]

Weiterhin ist „die pseudo-produktive Wirkung von Insider-Handel-Spekulation weder Arbitrage noch Spekulation, sondern Agiotage … Agiotage bezeichnet jede Tätigkeit der Gewinnerzielung, die dadurch erreicht wird, dass sie einen reinen Aufschlag, ein Agio, auf ein gegebenes Gut oder […] Dienstleistung aufschlägt, ohne irgendeine Wertschöpfung hinzuzufügen.“[/110a/]

Bei der „Spekulation ist […] die Arbitrage zwischen zwei Punkten im Zeitablauf, nicht […] im Raum. Beide, Arbitrage und Spekulation, leisten den Dienst für die Wirtschaft, Preisdifferentiale [gemeint sind Preisunterschiede] auszugleichen.“[/110b/]

Damit befinden sich parallel mindestens fünf Personengruppen – darunter drei Typen in der Belegschaft –, die unterschiedlich profitieren und auch selbst höchst unterschiedlich Einfluss auf das operative Geschäft nehmen können, nämlich Geschäftsführung und Inhaber, über- und tariflich gebundene Arbeiter und Angestellte, Zeitarbeiter, Zulieferer, unternehmensnahe Dienstleistungen. Vorwerk folgt da einem allgemeinen Trend, der eigentlich auch nicht zum Familienunternehmer zu passen scheint.

Vergleichende Geschäftsberichte z. b. Musikgerätehersteller, Japan, und Schreibgerätehersteller; Schweiz

In jedem Geschäftsbericht von global agierenden Unternehmen, häufig sind es Konzerne oder Finanzholdings, wird über Jahre ein meist einheitliches Erscheinungsbild dieser Außendarstellung praktiziert, damit ist Verfestigtes über Jahre entstanden. Schwierig wird es nur dann, wenn diese Darstellungen nicht mehr Veränderungen in den Gesellschaften, in denen die Geschäfte getätigt werden, oder im eigenen Unternehmen – auch selbstkritisch und in neuer Form – reflektieren, also die Reflexion eines Feedbacks der Kunden oder Belegschaft widerspiegeln. Zugegeben ist das für Führende und Verantwortliche im Alltagsgeschäft unter Stress, wenig Zeit und unvollständiger Information nicht immer leicht zu meistern. Versäumnisse hier führen aber dann zur Krise oder gar Insolvenz, weshalb die Verfassung solcher Berichte durchaus nützlich sein könnte.

In den Geschäftsberichten hält Vorwerk alle gesetzlichen Vorschriften nach dem Handelsrecht (HGB) und dem Steuerrecht bzw. der Abgabenordnung (AO) ein. Doch wenn man es mit börsennotierten Geschäftsberichten anderer Konsumgüterhersteller vergleicht, dann entsteht der Eindruck, dass die Offenheit und die Firmenhistorie – auch der vertriebenen Produkte und das Verhältnis zu den Mitarbeitern – nur teilweise ein vergleichbares Niveau zu anderen Global Playern erreicht.

So fehlen hier meist mittelfristige Strategien bis zu drei Jahren oder Szenarien für die einzelnen Divisionen, welche Renditen aktuell und künftig[/111/] angestrebt werden oder eine rückwärtige Betrachtung der Berichte über eine Dekade, was aber daran liegen könnte, dass Vorwerk zwar Gewinneinbrüche verzeichnete und Marktanteile verlor, aber die Verlustzone für die Holding nie erreichte in den letzten 14 Jahren, wenn man sich auf den mir vorliegenden Berichtszeitraum bezieht. So begnügt man sich mit der Betrachtung überwiegend mit dem vergangenen Jahr, dem Heute und dem Morgen.

Diese börsennotierten Aktiengesellschaften geben ihre Produkthistorie bekannt, das Alter, Berufsbiografien – soweit innerhalb der AG bekannt, als Anreiz zum Aufsteigen – und Einkommen der Vorstände wird genannt, außerdem Kontrollorgane, Qualitätsmanagement und Beratung. Investoren können erkennen, wie hoch die Profite im Produkt des Sortiments sind.[/112/] Es besteht eine hohe Produktivität der einzelnen Mitarbeiter, aber hinzu kommt, dass eine hohe Wertschätzung für den Mitarbeiter[/113/] auch angesichts des Wettbewerbs besteht.

Dass dabei gesondert auf das Führungspersonal eingegangen wird, versteht sich von selbst.

Zwar ist Vorwerk weder börsennotiert, noch muss es Investoren überzeugen, sondern es investiert selbst und Verlierer gehen insolvent, sind nur noch Kooperationspartner statt dazu zugehören.

Dennoch zeigen diese Berichte, welche Offenheit und Transparenz möglich sein könnte – und diese Offenheit wäre bestimmt nicht so nachteilig oder ein Motiv sich zu ängstigen, was interne Kritiker bei Vorwerk zu Unrecht zu befürchten scheinen.

Gesamtbilanz

Das Bild des Familienunternehmens, wie Vorwerk sich gerne immer wieder beschwört, hat immer weniger mit dem tatsächlichen Agieren des Konzerns zu tun.

Vorwerk ist ein weltweit agierender Champion, der jedoch im Stammland Schwächen zeigt, die nach wie vor auch im neuen Vertrieb Multi-Marketing nicht überwunden werden konnten.

Der verstärkte Einsatz von Unternehmensberatern in der Krise führte zu einer Ausdünnung der Belegschaft, einer Expansion bei den Kunden- und Fachberatern bewahrte Vorwerk vermutlich vor weiteren Verlusten, aber die zu erwartende bessere Gewinnsituation blieb aus. Dennoch wäre ohne externe Berater vermutlich die Lage im Unternehmen anders. Es zeigt sich hier vielmehr, dass die Schwächen des mit Fachberatern betriebenen Direktverkaufs in den Multi-Kanal-Verkauf nicht verschwanden, die stark zusammengestrichene Stammbelegschaft führte zu einer Stabilisierung des Status Quo, spieltheoretisch ein Null-Summen-Spiel. Die Einführung von Managementsystemen der Qualität und Umwelt ist mit erheblichem Zertifizierungs- und Audit-Aufwand verbunden. Diese modernen Methoden der Unternehmensführung werden aber überwölbt durch die Familiendynastie – und dürften damit ein latentes Konfliktpotential sein. Die Umfirmierung der Divisionen Technik in Engineering und Teppichboden in Floor sind eher anglistische Kosmetik als echte Veränderung, es wurde eine Division für Mergers and Acquisitions „Direct Selling Ventures“ gegründet, wobei das leicht zu **Ad**ventures – Abenteuern – werden kann, außerdem die Dachmarke für Staubsauger und die Küchengeräte installiert und zwei Zukunftsprogramme eingeführt, wovon eins „fit machen" soll, ein anderes sich in den fünf Einzelprogrammen erschöpft, die das Risiko sich zu verzetteln in sich tragen. Besonders der beschworene Krieg um Talente, angesichts der Demographie, ist eine Aufgabe, die nur schwer bewältigen ist – zumal „Normale" über die Wahl der Begabten befinden. Dieses Finden und Kreative in einem Freiraum agieren zu lassen stellt das Gegenteil von Institutionalisierung, geschweige denn Formalisierung dar und stellt Management und Personalentwicklung selbst vor eine fast unlösbare Aufgabe.

Vorwerk agiert auch zunehmend als Bankund weitet diese Aktivitäten überproportional aus, wenn es private Anlegergeschäfte, Einlagen also Kontoführung und vermehrt Konsumentenkredite ausgibt oder Darlehen an befreundete Unternehmen, um die eigenen Geschäfte, hier speziell den Konsum der Kunden, zu forcieren. Dabei kommen die Bankmitarbeiter selbst bei diesen Krediten nicht umhin, die Bonität bzw. Sicherheiten wie Einkommen zu prüfen, andererseits wiederum Kaufabschlüsse und Ratenverträge den Kauf aller Sparten anzukurbeln um so die Umsätze zu stabilisieren.

Dazu gehören auch Leasing beim Fuhrpark, beim Küchen- und Reinigungspersonal, also Einsparung von Personalkosten, bei Rekrutierung Risiken der Beschäftigung, Verwaltung, Kündigungsprobleme abzuwälzen und niedriger tarifierte Arbeitsverträge als Fremdleistung bzw. eine andere Form des Kredits zu nutzen.

Weiterhin ist man teilweise zur Absicherung der Geschäfte gezwungen, Warentermingeschäfte abzuschließen, diese Aktivitäten gehen um Zins- und Währungsspekulationen, aber auch um Bodenschätze/Rohstoffe/Lebensmittel., die unternehmerische Aktivitäten sind aber durchaus nicht unumstritten.

Parallel dazu ist man auch gemeinnützig in den Familien mit Stiftungen, was Kinder oder benachteiligte Erwachsene betrifft, und heimst dort Preise mit großer öffentlicher Anerkennung ein. Doch damit bricht das Unternehmen das eindeutige Bild des Unternehmers, wird zum Profiteur einerseits und Wohltäter andererseits und sichert gleichzeitig das Eigenkapital sowie die Erben und dazu

Steuervorteile, was ein doppeltes Image darstellt und auch leicht den Anschein doppelter Moral bei der Presse, aber auch Spendern und Kunden erwecken kann.

Die Bilanz ist zwar durchwachsen, doch Vorwerk befindet sich im Wachstum bis zu 10 % und erwirtschaftet ständig Renditen bei ca. 5 % jährlich, aber das reicht nicht zur absoluten Spitzenposition.

Vorwerk wird dennoch auf Dauer in Deutschland und weltweit zu den führenden Direktvertriebs-Unternehmen unter den Ersten gehören – ein Champion und Global Player – aber weltweit wird der 1. Platz wohl nur durch die Übernahme eines weiteren Großen erreicht werden können. Doch die vermehrten Aktivitäten im Bankensektor und in Stiftungen könnten diese Absichten wieder konterkarieren, wenn der Anspruch Vorwerks sich im Selbstverständnis als Lieferant exzellenter Produkte und Dienstleistungen versteht.

Bilder und Quellen

Bilder und Grafiken: privat

1 vergl. Antwort Schreiben der Vorwerk Deutschland Stiftung & Co. KG, Wuppertal, Kundenservice; vom 18. 04. 2013

2a Roland Leonhardt: Lebensweisheiten berühmter Dichter und Denker – über 2000 Zitate von Aristoteles bis Zuckmayer, Hannover, Originalausgabe (Buch); 2011

2b vergl. zur Unternehmensphilosophie Vorwerk (Hrsg.) Vorwerk Geschäftsbericht 2007, Vorwerk & Co., Wuppertal, 2008, S. 11f

2c vergl. Lagebericht: Zum allgemeinen Geschäftsverlauf in Vorwerk (Hrsg.); Vorwerk Geschäftsbericht 2013: Wie schön, sie zu treffen …: Vorwerk und Co., Wuppertal 2014, S. 11

2d vergl. General Section on Business Development in Vorwerk (Hrsg.); Vorwerk Annual Report 2014: Lass uns reden … Vorwerk und Co., Wuppertal 2015, S. 11

3 o. V.: Vorwerk Corporate Presentation 2013, klein, in PowerPoint, Vorwerk & Co. KG; Wuppertal, 04. 01. 2014, vergl. Zahlen und Personalien

4 vergl. o. V.: Unternehmenspräsentation 2013, klein, in PowerPoint, Vorwerk Stiftung & Co. KG; Wuppertal, 15. 02. 2013

5 o. V.: Vorwerk Corporate Presentation 2014, klein, in PowerPoint, Vorwerk & Co. KG; Wuppertal, 04. 01. 2014, vergl. Zahlen und Personalien

6 vergl. o. V.: Unternehmenspräsentation 2013, klein, in PowerPoint, Vorwerk Stiftung & Co. KG; Wuppertal, 15. 02. 2013

7 Vorwerk (Hrsg.): Vorwerk Geschäftsbericht 2012. Lasst uns Feiern – Viel Spaß, Vorwerk & Co., Wuppertal, 2013, Vorwerk im Überblick zitiert nach S. 6

8 „Familienunternehmen" in Vorwerk (Hrsg.) Geschäftsbericht 2007, Vorwerk & Co., Wuppertal, 2008, S. 8

9 o. V.: Vorwerk Corporate Presentation 2013, klein, in PowerPoint, Vorwerk & Co. KG; Wuppertal, 04. 01. 2014, vergl. Zahlen und Personalien

10 vergl. Dr. Peter Albrecht: Geniale Erfindungen. Vom Dosenöffner zum Internet, Fränkisch – Crumbach, 2008, S. 42

11 Vorwerk im Überblick Vorwerk (Hrsg.): Vorwerk Geschäftsbericht 2012. Lasst uns Feiern – Viel Spaß, Vorwerk & Co., Wuppertal, 2013, S. 6

12 Lagebericht in Vorwerk (Hrsg.) Geschäftsbericht 2012, Vorwerk & Co., Wuppertal, 2013, S. 12

13 Vorwerk (Hrsg.) Lagebericht Kobold darin Einbauküchen in Geschäftsbericht 2007, Vorwerk & Co., Wuppertal, 2008, S. 18

14 Die im Text verwandten Börsenbegriffe sind entnommen oder vergl. Definitionen zu Fachbegriffen aus Friedhelm Busch u. a: Das Börsenlexikon – Alle Begriffe, die Sie kennen müssen, Frankfurt am Main, 2000

15 vergl. „Lagebericht allgemeiner Teil" in Vorwerk (Hrsg.): Vorwerk Geschäftsbericht 2010: Trautes Heim Glück allein – Willkommen … Vorwerk & Co. KG; Wuppertal, 2011, S. 12

16 Innenseite von Vorwerk (Hrsg.) Geschäftsbericht 2007, Vorwerk & Co., Wuppertal, 2008

17 „Mitarbeiter im Jahresdurchschnitt“ in Vorwerk (Hrsg.): Vorwerk Geschäftsbericht 2012 – Lasst uns feiern – Wunderbar … Vorwerk & Co. KG; Wuppertal, 2013, S. 16

18 „Vorwerk im Überblick“ in Vorwerk (Hrsg.) Geschäftsbericht 2012: Lasst uns feiern – Wunderbar, Vorwerk & Co., Wuppertal, 2013, S. 9

19 „Lagebericht Direktvertrieb Vorwerk Kobold“ in Vorwerk (Hrsg.) Geschäftsbericht 2008, Vorwerk & Co., Wuppertal, 2009, S. 17

20 vergl. „Allgemeiner Lagebericht“ aus den genannten Jahren Vorwerk (Hrsg.): Geschäftsberichten 2007 bis 2012; Vorwerk & Co., Wuppertal, 2008–2013

21 „Chancen und Risiken“ in Vorwerk (Hrsg.): Vorwerk Geschäftsbericht 2012 – Lasst uns feiern – Wunderbar … Vorwerk & Co. KG; Wuppertal, 2013, S. 44

22 „Allgemeiner Geschäftsbericht“ in Vorwerk (Hrsg.) Geschäftsbericht 2007, Vorwerk & Co., Wuppertal, 2008, S. 11

23 vergl. „Allgemeiner Geschäftsbericht“ in Vorwerk (Hrsg.): Vorwerk Geschäftsbericht 2010 Trautes Heim Glück allein – Willkommen … Vorwerk & Co. KG; Wuppertal, 2011, S. 11

24 Zahlen und Personalien entnommen aus o. V.: Vorwerk Corporate Presentation 2014, klein, in PowerPoint, Vorwerk & Co. KG; Wuppertal, 04. 01. 2014

25 o. V.: Unternehmenspräsentation 2013, klein, in PowerPoint, Vorwerk Stiftung & Co. KG; Wuppertal, 15. 02. 2013

26 vergl. „Lagebericht Auswirkungen der globalen Finanzkrise“ Vorwerk (Hrsg.) Geschäftsbericht 2007, Vorwerk & Co., Wuppertal, 2008, S. 13f

27 Wirtschaft: Thomas Thieme: „Kaufen, aber nicht anfassen“ in der Stuttgarter Zeitung vom 16. 11. 2013, S. 14

28 Antwort Schreiben der Vorwerk Deutschland Stiftung & Co. KG, Wuppertal, Kundenservice; vom 18. 04. 2013

29 a .a. O. Thieme, 2013, S. 14

30 ebenda

31 ebenda

32 ebenda

33 ebenda

34 ebenda
35 ebenda
36 vergl. o. V.: Unternehmenspräsentation 2013, klein, in PowerPoint, Vorwerk Stiftung & Co. KG; Wuppertal, 15. 02. 2013
37 ebenda
38 vergl. „Lagebericht Vorwerk Kobold“ in Vorwerk (Hrsg.): Vorwerk Geschäftsbericht 2012 – Lasst uns feiern – Wunderbar … Vorwerk & Co. KG; Wuppertal, 2013 Geschäftsbericht 2013, S. 17
39 vergl. o. V.: Unternehmenspräsentation 2013, klein, in PowerPoint, Vorwerk Stiftung & Co. KG; Wuppertal, 15. 02. 2013
40 ebenda
41 ebenda, vergl. Zahlen und Personalien
42 URL: http://www.corporate.vorwerk.com/en/home/ [22. 06. 2015]
43 Lagebericht“ in Vorwerk (Hrsg.): Vorwerk Geschäftsbericht 2007, Vorwerk & Co. KG; Wuppertal, 2008, S. 16
44 a. a. O. Diller (Hrsg.) vergl. „Standortfaktoren“ S. 1600
45 ebenda, „Sortimentspolitik“, S. 1573
46 Henry Ford Uwe Engler, Ellen Hautmann: Grundwissen Marketing – MaFo und Analyse Marketingplanung Marketinginstrumente, Berlin, 2. Überarbeitete Ausgabe 2010, S. 181
47 vergl. Frank Dahlmann: „Was geht? in Kauf Du Arsch – Die Kunst der Verführung, brand eins, Hamburg, Nr. 1/2014, S. 82ff
48 vergl. im „Lagebericht Kobold“ in Vorwerk (Hrsg.): Vorwerk Geschäftsbericht 2011: So ist das Leben – Wunderbar … Vorwerk & Co. KG; Wuppertal, 2013, S. 16
49 URL:http://www.vorwerk-kobold.de [22. 06. 2015]
50 a. a. O. Siehe 48 vergl. im „Lagebericht Kobold“, S. 16
51 a. a. O. Diller (Hrsg.) vergl. „Markenartikel“, S. 937
52 sinngemäß zitiert aus a. a. O. Diller (Hrsg.) vergl. „Corporate Design“, S. 240
53 a. a. O. Diller (Hrsg.), vergl. „Corporate Identity“, S. 241
54 vergl. im „Lagebericht Direktvertrieb Vorwerk Kobold“ Vorwerk (Hrsg.): Vorwerk Geschäftsbericht 2012 – Lasst uns feiern – Wunderbar … Vorwerk & Co. KG; Wuppertal, 2013, S. 17

55 vergl. o. V.: Kobold VK 140 Handstaubsauger und Zubehör, Gebrauchsanleitung, Vorwerk Systems, Vorwerk Deutschland Stiftung & Co. KG; Wuppertal, 19. 03. 2012

56 vergl. „Produktökologie“ in Thomas Behrens, Umweltmanagementvertreter: Aktualisierte Umwelterklärung Vorwerk Elektrowerke GmbH & Co. KG Standorte Laken und Rauenthal, S. 14f

57 ebenda

58 vergl. Markus Blepp, Eva Bommer, Dietlinde Quack: ROSA Staubsauger für den Hausgebrauch Entwicklung der Vergabekriterien für ein klimaschutzbezogenes Umweltzeichen Studie im Rahmen des Projekts „Top 100 – Umweltzeichen für klimarelevante Produkte“, Freiburg, 28. 05.

59 vergl. im „Lagebericht Vorwerk Kobold“ in Vorwerk (Hrsg.): Geschäftsbericht 2012: Lasst uns feiern – Wunderbar, Vorwerk & Co., Wuppertal, 2013, vergl. im „Lagebericht Vorwerk Kobold“, S. 16

60 vergl. „Entwicklung des Anlagevermögens“ in Vorwerk (Hrsg.): Vorwerk Geschäftsbericht 2012 – Lasst uns feiern – Wunderbar … Vorwerk & Co. KG; Wuppertal, 2013, S. 52f

61 vergl. im „Lagebericht Direktvertrieb Vorwerk Kobold“ in Vorwerk (Hrsg.): Geschäftsbericht 2011: So ist das Leben – wunderbar, Vorwerk & Co., Wuppertal, 2012, S. 16

62 Vorwerk (Hrsg.): Vorwerk Geschäftsbericht 2007, Vorwerk & Co. KG; Wuppertal, 2008, vergl. S. 8

63 vergl. o. V.: Kobold 131, EB 351 mit Maskottchen, FK 351; Gebrauchsanleitung, Vorwerk Systems, Vorwerk Deutschland Stiftung & Co. KG; Wuppertal, vermutlich 2003

64 vergl. o. V.: Kobold VK 140 Handstaubsauger und Zubehör, Gebrauchsanleitung, Vorwerk Systems, Vorwerk Deutschland Stiftung & Co. KG; Wuppertal, 19. 03. 2012

65 vergl. o. V.: Saugroboter Kobold VR 100 und Zubehör: Gebrauchsanleitung, Vorwerk Systems, Vorwerk Deutschland Stiftung & Co. KG, Wuppertal, 25. 02. 2013

66 Vorwerk (Hrsg.): Aktualisierte Umwelterklärung 2013 (mit den Umweltbilanzdaten der Jahre 2007–2012) Vorwerk Elektro-

werke GmbH & Co. KG, Standorte Laken und Rauental; Vorwerk & Co. KG; Wuppertal EN ISO 14001; vergl. „Kapitel Einleitung" („Umweltmanagement")

67a vergl. „Lagebericht" unter der Überschrift „Fit for the Future" in Vorwerk (Hrsg.): Vorwerk Geschäftsbericht 2007, Vorwerk & Co. KG; Wuppertal, 2008, S. 11f

67b a. a. O. Diller (Hrsg.) vergl. „Qualität", S. 1449ff

67c EN ISO14001, Einleitung, S. 1

68 vergl. „Einleitung" in Vorwerk (Hrsg.): Aktualisierte Umwelterklärung 2012 (mit den Umweltbilanzdaten der Jahre 2007–2011)Vorwerk Elektrowerke GmbH & Co. KG, Standorte Laken und Rauental; Vorwerk & Co. KG; Wuppertal, 05. 10. 2012

69 vergl. Audit in Vorwerk (Hrsg.): Aktualisierte Umwelterklärung 2011 (mit den Umweltbilanzdaten der Jahre 2007–2010) Vorwerk Elektrowerke GmbH & Co. KG, Standorte Laken und Rauental; Vorwerk & Co. KG; Wuppertal, 05. 10. 2012, S. 42

70a ebenda

70b a. a. O. Diller (Hrsg.), vergl. „Marktorientes Umweltmanagement", S. 1061ff

71 vergl. „Lagebericht Direktvertrieb Vorwerk Kobold" in Vorwerk (Hrsg.): Vorwerk Geschäftsbericht 2008, Vorwerk & Co. KG; Wuppertal, 2009, S. 17

72 „Lagebericht Direktvertrieb Vorwerk Kobold" aus dem Vorwerk (Hrsg.): Vorwerk Geschäftsbericht 2008, Vorwerk & Co. KG; Wuppertal, 2009, S. 15

73 siehe: Bild 15

74 „Lagebericht Engineering" in Vorwerk (Hrsg.): Vorwerk Geschäftsbericht 2012 – Lasst uns feiern – Wunderbar … Vorwerk & Co. KG; Wuppertal, 2013, S. 28

75 „Lagebericht Direktvertrieb Vorwerk Kobold" in Vorwerk (Hrsg.): Vorwerk Geschäftsbericht 2011: So ist das Leben – Wunderbar, Vorwerk & Co., 2012, im „Lagebericht Direktvertrieb Vorwerk Kobold", S. 16

76a URL: https://www.corporate.vorwerk.de/de/karriere/ [22. 06. 2015],

76b URL: https://www.vorwerk-teppich.de/de/personalsuche.html [24. 06. 2015]

76c URL: https://www.vorwerk-autotec.de/karriere/ [24. 06. 2015]
77 ebenda
78 Wolf Lotter: Die Bemühung in Kauf, Du Arsch – Die Kunst der Verführung, brand eins, Hamburg, Nr. 1/2014, S. 36ff
79 Anhangsschaubild A1: Steigende Frauenerwerbsquote z. B im Jahr 2012 68 % Frauen, 77 % Männer; Quelle: Statistisches Bundesamt, Mikrozensus (vor 1990 Westdeutschland), Anhangsschaubild A2: Frauen arbeiten häufig in Teilzeit; z. B.: 40 bis 44 Jahre: 41 % Teilzeit, 39 % Vollzeit, 45 bis 49 Jahre: 42 % Teilzeit, 38 % Vollzeit; Quelle: Bundesrepublik Deutschland, Frauen 14 bis 64 Jahre; zitiert in Institut für Demoskopie Allensbach (Hrsg.): Vorwerk Familienstudie 2013 – Das Ergebnis einer repräsentativen Bevölkerungsumfrage zur Familienarbeit in Deutschland, Vorwerk Deutschland Stiftung & Co. KG; Wuppertal, Juli 2013, S. 85f
80 ebenda Schaubilder, S. 12ff
81 a. a. O. Diller (Hrsg.), vergl. „Hybrid-Käufer“, S. 621
82 vergl. o. V.: „Meint ihr es ernst? Gesellschaft: Die Hipster sind überall …“ in der Stuttgarter Zeitung vom 11. 01. 2014, V1f
83 zitiert a. a. O. Diller (Hrsg.): vergl. „Dinks“, S. 305
84 siehe 44 a. a. O. Diller (Hrsg.) Vergl. „smart shopper“, S. 1559
85 a. a. O. Diller (Hrsg.) vergl. „Yuppies“, S. 1923
86 a. a. O. Diller (Hrsg.): vergl. „Käuferimage“, S. 752
87 Lagebericht Vorwerk Engineering – neue Produkte eingeführt, Sonderschichten für den Thermomix in Vorwerk (Hrsg.): Vorwerk Geschäftsbericht 2011: So ist das Leben wunderbar“, Vorwerk & Co., Wuppertal, 2012, S. 26
88a „Consulting“ in o. V.: Gabler Kompakt Lexikon A–Z, Wiesbaden, 2006, 9. völlig überarbeitete und erweiterte Auflage 2009, S. 68f
88b Ebenda
88c Vorwerk (Hrsg.): Vorwerk Geschäftsbericht 2012 – Lasst uns feiern … viel Spaß, Vorwerk & Co., Wuppertal, 2010, S. 13f
88d Ebenda
89a „Allgemeiner Geschäftsbericht“ in Vorwerk (Hrsg.): Vorwerk Geschäftsbericht 2009, Vorwerk & Co., Wuppertal, 2010, S. 10f

89b ebenda

89c ebenda

89d Vorwerk (Hrsg.): Vorwerk Geschäftsbericht 2012 – Lasst uns feiern … viel Spaß, Vorwerk & Co., Wuppertal, 2010, S. 13f

89e ebenda

90a Bernhard Bartsch: „Ende eines Mythos" in brand eins „Unternehmensberater – Vom Besserwisser zum Bessermacher, Hamburg, 5. 2014, S. 9ff

90b ebenda

90c Helene Laube: „Vom Dunkeln ins Licht: Harvard Business Dozent über das Geheimnis starker Marken und die Zukunft der Unternehmensberatung" in brand eins Thema „Unternehmensberater – Vom Besserwisser zum Bessermacher", Hamburg, 5. 2014, vergl. S. 13ff

91 zur Erstinformation von börsentechnischen Begriffen empfohlen Friedhelm Busch u. a: Das Börsenlexikon – Alle Begriffe, die Sie kennen müssen, Frankfurt am Main, 2000

92 „Lagebericht" in Vorwerk (Hrsg.): Geschäftsbericht 2008; Vorwerk & Co., Wuppertal, 2009, S. 8

93 Heino Hilbig: „Befreit das Marketing – Wer ist schuld, wenn Werbung ihre Kunden nicht erreicht" in brand eins – Kauf du Arsch – Die Kunst der Verführung, Schwerpunkt Werbung, Hamburg, Februar 2014, vergl. S. 107

94 „Lagebericht „Direct Selling Ventures" zitiert aus dem Vorwerk (Hrsg.): Vorwerk Geschäftsbericht 2012 – Lasst uns feiern – Wunderbar … Vorwerk & Co. KG; Wuppertal, 2013, S. 35

95 ebenda „Lagebericht Direktvertrieb Vorwerk Kobold", S. 17

96 ebenda „Lagebericht, allgemeiner Teil", S. 13

97 ebenda vergl. „Chancen und Risiken", S. 43

98a Univ.-Prof. Dr.-Ing. Dipl.-Wirt. Ing Günther Schuh, Dr. Ing. Gerhard Gudergan, Markus Schröder, Prof. Dr.-Ing. Volker Stich (Hrsg.): Jan Siegers Christian Fabry, Gerhard Gudergan: KVD-Service-Studie 2013 „Fakten und Trends im Service" – Management Summary-KVD-Service-Studie 2013 – Management Summary „Service is going digital – Digitalisierung der Serviceprozesse" FIR/KVD; 2013, vergl. S. 2ff

98b ebenda

98c ebenda und siehe auch unter:

99 „Kapital 20: Chefsache II: Top 25 – Talent darin wörtlich zu Talent gesagt: „Man kann es nicht sehen, aber riechen" in Tom Peters: Re-Imagine – Spitzenleistungen in chaotischen Zeiten (Re-Imagine Excellence in a Disruptive Age übersetzt von Nicolas Bertheau), London, 2003 und Offenbach, 2007, vergl. S. 254ff

100a Kapitel 2: Bewerbisch lesen: So übersetzt man Stellenanzeigen „traditionsreiches Familienunternehmen" in Francoise Hauser: Würden Sie für mich aus dem Fenster springen? – Bewerbungswahnsinn für Anfänger und Fortgeschrittene, Freiburg, (Basel, Wien), 2013, vergl. S. 51f

100b o. V.: Weltbild Taschenlexikon in 10 Bänden, Mannheim, 2008, Band 9, „Talent", S. 177

100c Brigitte Baetz u. a.: Der Brockhaus – in einem Band, 14: völlig neu überarbeitete Auflage, Gütersloh/München, 2011, „Begabt oder intelligent" (Einschub), S. 83

100d Brigitte Baetz u. a.: Der Brockhaus – in einem Band, 14: völlig neu überarbeitete Auflage, Gütersloh/München, 2011, „Begabt oder intelligent", S. 83

100e David Friedman: Der ökonomische Code Wie wirtschaftliches Handeln unser Leben bestimmt, Wiesbaden, 1999, „Rente" insbesondere „besondere Begabungen (Humankapital)" und „Quasirente", vergl. S. 489

100f Coole Sau – Schwerpunkt, Hamburg, brand eins, 06/15, vergl. Wolf Lotter: Die Schwierigen – viele Unternehmen konkurrieren um kluge Köpfe, aber nur wenige nehmen sie ernst, S. 42–52

100g Olaf-Axel Burow: Team-Flow – Gemeinsam Wachsen im kreativen Feld, 1. Auflage, Weinheim/Basel, 2015, vergl. Kreativität erfordert Grenzüberschreitung, S. 105f

101 a. a. O. Hauser, 2013, S. 51

102a „Lagebericht Personal" in Vorwerk (Hrsg.): Geschäftsbericht 2009, Vorwerk & Co., Wuppertal 2010, S. 33

102b vergl. Roland Alter: Schlecker oder: Geiz ist dumm Aufstieg und Absturz eines Milliardärs, 1. Auflage, Berlin, 2008

102c Christian Sywottek: Familiensache – Berater entscheiden vor allem kühl und sachlich? In Familien kämen sie damit allein nicht weit. Einblick in ein menschliches Geschäft, S. 28–33 brand eins Thema Unternehmensberatung – Das neue Geschäftsmodell: Gemeinsame Sache, 2. Jahrgang, Mai bis Juni 2015, Hamburg, S. 28–33

102d ebenda

103 Vorwerk (Hrsg.): Geschäftsbericht 2009, Vorwerk & Co., Wuppertal, 2010, S. 33

104 „... Vertrauen ist besser!" Interview von Kasten Schäfer mit Axel Tripkewitz, Vice President Human Ressources & Corporate Service Compliance Officer, Fujitsu Semiconductor Europe GmbH in Kilian Müller (Hrsg.) Faszination Elektronik Top Arbeitgeber Firmen-Rankings: Was sie wirklich bringen E&E Ausgabe, Eltville, 3/2014, S. 14

105 ebenda

106 „Lagebericht allgemeiner Teil" in Vorwerk (Hrsg.): Lasst uns feiern – Wunderbar ..., Geschäftsbericht 2012, Vorwerk & Co. KG; Wuppertal, 2013, S. 13

107 „Ebenda Konzernabschluss Zahl des Jahres, S. 51

108 URL: http://www.friedrich-vorwerk.de/index.php?article id=clang=0com/de/

109 Kapitel 12.2 „Die Natur und Funktion der Börsenspekulation: Die Übernahme bei Unsicherheit" (Peter Koslowski) Wilhelm Korff (Hrsg.): Handbuch der Wirtschaftsethik, Band 1 – Band 4, hier Band 4.1: Konkrete wirtschaftsethische Problemfelder Arbeit und Schattenwirtschaft, Gütersloh 1999, Berlin 2009, S. 296

110a ebenda Kapitel 12.3.1 „Arbitrage, Spekulation, Agiotage, S. 297

110b ebenda

111 vergl. „To Our Stakeholders: Moving into the next Growth Phase" Tokuta Nakata, President and Representative Director (Präsident und Repräsentant) in Geschäftsbericht 2013: Sounds The Future Annual Report 2013, Hamamatsu /Japan, 2014, S. 14ff

112 Geschäftsbericht 2012: Yamaha Tomorrow's Sounds Today Annual Report 2012, Hamamatsu/Japan, 2013, vergl. S. 36ff

113 Geschäftsbericht 2012: Pelikan Holding AG 2012 Annual Report; Zürich/Schweiz, 2013, vergl. S. 15ff

Teil 3

Direktvertriebssystem am Beispiel Reinigungsgeräte und Küche

„Man gewöhnt sich allmählich an eine neue Einsicht in das Wesen des „Glücks“: Glück ist dann anzunehmen, wenn das Schicksal nicht alle seine Drohungen gleich verwirklicht.“ /1/
Sigmund Freud

Meine Ausbildung (2000/2001)

Die Ausbildung in Deutschland ist als duales System, innerbetrieblich als auch schulisch, zu verstehen und endet mit einer anerkannten Prüfung vor einer Kammer, die sich wiederum in einen theoretischen und praktischen Prüfungsteil unterteilt, die beide zu bestehen sind. In meinem Fall erfolgte der Unterricht der Theorie im Bezirksbüro während der praktische Teil gleich zu Beginn in der Gruppe stattfand. Diese Lernmethode ist eine Learning-by-Doing Methode, die gleichzeitig den Charme hat, dass in der Theorie nicht auftretende Schwierigkeiten der Praxis unmittelbar mit erfahrenen Kollegen besprochen werden oder auch andere Neulinge mit ihren Branchenkenntnissen mir mit Rat und Tat beistanden und natürlich umgekehrt. Die theoretische Ausbildung umfasste dabei über 20 Lektionen, dabei wurde diese Theorie jedoch mit praktischen Übungen ergänzt, es wurden Kollegen, die Zwischenziele oder Verkaufserfolge hatten, ausgezeichnet. Manche Übungen ließen sich dann in der praktischen Gruppenarbeit weiter vertiefen, so einfach erscheinende Aufgaben, wie es zu bewerkstelligen ist, über die Türschwelle in die Wohnung und zur Vorführung zu kommen sowie die immer wiederkehrenden Probleme von Kundeneinwänden oder den Abschluss des Vertrags, denn das ist schließlich, was passierte, wenn ich täglich beim Kundenbesuch war.

Auf den folgenden Seiten folgen Kapitel zur Organisationsstruktur im Bezirk, Funktionen in der Hierarchie, zum Kauf und Verkaufen mit allen seinen Herausforderungen und über die Gruppe an sich, aber auch als Fachberater sowie ergänzenden Themen wie Motivation usw.

Bezirksbüro und Bezirk

Ist die nächsthöhere organisatorische Einheit oberhalb der Gruppe die aus ihren Gruppenmitgliedern und Gruppenleiter bestehen –, wo die Verwaltung des Bezirks stattfindet und sowohl die Arbeitsstelle des Bezirksleiters und Gebietsverkaufsleiters sind, als auch das Sekretariat für die administrativen Tätigkeiten der Verwaltung und ein Techniker für den Service der Geräte wie Reparaturen, Verkauf von Tüten und hin und wieder eines Staubsaugers.

Hier finden auch Treffen statt für Sondereinsätze, Wochenabrechnungen des Bezirks mit den Gruppenleitern, Abrechnung mit der zentralen Vertriebsleitung in Wuppertal, theoretische und praktische Aus- und Fortbildungen der Fachberater und Gruppenleiter für Staubsauger parallel Küchenberater ergänzend in den Treffs sowie Kontrolle, regelmäßige Wochenbesprechungen, Gruppen eröffnen, verändern, beenden, Sondereinsätze mit Preisen ausloben, Ausloben von kleinen und großen sonstigen Wettbewerben, als Testgebiet zur Verfügung zu stehen, Rückmeldungen des Vertriebs zu Verbesserungen von Staubsaugern, Zubehör technisch und kaufmännisch, Krisensitzungen bei Störungen, Ad-hoc-Treffen anzuberaumen, Meetings mit anderen Bezirken, Management-Präsentationen zu neuen Strategien oder Produkteinführungen. Die Prüfungen der Fachberater aus meist mehreren Bezirken werden hier abgehalten.

Die Geschichte jedes Bezirksbüros ist mit dem Leben vieler Mitarbeiter in den Führungsfunktionen wie einem Gebietsverkaufsleiter, Bezirksleiter, Gruppenleiter als ausführende Fachberater verbunden. So dürften zwischen 2000 und 2007 schätzungsweise zwischen 100 und 500 Fachberater, wahrscheinlich zwischen 3 bis 15 Gruppenleiter, 2 bis 5 Bezirksleiter und 1 bis 2 Gebietsverkaufsleiter abwechselnd in einem Bezirk, je nach Größe stark schwankend, tätig gewesen sein.

Zitat: „Wenn man einmal eine Arbeit vorhat, so ist es gut, bei der Ausführung sich nicht das Ganze vorzustellen. Man arbeite an dem, was man gerade vor sich hat, und wenn man damit fertig ist, gehe man an das nächste.“[/2/]
Georg Christoph Lichtenberg

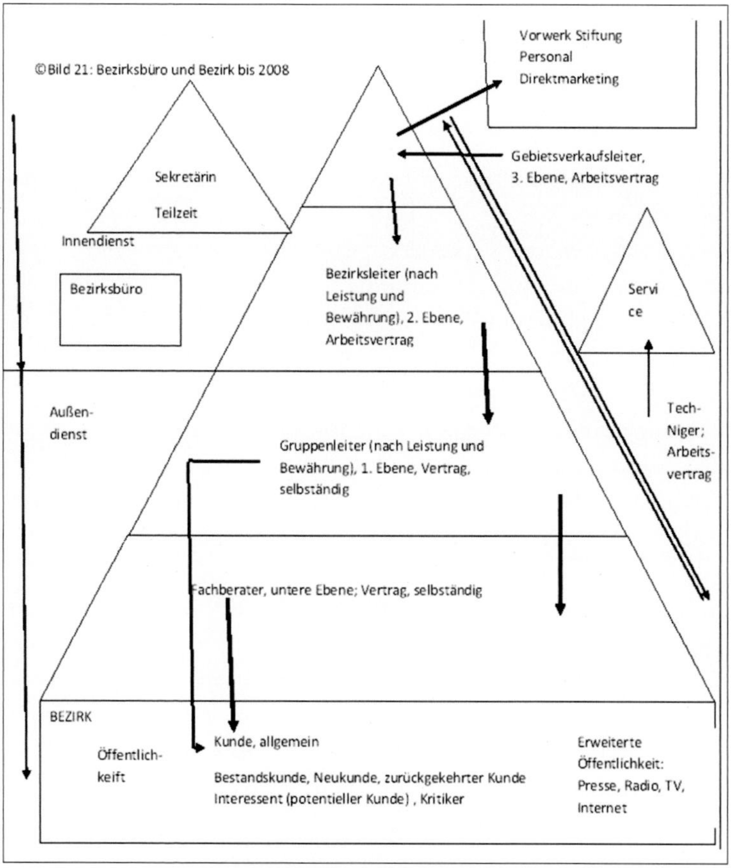

Struktur des Bezirksbüro und Bezirk (Organisation)

Kaufen/Verkaufen[3/4]

Beim Verkaufen geht es darum, dass zwischen Kundin und Berater eine Einigung durch gegenseitiges, eindeutiges Einverständnis und Willen, ausgedrückt durch das „Ja" oder eindeutiges Verhalten (konkludentes Verhalten), zustande kommt so sinngemäß das Wichtigste zum Kaufen aus dem Bürgerlichen Gesetzbuch (BGB) zum Rechtsgeschäft des Kaufvertrags.

Was sich hier als einfacher Prozess im BGB darstellt, nämlich die eineindeutige Willensäußerung zweier Menschen mit doch unterschiedlichen Interessen, Emotionen, Macht und Ressourcen, ist in der Praxis des Kaufes/Verkaufens nur unter Einhaltung eines breiten Wissens verschiedener Disziplinen zu bewerkstelligen, was aber teilweise gelernt werden kann, aber auch vieler praktischer Übung bedarf und zu Beginn für den Lernenden viele Enttäuschungen bedeuten kann.

Viele denken, der Kunde kaufe, weil das Produkt gut sei, die Preise in Ordnung, er wolle ohnehin die Sache haben, da das Geld vorhanden sei und somit keine Unsicherheiten, Ängste, Mutmaßungen, Erwartungen, Wünsche, Risiken dabei seien.

Dabei spielen psychologische, soziologische und kulturelle Prägungen in diesen Prozess hinein. Zudem muss zum Ende eine Entscheidung zum Kauf getroffen werden, die wiederum von mehreren Faktoren der Findung, aber auch im Zusammenwirken von den Beteiligten abhängt. Da aber sich zu entscheiden eine schwierige Angelegenheit sein kann – das Spannendste beim Kaufen – so sei hier auf die weiterführende Literatur am Ende des Buchs verwiesen. „[Bewusste Entscheidungen] sind das Ergebnisse von Motiven und/oder deren Bewertungen und/oder folgen unbewussten Antrieben. Bei bewussten Entscheidungen folgt man immer dem momentan stärkeren Motiv. Dabei können gereifte Überzeugungen kurzfristig durch andere Momente, etwa der Angst, Freude, Wut usw. überlagert werden, und dieselbe Kombination wird nie wieder auftreten."[5]

Der Kunde ist König. Dieser alte Spruch stimmt einerseits, andererseits aber auch nicht.

Der Verkäufer wird dem Käufer signalisieren, dass er ihn ernst nimmt und auf Augenhöhe verhandelt wird. Das Verhältnis ist tatsächlich asymmetrisch, denn als Verkäufer hat man sowohl mehr Erfahrungen von Verhandlungsprozessen, eine allgemeine Menschenkenntnis und Wissen über Stärken und Schwächen des eigenen Produkts als auch die Kenntnisse über den Markt.[/6/]

Doch das heißt wiederum nicht, dass der Kundenberater sich die Initiative des Gesprächs aus der Hand nehmen lassen darf. Vielmehr wird dieser einen Gesprächsleitfaden vom Beginn mit offenen und interessierten Fragen bis zu Alternativ- und Suggestivfragen in den verschiedenen Phasen des Verlaufs bereit haben, um diesen roten Faden beizubehalten – für den Käufer meist nicht erkennbar, wird dieser mehr oder weniger streng, an den Kunden angepasst durchgezogen. Meist wird auch das Fachwissen überschätzt, das den Käufer überzeugen soll. Im Gegenteil, wenn der Käufer sich sogar überlegen fühlt oder den Verkäufer als tapsig oder gar sich zur Unterstützung dessen genötigt sieht, kann er sich ganz überlegen und bestärkt fühlen. Ein Kollege brachte es auf den Punkt: „Fachidiot quatscht Kunden tot!"

Moralische Kategorien sind hier insofern wichtig, dass die einseitig bessere Position des Verkäufers zum Nachteil des Käufers nicht auszuspielen ist. Ferner, dass nicht willentlich Unwahres behauptet werden darf, falsche Versprechungen nicht gegeben oder eine vorsätzliche Falschberatung getätigt wird, um zu verkaufen, man darf sich die Unkenntnis oder Unterlegenheit des Käufers nicht zum eigenen Vorteil machen.[/7/]

Das beiderseitige Vertrauen wird voraussetzt. Trotzdem möchte man an autonome und solvente Kunden verkaufen, was aber wiederum in der Wohnung gar nicht objektiv im Sinne der Bonitätsprüfung machbar ist, sondern nur z. B. an der Einrichtung der Wohnung, Familienstand, Alter, Zustand des Staubsaugers, des Verhaltens des Kunden oder bisherigen Erfahrungen indirekt erkennbar ist. Hier können aber allenfalls indirekte Fragen nach der beruflichen Tätigkeit, viele Kinder, teure Einrichtungsgegenstände, gute Kleidung Hinweise oder Indizien sein, wobei solche Einschätzungen nur positiv beim Kunden angesprochen werden dürfen, selbst leise Kritik steht einem nicht zu. Dabei ist das Vertrauen entscheidend, dass die Eindrücke und Auskünfte richtig sind, aber auch eine jahrelange Erfahrung bei Hausbesuchen schärft den Blick für Kleinigkeiten und Ungereimtheiten, manchmal machen einen auch die Kollegen aufmerksam. Geht man gemeinsam zum Kunden, ergeben sich im Nachgespräch auch unterschiedliche Beobachtungen, da jeder Kunde und auch Fachberater unterschiedlich „tickt"; was die Lebensweisheit „Vier Augen sehen mehr als zwei" meint.

Ungünstige Strategien

Preisangst

Die „Preisangst" gibt es bei vielen Verkäufern – das ist kein alleiniges Problem von Vorwerk, dass der Fachberater den Staubsauger selbst für sehr teuer hält und meint, der Kunde akzeptiert den Preis nicht, er reagiert mit versteckter Ablehnung oder einem „Nein" und verkauft dadurch weniger und im schlimmsten Fall nichts.

Der Schaden liegt hier beim Berater und Kunden, in einer falschen Annahme über die Person oder Einschätzung der Bereitschaft des Kunden zu kaufen oder ob der Preis – hier des Staubsaugers – dem Wert entspricht. Nur der Kunde weiß, was er will.

Kundenfreundlicher, weicher Verkauf

Es führt in der Regel in die Sackgasse, wenn der Anfänger seine ersten Geräte fast ausschließlich in der Familie, Verwandtschaft, Bekanntschaft und Freundschaft, also seinem unmittelbaren Umfeld, zu akquirieren sucht, zumal diese nur aus Gefälligkeit ungern oder seltener als angenommen kaufen. Sehr schnell gehen einem da die Kunden im familiären Umfeld aus und wenn hinterher Unzufriedenheit herrscht, ist die Freundschaft auch noch am Ende.

Eine weitere Unsitte besteht darin, dass man in der Bemühung um einen Abschluss zu viele Zugaben oder Rabatte anbietet, das heißt Preisnachlässe gewährt. Auf diese Weise wird der Preis der Ware unglaubwürdig, ein nachfolgender Kollege beim Kunden hat das Problem, dass er die Ware kaum noch regulär verkaufen kann.

Verkäufer- und Absatz orientierter, harter Verkauf

Ein weiterer Irrtum ist die Strategie des aggressiven Verkaufs um jeden Preis, bei dem die Interessen des Verkäufers gegen die des Käufers stehen.

Dies weckt beim Kunden den Eindruck des Misstrauens, dass seine Interessen unwichtig sind, und um sich weiteren Ärger zu ersparen, kauft er auch, wenn er dabei noch Fragen oder Zweifel hat, dass der Preis angemessen erscheint, dadurch entsteht der schale Nachgeschmack, das Produkt sei zu teuer oder man würde sogar falsch beraten werden. Diese „Politik der verbrannten Erde“ machen einige, da sie glauben, dass man den Kunden nur einmal treffen werde. Andererseits werden der Kunde beim nächsten Mal keine anderen Fachberater, geschweige diesen Fachberater, noch einmal über die Türschwelle bitten, noch wird es zum wichtigen Nachkauf kommen oder zu der wichtigen Weiterempfehlung in der Familie oder Freunden. Dieser Enttäuschte wird nach dem Abschluss den Kauf sogar stornieren oder es in der Straße oder Stadtteil überall erzählen und auch bisherige Kunden ihr Verhältnis zu Vorwerk überdenken lassen.

Festgebiete

Der Fach-/Kundenberater besucht über Jahre die gleichen Kunden, die ihm gleichzeitig vertraglich geschützt werden, und gewinnt auf Dauer meist kaum noch neue, das führt dazu, dass das Einkommen des Fachberaters und die Umsätze im Gebiet sich über die Jahre halbieren können.

Hier ist es vonnöten, dass die Exklusiv-Vertretung einen Ausgleich dafür vorsieht, aber bei Selbstständigen ist wiederum kritisch einzugreifen, da diese Solo-Selbständigen alleine „ihres Glückes Schmied“ sein sollten.

Doch in meiner Vorwerkzeit gingen wir – nach Absprache – auch hin und wieder in Festgebiete hinein, was für uns, aber auch den Kollegen im Festgebiet Vorteile brachte, da die Kunden uns erstmals sahen und alleine aus Neugierde und aus Überraschung der Weg durch die Tür gelang, aber für die Zeit danach hatte der Kollege im Festgebiet künftig weitere Kunden zu versorgen, deren Türen vorher für ihn immer verschlossen waren.

Für die Kundenberater im Multi-Kanal-Marketing stellt dies ebenso eine große Herausforderung dar. Siehe die Kapitel Kundenberater und Multi-Kanal-Marketing

Günstige Strategien

Sachorientierter Verkauf

Mit dieser Art des Verkaufs entscheiden sich sowohl Käufer als auch Verkäufer an der Lösung des Kundenbedürfnisses zu arbeiten und dass der Verkäufer weder devot noch egoistisch handelt, der Käufer seinerseits echtes Kaufinteresse hat und seine Wünsche offen äußert. Sie arbeiten objektorientiert, was einen Staubsauger betrifft, lösen gemeinsam folgende Fragen, wobei dieser Katalog nicht komplett abgearbeitet werden sollte, aber die Fragen beantwortet werden, die relevant sind.

- Vorhandenes Budget für den Kauf?
- Stimmung des Käufers?
- Wohnung des Käufers?
- Alleinkauf oder mit Partner/Eltern/Kinder?
- Käufertyp? Geschlecht?
- Über Internet, Store- oder Kundenberater?
- Privat- (BGB) oder gewerblicher Käufer (HGB)?

- Sind Teppiche, Teppichböden, Hartböden, Polster, Betten, Fenster oder Fugen zu reinigen?
- Stiel- oder Schlittensauger; Robotersauger, Akkusauger?
- Düsen-Set?
- Polsterreinigungsgerät?
- Hartbodenreiniger?
- Fensterreiniger?
- Verbrauchsteile?
- Service?
- Gewährleistung?
- Garantie?
- Vorführung/Präsentation?
- Fragen?
- Vertrag?
- Lieferzeit?
- Rücktrittsrecht?
- Rücksendung, Rückgabe Store oder Kundenberater?
- Einmalige Zahlung oder Ratenkauf?
- Lieferung sofort oder auf Termin? An erster Stelle steht die Bedarfsermittlung: Was ist das Problem/der Wunsch?

Dann folgt die sachgerechte Lösung unter den finanziell akzeptierten Bedingungen, die aber auch dem Verkäufer eine angemessene Entlohnung für die Beratung und Zeitaufwand ermöglichen, auch da, wo der Verkäufer eine Provision – eine Bezahlung nach Erfolg – erhält.

Danach kommt der Vertragsabschluss, der dem Kunden und dem Verkäufer dient – auch unter Berücksichtigung der emotionalen und finanziellen Verfassung. Negative Ereignisse, wie Krankheiten oder Todesfall in der Familie, oder positive, wie Geburtstag oder Jubiläum, aber auch finanziell negative wie bestehende Arbeitslosigkeit, aktuelle Scheidung oder positive, wie Lohnsteuer-Erstattung oder Lohnerhöhung/Karriere, fließen in die Entscheidung ein.

Dabei können Nebenaspekte, wie die Wohnungseinrichtung aussieht, Käufertyp, dessen Stimmung – also anfänglich als nebensächlich erscheinende Faktoren plötzlich bedeutend werden, die eine positive oder negative Wendung bringen.

Zurückhaltung

So ist es ratsam, bei Fragen nach hohen Rabatten oder Zugaben eher zurückhaltend zu sein – da es zulasten des Kunden-/Fachberaters geht, aber dennoch einen kleinen Nachlass oder eine Zugabe zuzugestehen und so flexibel reagieren zu können. Schon einen Rabatt potenziell ins Spiel zu bringen, kann später den Abschluss ermöglichen und macht Sinn, wenn der Käufer einen Gewinn aus dem Verhandeln für sich sieht und der Verkäufer ebenfalls einen Verkaufserfolg dabei hat und der Verzicht des Verkäufers im Rahmen bleibt. Außerdem werden diese Nachlässe leicht Straßen- oder Stadtgespräch durch die Mundpropaganda, d. h. beim nächsten Abschluss wird man damit erneut konfrontiert. Ein weiterer Nachteil von ständigen Rabattaktionen besteht darin, dass der anvisierte Festpreis auf Dauer untergraben wird, da sowieso Rabatte üblich sind.

Meist ist die Zugabe sinnvoller, wie ein Päckchen Teppichreiniger oder Filtertüten als ein Rabatt. Das könnte den Abschluss beflügeln und die Stornos erheblich senken, andernfalls entsteht der Eindruck, dass der veranschlagte Preis ohnehin nicht gerechtfertigt ist, was ein guter Verkäufer vermeidet.

Rabatte hingegen bewirken eine optische und reale Senkung des Verkaufspreises, während die Zugabe es leichter ermöglicht, den Preis zu verteidigen. Großzügige Rabatte sprechen sich meist durch Mundpropaganda weiter, sodass beim nächsten Kunden diesem ein höherer Rabatt gewährt werden muss und der Preis, damit das Produkt, immer mehr seinen Wert verliert – und gehen beim Selbständigen zu dessen Lasten, was dazu führt, dass diese ihre Existenzgrundlage durch mangelnde Einnahmen gefährden und die Motivation fürs Geschäftemachen untergraben wird.

Den Preis klein machen

Meist verkleidet man dazu den Preis in einem „Sandwich“, in dem in Reihenfolge Vorteile für den Kunden, kurze Preisnennung, dann wiederum Leistungen und Stärken folgen, sodass der hohe Preis sich im Bewusstsein des Kunden relativieren kann.

Serviceleistungen

Einen guten Service der Geräte, der normalerweise bezahlt werden müsste, kostenlos zu machen, kann zu späteren Verkäufen bis zum Staubsauger führen.

Es ist zu respektieren, wenn der Kunde nur Tüten kaufen will, aber andererseits sollte man ihm weitere Produkte aus dem Programm anbieten.

Zuverlässigkeit/Termine einhalten

Termine, die mit dem Kunden vereinbart worden sind, sind vom Berater zwingend einzuhalten, aber es gibt eben Ereignisse, die dies nicht immer ermöglichen. In einem solchen Fall ist natürlich eine Entschuldigung erforderlich, die normalerweise auch akzeptiert wird.

Hält der Kunde den Termin jedoch nicht ein, dann ist man nicht verpflichtet, ihn noch einmal außerhalb des Termins aufzusuchen.

Absprachen einhalten

Absprachen und ausgehandelte Rabatte und Zugaben, aber auch Ablehnungen von Ansprüchen des Kunden gelten für beide Seiten.

Gerade diese Situation ist vor der endgültigen Zusage noch einmal kritisch, denn so kann der Kunde auch in dieser Phase des Gesprächs mit Einwänden reagieren, denn jeder Schritt des Fachberaters vom Zutritt in die Wohnung, Service, Vorführung oder Abschluss bedürfen der Zustimmung des Kunden. Deshalb kann diese Form des Widerspruchs nicht einfach übergangen werden, sondern der Verkäufer muss darauf vorbereitet sein.

Um diese zu widerlegen, gibt es einige Techniken[/8/], die sich damit befassen:

Zuerst ist es ratsam, den Einwand als solchen wahrzunehmen und darauf zu reagieren.

Eine Technik kann darin bestehen, dem Kunden erst einmal Recht zu geben wie:

„Ja, aber …“ (ein „Ja, aber …“ ist die Umformulierung von „Nein …“, was sonst als Kampfansage vom potenziellen Kunden interpretiert werden könnte!) und im Teil des „aber …“ die Einwände argumentativ zu entkräften.

Es besteht auch die Möglichkeit, auf Verwandte oder Nachbarn als Beispiel zu verweisen, nämlich dass der bereits einen Staubsauger besäße oder dass 30 % der deutschen Hausfrauen auch nicht ganz falsch liegen könne. Ebenso ist es möglich, auf neutrale Dritte verweisen wie beste Testergebnisse als Testsieger in Verbrauchermagazinen, Design-Preise für den Staubsauger oder den Ruf des Unternehmens.

Eine andere Entgegnung ist es, einen Einwand zu relativieren, indem man von dem teuren Preis auf z. B. die lange Lebensdauer von durchschnittlich 15 Jahren, hohe Qualität, Reparaturmöglichkeit, Service zu Hause verweist. Siehe Kapitel Staubsauger und Kaufverhalten.

Direktmarketing[/9/10/11/]

Direktmarketing ist einstufig, d. h. ohne Zwischenhändler, die Beratung erfolgt direkt vom Unternehmen zum Kunden. So schreibt Vorwerk, das sie „nur an den Endverbraucher verkauft“.[/12/] Dies sind nicht-klassische Verkaufsmethoden; in der Fachsprache „Below-the-Line-Kommunikation“.[/13a/] Kann man auch als branchenunübliche Kundenkommunikation ansehen, weil diesen Weg zum Kunden eine kleine Minderheit der Unternehmen hierzulande gehen. Dabei sind folgende Wege zum Kunden möglich: Telefonwerbung über das eigene oder fremde Call-Center, Versand adressierter Briefe oder Postkarten, Briefkasteneinwurf von direkter, anonymer Werbung, (nicht) angekündigte Hausbesuche. Meist erübrigt sich das Drucken und Verteilen eigener Visitenkarten, das ist ohnehin vom Gesetzgeber nicht erlaubt.

Dabei kommen beim persönlichen Besuch in beiden Varianten mit und ohne Ankündigung vor. Im Versicherungsgewerbe ist der

Abendbesuch nach persönlicher Einladung per Telefon, nach Ansprache oder Direktmail üblich, beim Vertrieb von Kosmetika, Haushaltsprodukten, Küchengeräten sind Verkaufspartys bzw. gemeinsame Kochabende mit Geschenk für die Gastgeberin üblich.

Bei Tiefkühlprodukten im Lebensmittelbereich oder Getränkeflaschen im Kasten erfolgt meist die Direktwerbung im Briefkasten als Wurfsendung mit unaufgeforderter Warenprobe, z. B. Probegetränke, mit schriftlicher Bestellung oder persönlichem Haustürbesuch mit kurzer Nachfrage und Auslieferung mit Tiefkühlwagen oder kleinem LKW.

Wer als Kunde einlädt, hat damit meistens sein Widerrufsrecht verloren. Allerdings gewähren die Direktvertriebe wie Vorwerk dieses Recht aus Kulanz dennoch, um die Kundenbindung zu sichern.

Aus den Besuchen und Verkäufen im Bezirk ergeben sich die Rohdaten ähnlich wie Buchungen in der Buchhaltung, bei denen reale Zahlungen erfasst werden, um die Marketing-Kennzahlen, die durch Rechenoperationen in Beziehung zu Absolutzahlen treten oder untereinander vergleichbar werden, wie Umsatz pro Kunde oder relative Zahl angetroffener Kunden, und in der Bilanzanalyse oder Gewinne und Verluste zu ermitteln die Buchungen Grundlage sind oder den Erfolg des Fachberaters, der Gruppe, des Bezirks zu berechnen und daraus den Erfolg abzuleiten wie z. B. Anzahl der Haushalte, Anzahl der erreichten Haushalte, Anzahl der Präsentationen, Anzahl der Abschlüsse, Umsätze Verbrauchsmaterialien, Anzahl Scheine zum Ansehen des Jobs und Küchen.

Warenkunde

Dazu gehören die Kenntnisse über den gesamten Gerätepark und Wartung, dessen Funktionen, Vorführung der Funktionen für Teppiche/Teppichboden und Hartböden wie Laminat, Holz, Stein, Kork sowie Polster, Betten, Gardinen, Leisten, Fugen, deren Materialien und Beschaffenheit sowie über Bestandteile des Teppichstaubs, Allergien auslösende Stoffe und deren Messung (Eiweiße) und Reinigung. Auch die Kenntnisse über die Funktion des Staubsaugers, der Funktionsprinzipien konkurrierender Hersteller gehört dazu.

Kunden- bzw. Käufer-Rechte

So hat der Kunde bei Haustürgeschäften weitere Reche als wenn er im Ladengeschäft Ware erwirbt. Der Gesetzgeber schützt ihn, damit er die erhaltene Ware überprüfen kann wie im Geschäft. Innerhalb von 14 Tagen nach Erhalt kann diese wieder zurückgesandt werden ohne Begründung.

Allerdings hat dieses Haustürgesetz, heute Fernabsatzgesetz, immer wieder Veränderungen, so dass mittlerweile der Kunde dem Verkäufer schriftlich seine Gründe mitteilen muss und die Rücksendekosten selbst tragen muss. Freiwillig verzichten jedoch einige Unternehmen darauf, so dass die Rücksendung kostenlos bleibt oder man gibt die Ware vor Ort in der Repräsentanz des Verkäufers ab.

Bei Garantie bzw. Gewährleistung gibt es keine Unterschiede. Jedoch kann, wenn nach längerem Gebrauch der Ware ein Fehler auftritt und zweimalige Reparatur misslingt, der Fall eintreten, dass der Kunde die Ware zurückgibt. In diesem Fall wird unter Umständen nicht der volle Verkaufspreis erstattet, sondern für den Gebrauch ein prozentualer Abzug vorgenommen.

Aufgaben des Fachberaters

Die idealtypischen Aufgaben bestehen darin, dass der Fachberater den Vorwerk-Staubsauger, am besten dreimal pro Tag, beim Kunden vorführt, diesen berät, dem Altkunden hingegen weiteres Zubehör oder Verbrauchsteile verkauft. Weiterhin geht es jeden Tag auch darum, (potenzielle) Kunden oder Menschen vor Ort als Fachberater zu werben oder auch für Einbauküchen zu werben.

Die praktische Schulung in der Gruppe (2000–2007)

Die Schulung erfolgt in der Gruppe, wenn man sich mittags trifft. Jeder kommt da dran, entweder mit der gleichen Aufgabe oder „alte Hasen“ geben Neulingen Tipps. So werden hier die theoretischen Teile wie Einwände zu behandeln, wie man es schafft in die Wohnung zu kommen oder wie man den Staubsauger und das Zubehör beim Kunden vorführt, gezeigt. Auch können hier spezielle Fragen, wie mit der Währungsumstellung von DM zu Euro, locker behandelt werden. Es kommt zum Erfahrungsaustausch, was die Kollegen beim Kunden erleben und wie sie reagiert haben. Dabei kommen vermeidbare Fehler zur Sprache. Durch diese Erlebnisse, Erfahrungen, Misserfolge, aber auch Erfolge, die ich selbst, aber auch Kollegen haben, werden gleichzeitig Motivation und Wettbewerb innerhalb der Gruppe gefördert, da sich der Einzelne ernst genommen sieht.

Verkaufsgespräch und Vorführung (nach dem Phasen-Modell)

Phase 1: Der Weg durch die Tür: A = Aufmerksamkeit
Die Frage ist also ganz einfach, in der Praxis dann meist etwas schwieriger.

Wie komme ich über die Türschwelle?

Hier gibt es neben dem Überraschungseffekt, der Hartnäckigkeit und der Menschenkenntnis und der Geduld, die das Haustürgeschäft erfordert, eigentlich zwei Wege, nämlich sich einerseits auf Altkunden oder andererseits die schwieriger zu gewinnenden Neukunden zu konzentrieren, weil diese Vorwerk bestenfalls durch Kundenempfehlungen kennen, aber gegenüber dem Direktvertrieb meist besonders kritisch sind und mit den Staubsaugern keinerlei Erfahrung haben.

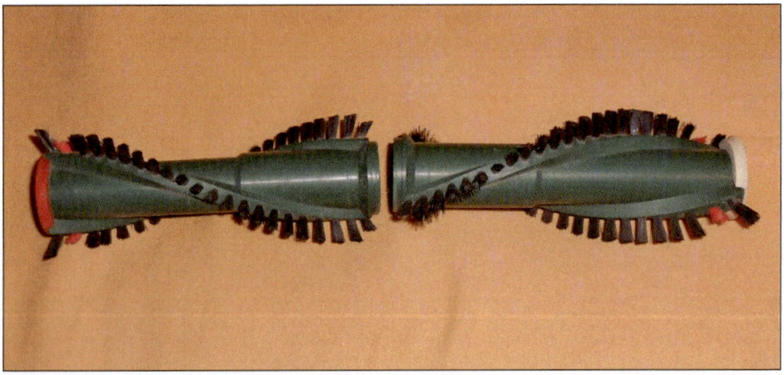

Bürstenpaar für den Staubsauger für Altkunden – Strategie beim Kunden

Serviceangebot beim Altkunden oder Überraschungseffekt beim Neukunden.

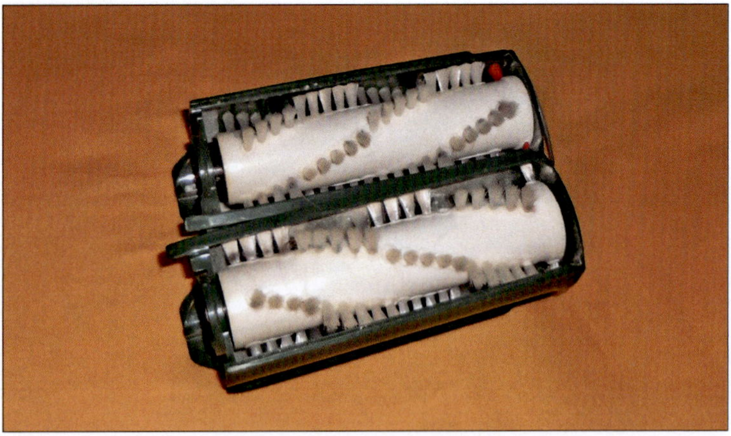

Teppichmassier – Bürstensatz

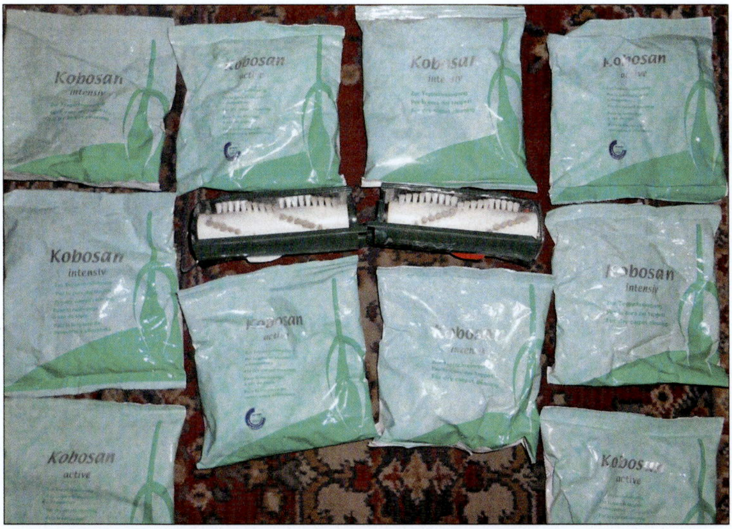

Teppichreinigungspulver zum Vorführen, Verschenken bzw. Zugabe sowie Chips für Filtertüten und Teppichmassier-Bürstensatz für die Bürste mit Elektromotor und Maskottchen

Solche Situationen sind eigentlich immer konfrontativ, wenn der Fachberater vor der Tür steht. Die Frage ist: Was macht es aus, dass ich überzeuge und in die Tür hineinkomme?

Mit dem unaufgeforderten Besuch tritt eine Situation auf, die zumindest für potentielle Neukunden konfrontativ bis konfliktträchtig ist.

Da der Begriff Konflikt bisher nicht eindeutig in der Fachliteratur geklärt ist, dennoch hier sinnvoll verwendet werden soll, werde ich ihn hier so verstehen, dass er gegeben ist, wenn der potentielle Kunde an der Haustür und der unaufgefordert besuchende Fachberater mindestens für einige Zeit unterschiedliche Ziele verfolgen und für beide Zeit und Geld ein knappes Mittel ist.[/13b/]

Dieser Konflikte können dann noch nach seiner Art unterschieden werden, wie hier Bewertungsziele. Denn während der Fachberater dabei, ist Geld zu verdienen, bedeutet es für den potenziellen Kunden, Geld auszugeben. Weiterhin bewertet der Kunde, wenn er es zulässt, dass seine Wohnung betreten wird, dass seine Privat- oder Intimsphäre gestört wird und zwar auf längere Zeit, aber der Berater wenig persönliches Interesse an der Wohnung oder Person des Kunden hat und seinen Wunsch zu präsentieren für gar nicht abwegig hält.

Diese Konflikte können von beiden Seiten damit aufgelöst werden, dass eine Seite in Angriff übergeht, wenn der Besuchte den Besucher an der Tür beleidigt oder böse Absichten unterstellt oder die sprichwörtliche Ausflucht im Herausreden, dass er/sie am nächsten Tag komme solle oder dass kein Geld vorhanden sei.

Hingegen wird der Termin beim Kunden von beiden Seiten konstruktiv zu lösen versucht, dann werden beide Parteien einen Kompromiss suchen, der beispielsweise zwar im Besuch des Fachberaters und einer möglichen Präsentation besteht, der Kunde dann aber nur für sein Altgerät neue Verbrauchsteile kauft, die Entscheidung über ein neues Gerät auf einen späteren verbindlichen Termin verschiebt oder beim nächsten Besuch eines Fachberaters oder auf der Messe kauft.[/13c/]

Hier sei auf die Einwände verwiesen, die ich oben kurz angeführt habe, die sowohl beim Klingeln an der Türe, in der Vorführung als quasi Zwischenrufe und in der Abschlussphase des Vertrages dem Fachberater begegnen. Sie lassen sich daher nicht einer Phase eindeutig zuordnen.

„Wenn wir fehlerfrei wären, würde es uns nicht so viel Vergnügen bereiten, sie an anderen festzustellen.“[/14/]
Horaz

Phase 2: Eintritt in die Wohnung: I = Interesse
Nach dem Eintritt in die Wohnung ist es wichtig, sich einen Eindruck von dem Kunden, seinen Mitbewohnern und den Zimmern zu verschaffen. Gegenseitiges Kennenlernen passiert durch Interesse am Kunden.

Phase 3: Bedarfsermittlung und Vorführung beim Kunden: I = Interesse
Statt hier die Kundenwünsche vermeintlich zu wissen, empfiehlt es sich mit offenen Fragen oder durch das Eingehen auf Wünsche des Kunden mit Service beim Altkunden oder Vorführung des Staubsaugers beim Neukunden zu agieren.

Stark verschmutzter Teppich

Mit Handstaubsauger abgesaugter Teppich

Vorführung/Präsentation des Programms beim Neu-Kunden:

Vorsatzgerät Bürste mit Elektromotor mit und ohne Maskottchen/15/: Eine Elektrobürste mit zwei rotierenden Bürsten, die ihrerseits geeignet ist, Teppiche und Glattböden zu saugen als auch seit einigen Jahren die Einmassier-Bürsten fürs Einmassieren des Teppichschaums aufzunehmen.

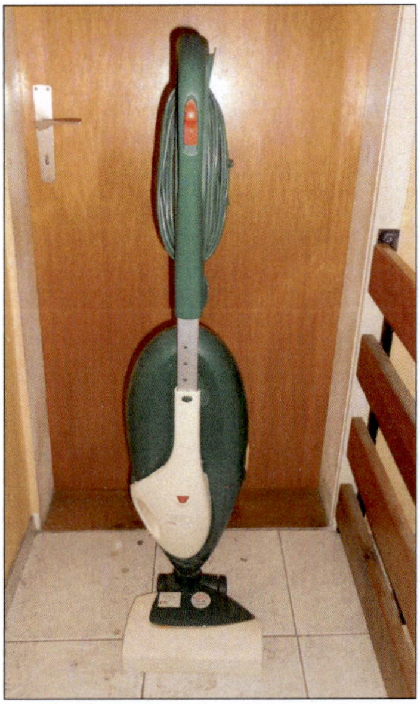

Handstaubsauger (2005–2008) mit Bürste mit Elektromotor und Maskottchen (2000–2012)

Bodenstaubsauger – 2010 mit Bürste mit Elektromotor mit Maskottchen (geeignet für Teppichboden – Einmassier-Bürstensatz, 2006–2010)

Der Handstaubsauger/16/ ist der Vorwerk Staubsauger mit drei- bzw. vierstufigem Elektromotor, er nimmt den Staub auf in den Staubsack bzw. spezielle Filtertüten hohen Fassungsvolumens, seit 1999 mit Mikrofiltersystem für Allergiker.

Bodenstaubsauger, die Großkatze (1970–1998)/17/, ist der erfolgreichere Bodenstaubsauger im Vergleich zum modularen Bodenstaubsauger und wurde 2005 wiederbelebt.

Der Modulare Handstaubsauger war eine Kombination aus einem Handstaubsauger, einem Chassis mit Schlauch, Rohr und Vorsatzgeräten, der damit zum Bodenstaubsauger wurde. Verkaufte sich schlecht, da auch das Wechseln von Tüten akrobatische Fähigkeiten abverlangte.

Hausstaub/Schmutz/negativ „Dreck": So werden allgemein feine Schwebstoffe in der Luft beschrieben, wie aus Verbrennungsvorgängen, was man aber genauer spezifizieren kann.

Staub, das sind mehrere Stoffgruppen, die ihm zugehörig gezählt werden können:

Aerosole durch Immissionen, Abrieb, Asche, Bakterien, Blütenstäube, abgeriebener Teppichflor/Flusen (Bürstenwirkung), Federn, Kies, Kot, Mikrostaub („Staub auf Staub"; sehr vereinfacht, μ = 10–6 m = 10–3 mm), Milben (im Teppich, in Polster, Bettbezügen durch Vorschaltgerät Polsterreinigungsgerät), Tier- (s. Bild 4: Katze) und Menschenhaare, Samen, Sporen, Schuppen, Teer, Viren, Wasser (Luftfeuchtigkeit).

Katze

Das Polsterreinigungsgerät[18] ist das Gerät zuerst mit Schwingbürste, später mit zwei rotierenden Bürsten in Verbindung mit Kobold und Elektroschlauch zur Reinigung von Polstern und Betten, aber auch gleichzeitig für die Fugen.

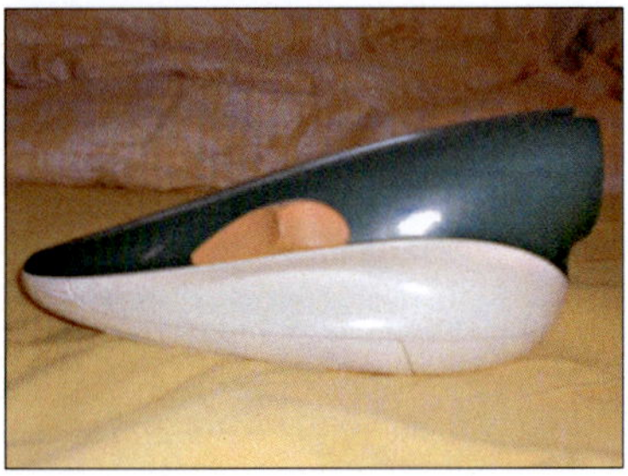

Polsterreinigungsgerät (2005–2009)

Das Teppichreinigungsgerät[19] und später der Einmassier-Bürstensatz[20] dient dazu, das Teppichpulver in den Teppich einzumassieren.

Das Teppichreinigungspulver[21] ist das Trocken-Reinigungsmittel – auch von anderen Herstellern – zum Einmassieren in niederflorigem (unter 1,5 cm Tiefe) Teppich und nicht für Nadelfilz in Industriebetrieben geeignet.

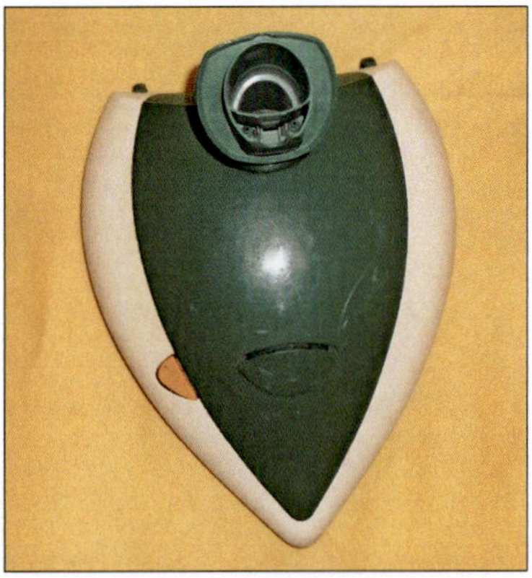

Hartbodenreinigungsgerät (2000 bis 2007)

Der Fleckentferner[22]: ist der Textil- und Couchreiniger und gehört zum Teppichreinigungspulver.

Das Hartbodenreinigungsgerät[23] ist ein motorgetriebenes Gerät mit drei Bürsten, um Böden ohne Nässe zu reinigen, kann jedoch nicht bei Kork eingesetzt werden.

Kundenreaktionen

Meist kommt sofort die Reaktion, die in Erstaunen besteht, dass trotz vorherigem Saugen mit dem eigenen Sauger so viel Staub und abgeriebener Flor im Teppich noch sind. Da ist der Kunde zu beruhigen, dass dies ein häufiger Effekt ist. Diese Signale erlauben meist zum Vertragsabschluss zu kommen:

Phase 4: Abschluss: A = Abschluss

„Ist das nötige Geld vorhanden, ist das Ende meistens gut."[24]
Bertold Brecht

Den Wunsch, den wir Fachberater haben, dass wir den „Schalter einfach umlegen" könnten, erwies sich als falsch, aber wir merken, wenn „der Schalter gekippt" war.

Beim Abschluss ergeben sich mehrere Möglichkeiten, einerseits von der großen Summe zur kleineren zu gehen, was eher zu höheren Abschlüssen führt. Verfährt man umgekehrt, dann fallen die Abschlüsse geringer aus.

Es gilt zu beachten, dass die Kunden an das In-Besitz-nehmen und Nutzen des Staubsaugers oder Zusatzgerätes denken soll, aber weniger an das Kaufen.

Phase 5: Dank/Verabschiedung

Nach dem Kauf wird Dank an den Kunden ausgedrückt für das Vertrauen und auf weitere Abschlüsse aus dessen Zufriedenheit gehofft.

Die Fachberater – Ausbildung/Kenntnisse für die Praxis

„Nötig ist nämlich die Kenntnis seiner selbst die Selbsterprobung. Was ein jeder vermag, lernt er durch nichts anders als durch den Versuch.“ [/25/]
Seneca

Hat man die 30 Lerneinheiten über das Unternehmen, Teppiche/Glattböden/Polster/Fugen, Präsentation der Reinigungsgeräte, Rechte vom Verkäufer und Käufer nach dem BGB und Nebenrechten (Widerspruch) erfolgreich gehört, erfolgt die Abnahme der Prüfung im Bezirksbüro, wobei ein Vertreter der örtlich zuständigen berufsständischen Kammer die ordentliche Prüfung überwacht – heute nennt sich ein solches Verfahren Zertifizierung. Die Prüfung besteht aus einem schriftlichen Teil mit Multiple-Choice-Fragen mit einer oder mehreren richtigen Antwortmöglichkeiten und einem mündlichen Teil von ca. 15 Minuten Dauer bei zwei Prüfern mit drei praktischen Fragen, von denen zwei richtig beantwortet werden müssen.

Dabei besteht die Prüfung aus einem theoretischen Teil, einem Test mit Auswahlantworten wie beim Führerschein und einer Beantwortung Frage, die einem praktischen Problem entnommen ist, was bei mir die Randabsaugung bei glattem Boden und die Teppichreinigung waren.

In guten Zeiten kamen aus drei Bezirken des halben Württembergs dann 40 Prüflinge zusammen, in späteren Jahren reduzierte es sich bis auf wenige Personen.

Mir gelang damals überraschend, bei geschätzt 40 Prüflingen unter den Besten den zweiten Platz und somit eine Belobigung und Glückwünsche zu erhalten. Diese Prüfung hat nur eine sehr geringe Durchfallquote im niedrigen, einstelligen Bereich gehabt, konnte aber zweimal wiederholt werden.

Diese Prüfung geht auf Vorwerk selbst zurück, da sich das Unternehmen im Verband der Direktvertriebs-Unternehmen für seriöse Beratung und Verkauf einsetzt.

Neue Mitarbeiter und „Schnuppertage“

Bei der Suche nach neuen Mitarbeitern bzw. deren Auswahl kommt es auf die Stellenausschreibung, die Bewerber, die sich melden, und das Auswahlverfahren an. Von Vorwerk gab es zu dieser Zeit kaum Vorgaben, sodass auch Bewerber ohne kaufmännische Ausbildung und Erfahrung angesprochen wurden.

Meist ergab sich schon in diesem Verfahren des Werbens, über das Gespräch mit dem Bezirksleiter bis zum gegenseitigen Kennenlernen, dass die Zahl der Interessenten erheblich sank. Viele, die ich selbst warb, hielten es einerseits nicht lange aus, passten sich nicht an oder waren nicht besonders erfolgreich, doch hat es mir im letzten Jahr bei Vorwerk den Erfolg beschert, dass ich eine Verkaufskanone geworben habe.

Mein dritter Gruppenleiter, mit dem ich am längsten zusammenarbeitete und das beste kollegiale Verhältnis pflegte, erkannte besonders schnell im Verhalten oder Antworten der Aspiranten, die er schon auf der Fahrt zur Gruppe kennenlernte, wie diese einzuschätzen waren. Dies war eine intuitive Einschätzung, die sich aus eigenen Erfahrungen mit geworbenen Fachberatern gebildet hatte.

Da es sich zu dieser Zeit aber im Sinne von Vorwerk um eine angelernte Tätigkeit – zwar mit Berufsabschluss auf höchstens Realschule-Niveau – handelte und zudem auf selbstständiger Basis lief, verließ man sich auf oben genannte Einschätzungen und ein bisschen Glück.

Unsere Sekretärin erkannte bei neu angemeldeten Fachberatern auf den ersten Blick, ob sie uns treu blieben oder ob sie uns schnell wieder verlassen würden. Auf ihre persönliche Beobachtung bzw. Wahrnehmung war fast immer Verlass.

So fiel mir bei den Fachberatern auf, dass diese meist das Kochen als Hobby hatten, aber sie waren oft gar keine Verkäufer, sondern Handwerker, Therapeuten, Disponenten, Logistiker, Schichtarbeiter, auch ehemalige Arbeitslose oder Akademiker wie Ingenieure, Betriebswirte, Lehrer. Dabei waren Menschen mit Migration durchaus häufig vertreten und das Alter reichte von jungen Jahren bis ins Rentenalter, also ein nicht-repräsentativer Bevölkerungsdurchschnitt.

(Klassische) Personalsuche[26]

Im Gegensatz zur Personalauswahl bei Kundenberatern greift Vorwerk bei Stellenbesetzungen in zentralen Werken und Verwaltungen auf die klassischen Methoden zurück, bei denen es um erworbene Qualifikationen und Erfahrungen des Bewerbers geht. Dies führt, wegen des höheren Aufwands, zu besseren Ergebnissen.

Dieser Weg bietet sich Bewerbern an, die eine Fach- oder Führungsposition im Angestelltenbereich bevorzugen.

In der klassischen Personalsuche werden Qualifikationen (Fachkompetenz, Noten, Auszeichnungen, Berufsabschluss, erlerntes Wissen/Methoden: sogenannte „hard" skills) untersucht sowie soziale Kompetenzen („weiche" Fähigkeiten, weitgehend nicht messbar, Kopfnoten wie Benehmen usw., sogenannte „soft" skills), die sich beziehen auf das kollegiale Zusammenarbeiten und die Konfliktlösung, aber auch Tugenden der Zuverlässigkeit, Pünktlichkeit, Erledigung der Aufgaben oder Systemkompetenz (das meint Kenntnisse über die Organisation, deren Aufbau und Zusammenspiel der Kräfte im Unternehmen) und Schlüsselqualifikationen, also fachübergreifende Problemerkennung und Aneignung neuer Kompetenzen, schon in der Kindheit, Familie und Umfeld erworben[27], um geeignete Mitarbeiter zu finden.

Nicht zu vergessen, dass Lebenslauf oder Zeugnisse und Vorgesetzten-Beurteilungen, das Bild und die vorgelegte Mappe eine erhebliche Rolle spielen, aber es gibt auch Personaler oder Inhaber, die ganz eigene Methoden haben. Denn es ist zwar nicht landläufig bekannt, aber für die Bewerbung gibt es keine Norm. Sie kann persönlich, telefonisch oder schriftlich erfolgen, doch es haben sich Standards gebildet – ungeschriebene Gesetze, die man um des Erfolgs willen besser einhält.

Die klassischen Methoden der Auswahl gehen über das Sichten von Unterlagen, der Mappe, Ordnung der Unterlagen, dem Bild, Auswerten von Lebensläufen und Zeugnissen oder Arbeitgeberzeugnissen, wobei meist 90 % der Bewerber aussortiert werden, allein an formalen Fehlern der Rechtschreibung, oder es melden sich Bewerber, die nicht die erforderliche Qualifikation haben.

Von den verbliebenen Kandidaten werden einige zum Gespräch geladen. Die Gespräche führen in kleinen Unternehmen meist die Inhaber und Geschäftsführer, die alle zentralen Aufgaben haben, vom Vertrieb bis zum Personalmanagement in Personalunion. Je mehr Mitarbeiter ein Unternehmen hat, desto eher werden Personaler, neben den Spezialisten und dem Management, zur Verfügung stehen.

Meist werden Gespräche mit mehreren Kandidaten geführt, sowohl die Fach- als auch Personalabteilung ist vor Ort, es gibt Einstellungstests bis zum Assessment-Center für höher qualifizierte Fach- und Führungskräfte. Dabei lässt sich sowohl in Vorstellungsgesprächen oder den anderen Verfahren nie die ganze Persönlichkeit des Bewerbers voll erfassen.

Die Gespräche können daher spontan geführt werden oder nach einem systematischen Katalog, je nach Erfahrung der zuständigen Person. Dabei können meist Merkmale der Persönlichkeit, wie soziales Verhalten, Reaktion auf Stress, Verhalten gegenüber Vorgesetzten oder Arbeitsverhalten, nur schwer überprüft werden. Vielmehr ist es wichtig in dieser Stresssituation, einer Prüfungssituation gleich, für den Bewerber dennoch keine Nervosität zu zeigen und Schwierigkeiten im Leben, die durch Lücken, Karriereknicks, persönliche Lebensereignisse, Zugehörigkeit zu Verbänden oder risikobehaftete Lebensweisen, andere Landsmannschaften, Religion oder Konfessionszugehörigkeit, Alter oder Krankheit möglichst positiv darzustellen oder erst gar nicht zum Thema werden zu lassen.

Da sich direkte Fragen verbieten, neigen Personaler dazu, dass hier indirekt gefragt wird, so auch ironisch vorgetragen:

„Würden Sie für mich aus dem Fenster springen; wenn ich es Ihnen sage?

Klartext: Sind Sie so doof, jede noch so dumme Frage zu beantworten?

Was Sie sagen würden: Ist die Stelle deswegen frei?

Das will der Personaler hören. Selbstverständlich. Soll ich?“/28/
Heute gibt es die Probezeit mit befristeten, nicht vom Unternehmen

zu begründeten Zeitverträgen, bis zu zwei Jahren, wobei diese auch wiederum aneinandergereiht werden können und ein Praktikum, wobei es auch Praktika werden können und nicht jedes mit Bezahlung, Personal-Leasing oder Zeitarbeit wird angeboten, um potenzielle Mitarbeiter über eine längere Zeit zu beobachten. Diese Aufgaben der Auswahl übernehmen aber auch Zeitarbeitsfirmen, Verleiher und die Besten werden vom ausleihenden Unternehmen übernommen. So besteht heute ein mindestens dreifacher Filter, nämlich Praktikum, Zeitarbeit, Zeitvertrag, Übernahme bis zum festen Job.

Stellt man hingegen Hochschulabsolventen oder Führungskräfte in der Wuppertaler Zentrale oder in den Produktionswerken ein, dann werden mehrere Gespräche hintereinander fällig oder mehrere Kandidaten werden an ein oder zwei Tagen mit simulierten Unternehmenssituationen im Assessment-Center getestet. Dabei werden auch Rollen- oder Konfliktgespräche gemacht, wobei wie bei allen Tests und Gesprächen diese nur eine gewisse Aussagekraft über künftiges Verhalten haben und gegen Bewerber, die die Spielregeln durchschauen, sind diese teuren Verfahren nicht gefeit.

Gruppenmensch oder Einzelkämpfer

Gruppenmenschen charakterisieren dadurch, dass sie gerne mit anderen zusammen sind, dort Bestätigung und Trost suchen. Sie sind mehr nach außen orientiert. Sie werden vom Gruppenleiter oder den anwesenden Mitgliedern gelobt, gestützt, motiviert und manchmal geschubst, passen sich den neuen Verhältnissen an.

Wobei es auch hier selbstverständlich gilt, dass eine gute Gruppe beide Typen braucht und auch die dadurch entstehende Spannung innerhalb der Gruppe bewältigt werden.

Vielfalt, eine Chance – von Individualisten, Non-Konformen und Exzentrikern (Mixed Teams)[29/30]

Dennoch gibt es Kollegen unterschiedlichster Lebenserfahrung, Hautfarbe oder Nationalität mit Bart, nicht dem Klischee des adretten Verkäufers oder des ehrenwerten Kaufmanns folgend, nicht nach der strengen Kleiderordnung auftretend im Anzug mit Krawatte, unkonventionell im Aussehen oder dem Auftreten. Gerade das Abweichen vom Normalen kann zu Erfolg führen, wo jeder doch erst einmal denken mag, dass betonte Individualität nur schief gehen kann.

So erwies sich manche Prognose über diese Berater von Gruppen- und Bezirksleitern überraschend als unzutreffend. Gerade die oben genannten Effekte, das manchmal individuelle, non-konforme, exzentrische oder exotische Fachberater auftraten, waren für den Kunden das Motiv der Neugier/Überraschung, so dass wir ganz neue Kunden dazu gewannen, die konventionelle Berater nie in die Wohnung gelassen hätten, geschweige eine Vorführung zugelassen, den Vertrag unterschrieben oder durch das furchtlose Klingeln einer unserer Fachberaterinnen geantwortet hätten.

Sogar eine alte Kundin eines Industrie-Unternehmens zurückzugewinnen, die eigentlich nicht mehr kontaktiert werden durfte, gelang durch diese Furchtlosigkeit der Berater und die Überraschung für die Kunden.

So bietet die Vielfalt die Möglichkeit Einzelne zum eigenen Erfolg zu führen und Vorwerk manchmal überraschend weitere Absatzmöglichkeiten zu erlangen. Gerade weil die Kunden keine Erfahrung damit haben, wenn der Fachberater anders ist als alle anderen vor ihm.

Ein Phänomen, was von vielen Vorgesetzten und Personalverantwortlichen bis heute noch falsch eingeschätzt wird – und gerade im Verkauf/Vertrieb können neue Leute oder unerwartetes, unkonventionelles Auftreten, wenn die Höflichkeit nicht verletzt wird, zu neuen Erfolgen führen. Daher sollten Personalverantwortliche und Vorgesetzte genauso experimentierfreudig sein wie es im Marketing oder der Entwicklungsabteilung längst üblich ist, während Personaler sich meist konservativ verhalten.

Individualisten – Hochintelligente, Hoch-sensitive oder Hochsensible [28], zu denen ich mich zähle, ruhen in sich selber, leben lieber zurückgezogen, viele Menschen sind für sie auf Dauer stressig, sie sind nicht auf ständige Konkurrenz aus, streben nach Gerechtigkeit, möchten immer wieder Neues machen, beschäftigen sich mit vielen Themen zur gleichen Zeit und können nach der Einarbeitung ohne viel Anleitung im Gebiet zuverlässig ihre Arbeit machen. Sie werden manchmal auch als Asperger-Persönlichkeiten [31] oder schwache Autisten beschrieben, also ein psychisches Krankheitsbild, aber die Expertenmeinung ist dahingehend, dass es keine kranken Menschen sind.

Mittleres Management der Gruppen- und Bezirksleiter

Vertriebs- bzw. Verkaufsabteilungen verfügen in der Regel über flache Hierarchien:

Ein guter Verkäufer kann aufsteigen und einer Gruppe von Verkäufern als Gruppenleiter nach einer innerbetrieblichen Fortbildung eingesetzt werden oder sogar zum Bezirksleiter in seltenen Fällen noch eine weitere Stufe aufsteigen.

Eine Hierarchie ist nur sinnvoll, wenn sich Kollegen an Leistungen messen und in guten Zeiten Fachberater manchmal besser als die Führungskraft verkaufen. Durch schlechte Führung gefährdet ein Gruppenleiter auf Dauer seine Position. Im Gebiet beim Kunden muss der Fachberater meist alleine klar kommen. Die Aufgabe des Gruppenleiters besteht aber darin, verunsicherte oder erfolglos gewordene Fachberater zu motivieren, diesen eben auch in Krisensituationen vorübergehend zur Seite zu stehen, sich aber dann nach kurzer Zeit wieder zurückzuziehen. Denn meist genügt es, wenn der Fachberater einige Stunden bis maximal zwei Tage unterstützt wird, in vielen Fällen kann durch ein motivierendes Gespräch oder eine kleine Krisenintervention schon alleine die Situation bereinigt werden.

Eine dauerhafte Hilfe ist weder machbar noch sinnvoll und führt meist zum Ende der Fachberatertätigkeit.

Da die Bezirke in Spitzenzeiten über viele erfolgreiche Fachberater verfügten, war es möglich, vakante Gruppenleiterpositionen neu zu besetzen, sogar neue Gruppen zu installieren. Weil die Fluktuation in allen Direktvertrieben durch Abgänge bei den Neulingen groß ist, ist eine feste Stamm-Mannschaft unabdingbar und diese hat als ständige Aufgabe, neue Fachberater zu werben. Dabei sind Neulinge und Anfänger keine Konkurrenten, denn diese ermöglichen überhaupt in mittleren und großen Bezirken regelmäßige Kundenbesuche und die Gewinnung neuer Kunden. Selbst in den guten Jahren gelang es nicht, dass alle Kunden regelmäßig besucht wurden. Die Ursachen lagen hier darin, dass viele Neulinge die Schwierigkeit auf Dauer nicht überwanden, wenn es Gebiete mit vielen Ablehnungen gab. Aber auch persönliche Probleme, Durchhaltevermögen oder bestehende finanzielle Probleme, die entstanden oder vorhanden waren, können so demotivieren, dass die Arbeit nicht gemacht wurde und es nicht möglich war nachzufassen, da bereits wieder die regelmäßige Runde zu den regelmäßig bedienten Gebieten turnusmäßig anstand. Besonders betroffen waren Randgebiete zwischen zwei Bezirken, die für die Fachberater weite Anfahrten bedeuteten und in den Bezirken selbst Unklarheit herrschte über die Zuständigkeit.

Frauen in der Führung

Bei Vorwerk in der Division Reinigungsgeräte hängt in den Bezirken die Entscheidung zum Aufstieg von dauerhaft hoher Leistung im Verkauf, aber nicht vom Geschlecht ab. Es gab deshalb auch nicht weniger Aufstiegschancen für die Männer, denn wenn die Zahl der Frauen im Verhältnis dazu gering ist, dann ist auch die Auswahl fürs Management gering, überhaupt weibliche Führungskräfte heranzuziehen. Außerdem müssen bei Vorwerk entsprechende Führungsfähigkeiten nachgewiesen oder vorhanden sein, um die nächste Hierarchiestufe zu erklimmen. Dazu waren noch Weiterbildungen erforderlich, die wöchentliche Abrechnung im Büro mit Manöverkritik und Informationen zu Neu-Entwicklungen bei Geräten, als auch die Integration neuer Mitarbeiter, Umstrukturierung der Gruppen, Veränderung durch neue Marktentwicklungen wie verstärkten Verkauf von Filterkassetten oder Servicepaketen, Preisanpassungen, Einführung des Euro oder neue Geräte zur Polsterreinigung oder Bodenstaubsauger bis hin zum geänderten Widerspruchsrecht.

Dass das weibliche Geschlecht selten in Führungspositionen der Geschäftsleitung oder Vorständen zu finden ist, hat vermutlich mehr mit den Frauen selbst und deren Lebensplanung denn den potenziellen Möglichkeiten zu tun. Dazu kommen zwar auch gesellschaftliche Erwartungen der Rollenzuschreibung, aber einzelne Frauen konnten sich dennoch erfolgreich entziehen und Karriere machen.

Motiv und Motivation

Der Begriff Motiv, der in der Philosophie genannt wird, meint im Ursprung den „Beweggrund, Anlass, Antrieb"[/32/], aber eben auch „den Bestimmungsgrund für eine bestimmte Handlung. Seine Findung ist von vielen Komponenten, wie dem Umfeld, der Vergangenheit und dem Bewusstsein (…)"[/33/] abhängig.

Eine schwächere Form des Motivs ist der Wunsch, Sie kennen den berühmten Kalauer: „Als Wünschen noch geholfen hat". Dieser ist eher der Auslöser oder eine Vorstellung. Der Wunsch löst auch nicht so sehr das Erreichen des Ziels aus – und – Wünsche bleiben oft unerfüllt. So wird aus dem selbst geäußerten Berufswunsch aus der Kindheit und Jugend öfters im Erwachsenenleben durch den Lebenslauf ein anderer Beruf.

Abweichend davon setzen manche auch Ziele mit Motiven gleich, wobei die Motivation zum Ziel nötig ist. Ein erreichtes Ziel benötigt keinen Antrieb. Die Motivation beinhaltet auch die Bewegung, beweglich zu sein. Dabei kennt man es als Bildmotiv oder Bühnenmotiv, Leitmotiv, Beweggrund oder einen leitenden Gedanken eines Werkes, musikalisches Motiv eines Bühnenstücks, Buchs. Das Motiv ist dabei die „Kennzeichnung einer latent, dauernd anhaltenden Disposition", während Motivation hingegen den „Prozess der Aktualisierung eines Motivs" darstellt. Eine gute Erklärung ist die immer wieder genannte Bedürfnispyramide nach Maslow, der die Bedürfnisse in Hierarchien aufteilt, die allerdings Schwächen hat. So gibt es 1998 von Trommsdorff die Klassifikation von Konsummotiven mittlerer Reichweite wie Sparsamkeit, Prestige oder Lust, Erotik und Angst sowie Gröppel-Klein, der sich mit Einkaufsmotiven befasst wie Preisorientierung, Qualitätsorientierung oder Leistungsmotivation. So wurde auch die kognitionspsychologische Forschung betrieben, was auf Verstandesebene vorrangig ist. Aber es wurde nicht das untersucht, was Menschen aktiviert nämlich die emotionspsychologische Motivforschung. Bei der kann davon ausgegangen werden, dass Akzeptanz und Appetenz zum Kaufobjekt eine Rolle spielen, aber es gibt auch die Ambivalenz. Damit ist klar, dass Motive und Motivationen, die den ganzen Kunden oder Mitarbeiter betreffen und es sehr individuell sind, Mitarbeiter im Unternehmen zu motivieren ist das Ziel der Personalführung. Sie sollte „eine gefühlsmäßige Bindung an das Unternehmen und dessen Ziele [aufbauen]. Der Mitarbeiter soll sich mit dem Unternehmen identifizieren."[/34/]

Die Anreiz-Systeme für Verkäufer auf materieller Basis, Provisionen, bieten praktisch die Grundbedürfnisse danach die Grundbedürfnisse abzusichern, hingegen bieten Prämien oder Auszeichnungen, Leitungsfunktionen wie Gruppenleiter, höhere Bedürfnisse, nämlich Geltung zu erlangen und mit Leitungsfunktionen und hohem Einkommen sich selbst zu verwirklichen.[/35/]

Bezahlung von Leistungsträgern[36]

Diese Art der Honorierung setzt voraus, dass Reisende bzw. Verkäufer oder andere Leistungsträger fast ausschließlich durch das Versprechen von Mehrleistung mehr Geld oder durch eine sehr hohe Leistung ein überproportionales Einkommen erzielen können. Damit werden immaterielle Leistungen wie gute Kundenberatung, langfristige Kundenbindung, Wertschätzung in der Gruppe oder durch den Kunden nicht automatisch unbedeutend, aber sie treten an die zweite Stelle – als softe Kennzahlen, da sie kurzfristig kleinere Umsätze bedeuten können, sich aber in der langfristigen Betrachtung dennoch in bare Münze für den Berater und das Unternehmen wandeln. Sie bedeuten in der Konsequenz, dass der Abschluss beim Kunden wichtiger ist als die langfristige Beziehung und damit Falschberatungen und Verstimmung des Kunden bewusst in Kauf genommen werden, was langfristig aber eine Krise heraufbeschwören kann, wie Vorwerk selbst gezeigt hat.

Anwendungen und Grenzen von Kennzahl-Systemen

In den Bereichen, vornehmlich Vertrieb/Verkauf/Marketing/Geschäftsführer/Controlling, wo sich Erfolg in Kennzahlen relativ objektiv und leicht messen lässt, bieten sich demnach Kennzahlensysteme mit Provisionen und Prämien an, die an die persönliche Leistung gebunden sind. Außerdem sind sie dann zu rechtfertigen, wenn mit steigenden Umsätzen die Prämien ähnlich einer Logarithmus-Funktion ständig in der Steigerung nach dem Betrag sinken. Damit wird die Möglichkeit der Überreizung verhindert. Auch dürfen solche Systeme nicht dazu führen, dass der Einzelne zulasten der anderen Mitarbeiter handelt oder einzelne Kennzahlen so sehr im Vordergrund stehen, dass dabei wichtige Indikatoren vernachlässigt werden. Außerdem muss für alle nachvollziehbar sein„ wie sie zustande kommen und begründet werden. Schließlich haben solche einseitigen Kennzahlensysteme bekanntermaßen erheblich die Finanzkrise mit verursacht, sind also in ihren negativen Wirkungen hinlänglich bekannt.[/37/] Über Motivation mit Geld den Außendienst oder die Führungskräfte alleine zu erreichen, dürfte angesichts der nicht zu beeinflussenden Prägungen der Kindheit von Mitarbeitern und einem einfach geschilderten Weg-Ziel-Prozess[/38a, 38b, 38c/] ziemlich zweifelhaft sein für eine doch komplexe Materie. Daher sind solche Systeme durch weitere Maßnahmen zu ergänzen, die eben z. B. Sicherheit und Anerkennung bieten, die weder nur materiell, noch nur Leistungslohn oder Prämie sind, sondern auch emotionale Anteile, Gruppenzugehörigkeit, Anerkennung und Wertschätzung jeden Fachberaters und internen Mitarbeiters bieten.

So wird, wenn auch diese These umstritten ist, unterschieden zwischen" intrinsischer Motivation", was Freude an der Arbeit bedeutet – einen inneren Bezug zum Arbeitsplatz – und extrinsischer Motivation, die „in der Umwelt der Person vermutet werden", wie „Belohnung und Bestrafung".[/39/] Aber auch die Arbeitsmotivation der Mitarbeiter über die Arbeitszufriedenheit und Arbeitsstrukturierung zählt hinein. Eine Prognose über das menschliche Verhalten heranzuziehen, ist nur dann sinnvoll, wenn sie „sowohl wichtige Variablen als auch die beeinflussenden Faktoren beinhaltet".[/40/]

Das oft benutzte Argument, dass der Einzelne im System nicht anders kann (Marktzwang, Systemzwang) oder er bei abweichendem Verhalten ausgeschlossen wird (Gruppenzwang), kann nicht dazu dienen, dass jedes Erfolgsstreben erlaubt sein kann.

Daher zu den betroffenen Mitarbeitern folgende Zusammenfassung:

„Die unternehmerische Verantwortung besteht vor allem darin, das eigene Unternehmen wettbewerbsfähig zu machen und zu halten. Unternehmerische Pflicht ist es, dem Kunden den bestmöglichen Nutzen zu bieten; das bedeutet einen beständigen Ansporn besser zu sein." Sowie „Der Kunde stellt Anfang und Ende einer jeden unternehmerischen Tätigkeit dar. Mit seinen Aufträgen (…) [sichert er sich] seine Existenz." Und „In den Unternehmen selbst ist dafür zu sorgen, dass den Mitarbeitern genügend Spielräume gegeben werden, in denen sie ihre Kreativität und ihr persönliches Engagement entfalten können. Genauso, wie es zur unternehmerischen Verantwortung gehört, innerhalb des Unternehmens Bedingungen zu schaffen, die es dem einzelnen Mitarbeiter erlauben moralisch zu handeln."[41]

Vorwerk-System im Vertrieb

Will man diese Motivation der Mitarbeiter von Vorwerk auf den kürzesten Nenner bringen, dann heißt es kurz: (abgewandelter Spruch) Leistung lohnt sich.

Sehr gute Leistungen umso mehr.

Bei Vorwerk gab es hier ein komplexes System von Prämien und Provisionen, das hier aber nicht erläutert wird.

Sie können sich leicht denken, dass es über Provisionen, das Prämiensystem und unbare Zahlungen Vergünstigungen beim Kauf oder Reisen gab. Diese Anreize können nach verschiedenen Kriterien konstruiert und damit auf den Einzelnen, Gruppen, Bezirke oder nach Verkaufszahlen, Ereignissen, also Zählbarem, angewandt werden, um damit Einkommen zu errechnen und somit dazu dienen, die Leistung zu fördern und bei neuen Umständen wieder modifiziert zu werden.

In der Praxis profitierten von diesen Anreizen aber nur die Hälfte der Fachberater und die Zahl der Gutverdiener beträgt ca. ein Fünftel, die der Spitze dürfte vermutlich im niedrigen Prozentbereich liegen.

Ungeschriebene Gesetze

In gewisser Weise muss andererseits jedes Unternehmen bestimmte Aspekte seines Tuns verleugnen[42] oder herunterspielen, da es sonst seine Aufgabe nicht erledigen kann. Dennoch sollte sich jeder im Unternehmen bewusst sein, dass es außerhalb Menschen gibt, die

die Absichten nicht teilen und eine Ignoranz der Nicht-Beteiligten bis zur Bekämpfung durch die Wettbewerber.

In jedem Unternehmen gibt es ungeschriebene Gesetze, dass der Chef immer Recht hat, aber solche Verhaltensweisen zumindest Krisen fördern oder sogar das Ende eines Unternehmens heraufbeschwören können.

Andererseits gab es auch die Realitätsverleugnung, das nicht sein kann, was nicht sein darf, und was deshalb nicht offen im Bezirksbüro und der Gruppe, sondern hinter vorgehaltener Hand, wenn man sich im Gebiet traf, beredet wurde:

Wie hart das Verdienen war und wie schwer davon auf Dauer zu leben zu müssen, gut zu gebrauchen waren Mitarbeiter mit familiären Pflichten, hohem Konsumverhalten oder Selbstdarsteller oder Junge, die Hunger hatten.

„Morgens zwei, mittags frei" war spätestens 2006 bis in die Vertriebsleitung sicheres Wissen und damit der Geschäftsführung bekannt als unerreichbarer Durchschnitt für den normalen Berater – allenfalls für ein paar Verkaufskanonen, das galt aber in den 1970er bis 1990er-Jahren noch weitgehend als realistisch, aber schon nicht mehr in meiner Zeit.

Dass Vorwerk Hand- und Bodenstaubsauger unschlagbar seien und keine ernstzunehmende Konkurrenz hatte, eine Einstellung, die aber fatal sein kann, wenn man neuere Marktentwicklungen oder Konkurrenten wenig beachtet.

Dass die Nachkriegszeit mit dem Wirtschaftswunder mit vielen Prestigekäufen, Nachholbedarf und die Kauflust zu Ende ging, der Kunde anspruchsvoller geworden war, zunehmend auch die Markentreue oder Weitergabe an die nächste Generation nicht mehr selbstverständlich waren.

Dass die Vorführung nicht immer das None-Plus-Ultra war und Erfolg in der Wohnung und beim Neukunden bedeutete, sondern zunehmend Preise im Markt entschieden.

Dass das Internet ab dem Jahr 2000 und jedes Folgejahr die Arbeit erschwerte, sogar Fachberater und Gruppenleiter es von sich aus nutzen und dies sendete die Botschaft: alles billig und sofort verfügbar in riesiger Auswahl – ebenfalls zu Hause.

Dass es immer mehr Tage oder Wochen gab, wo nichts lief und man daher an Feiertagen in benachbarte Bundesländer auswich oder Sondereinsätze vermehrt ansetzte, was nur kurzfristig half, aber Absatzprobleme beseitigte, doch keine Lösung des Problems bot.

Dass die Ergebnisse sich ab dem Jahr 2005 nicht mehr in der Zeit ausglichen, wie man sich sonst als Fachberater darauf verlassen konnte und der Fachberaterberuf damit unattraktiver wurde.

Dass Gebrauchtgeräte und Plagiate das Alltagsgeschäft immer schwerer machten und jeder Fachberater Einkommen verlor, das auf Dauer nicht mehr kompensiert werden konnte, aber kein neues Zusatzeinkommen möglich war.

Das viele Ex-Vorwerk-Fachberater den Plagiatshandel wegen der Ausbildung und Erfahrung erfolgreich betrieben und Vorwerk immer mehr Umsatz kosteten bis zur Krise 2007 bis 2009, wo die eigenen Ex-Mitarbeiter zur Gefahr des ganzen Konzepts wurden.

Auch durch diese Verleugnung neuer Realitäten und aufkommenden anderen Marktformen, die man lange zu ignorieren suchte, beschleunigte sich die spätere Krise über alle Maßen und der Bezirk Stuttgart bekam dies Anfang 2007 mit aller Wucht ab. Somit trug das Vertriebsmanagement wesentlich zur Krise bei, die bei rechtzeitiger Reaktion abgemildert hätte werden können. Ja, man hätte sogar einen der alten Fachberater zu Kundenberatern machen können, was wohl nur einem ganz kleinen Teil gelang. Es kann aber durchaus sein, dass dies intern gar nicht beabsichtigt worden ist.

Daher ist jedes Unternehmen gut beraten, dass es Rückkopplungsstufen einbaut, um Fehler in einer Atmosphäre zu bearbeiten, die nicht Einzelne zu Schuldigen zu macht und auch die Rückkopplung wiederum infrage stellt. Auf diese Weise können ständige kleine Verbesserungen die Anpassung an neue Umstände erleichtern und nach vielen kleinen Schritten in diesem Prozess kann sogar eine Innovation des Verfahrens oder Produkts daraus erwachsen.

Anzeichen der Krise vor Ort

Eine Krise wird nicht sofort sichtbar, denn im Verkauf gibt es Konkurrenten, Wettbewerber im persönlichen Bereich, dann zeitliche Schwankungen durch Sommer und Winter, Feiertage, die die Zahl der Verkaufstage reduzieren, saisonale und andere Nachfrage-Schwankungen und Einflüsse anderer Art, die nicht immer spezifiziert sind, aber im Hintergrund wirken wie die Konsumlaune oder die Laune größere Anschaffungen zu tätigen oder gar ein Haus zu bauen, was viele Investitionen anderer Produkte bewirkt.

Bemerkenswerte erste Anzeichen waren, dass trotz vermehrten Einsatzes die Umsätze über längere Zeit nicht mehr ausgeglichen werden konnten, dass Kunden weniger Geräte bei mir, aber auch anderen Kollegen kauften, dass der Umsatz an Verbrauchsmaterialien sank, da die Plagiatsverkäufer vermehrt tätig wurden. Vorwerk schaltete in dieser Zeit gehäuft TV Werbung, die den Spagat vollbringen musste, keine negativen Wirkungen auf unsere Arbeit vor Ort zu haben. Diese wurde von uns begrüßt und von den Kunden gelobt, aber der Einfluss auf eine Umsatzsteigerung war für uns nicht bemerkbar.

Dazu kam, dass Neulingen, um diese zu halten, zu Beginn „Schmankerl“ in Form von immer wieder veränderten Privilegien eingeräumt wurden, die ich selbst nicht erhalten hatte. Diese wurden aber nicht alleine vom Bezirk, sondern teilweise von den Gruppenteilnehmern zwischenfinanziert, was dann wiederum zur Verärgerung bei den „alten Hasen“ führte oder denen, die diese Vorzüge nicht gehabt haben.

Weiterhin hatte sich trotz der Internetkrise die Konzentration der Kunden vermehrt auf diese Einkaufsmöglichkeit verschoben, obwohl versucht wurde, dem mit persönlicher Beratung entgegenzuwirken, war gegen diese bequeme Weise einzukaufen nicht viel einzuwenden, zumal Vorwerk selbst einen Internetauftritt hatte. Davon profitierten wir als Fachberater aber nicht, da uns diese Umsätze nicht angerechnet wurden – selbst, wenn wir Kundinnen auf die verschiedenen Wege aufmerksam machten.

Die Krise von 2006 bis 2009

Die Krise im Staubsauger-Geschäft bzw. Direktvertrieb lässt sich nicht auf eine Ursache (monokausal) zurückführen.

Gerade zu diesem Zeitpunkt wurde die erste Familienstudie im Jahr 2005 durchgeführt, was darauf hindeutet, dass man sich bereits im Jahr 2004[/44/] erste Überlegungen in der Geschäftsleitung machte, nämlich im Vertriebskonzept und den Sortimenten Veränderungen vorzunehmen.

Dies zeigt sich auch in der Übernahme der amerikanischen-mexikanischen Direktvertriebe für Kosmetikprodukte oder dem Bügelsystem im Jahr 2004[/44/], die dazu dienten, ganz neue Märkte zu erschließen.

Weitere Faktoren könnten zum Niedergang beigetragen haben:

Das Provisionssystem wurde einmal so grundsätzlich umgestellt – zu Details kann hier nichts erläutert werden –, was automatisch bei vielen Fachberater und damit auch bei den Gruppenleitern zu Einnahmeverlusten führte, sodass die Attraktivität des Fachberaters spürbar dadurch litt und sich unmittelbar danach viele über einen längeren Zeitraum abmeldeten. Denn die Zeiten des leichten Haustürverkaufs, wie in den goldenen Jahren der Wirtschaftswunderzeit der alten Bundesrepublik von 1955 bis 1975 und des immerwährenden Aufschwungs auf Staatskredite bis ins Jahr 2003, waren lange vorbei, was das Gesetz über Haustürgeschäfte und das entstehende Internet-Recht zeigt. Außerdem wurde das 14-tägige Rücktrittsrecht vom Vertrag eingeführt, der nur wenige Ausnahmen für z. B. Lebensmittel, Verbrauchsmaterialien, CDs und Bücher oder kostenpflichtige Rückgabe bis zum Warenwert von 40 Euro enthielt. Somit machte der Gesetzgeber die Stärkung der Verbraucher in dieser neuen Handelsform deutlich. Da die wenigen verbliebenen Kollegen bestrebt waren, die Einnahmen zu stabilisieren, gingen einige vermehrt dazu über, sich unfair zu verhalten, was wiederum Vorwerk zu Strafen bis zur fristlosen Kündigung – gerade von Gruppenleitern – veranlasste.

Weiterhin kamen im Lauf der Vorwerkzeit immer mehr Ex-Fachberater als Alternative darauf, als Geschäftsmodell in den Gebrauchtgerätemarkt, Reparatur veralteter Hand- und Bodenstaubsauger aller Marken einzusteigen und auch Nachahmer-Zubehör in unseren Gebieten zu verkaufen – und sie waren auf die Argumente der Kunden vorbereitet. Mir gelang es zwar trotzdem mal, im Nachhinein erfolgreich zu sein, doch auf Dauer wurden die Absatzmöglichkeiten geringer. Dies wurde teilweise in Drogerie-Märkten oder Kaufhäusern als auch auf Wochen-Märkten kleinerer und größerer Städte parallel verstärkt. Diese Verkäufe nahmen ab 2005 von den Konsumenten immer mehr zu und schmälerte sowohl im Verkauf von Austauschgeräten und Materialverkauf der Fachberater weiter Umsätze. Zwar haben wir in Kundengesprächen auf die Unterschiede hingewiesen, aber auch hier schwanden die Möglichkeiten, sobald die Kunden wechselten.

Dann wurde zwar von Vorwerk selbst eine Homepage des Unternehmens im Internet präsentiert, eine Imagekampagne zur Verbesserung des Rufs von Hausfrauen und im Fernsehen erstmals massiv Werbung geschaltet[/45/], jedoch wurden weder die Bezirke noch die Gruppenleiter oder Fachberater an diesen E-Commerce Umsätzen beteiligt, somit gab es keine Kompensation für die dadurch entstehenden Verluste.

Zudem tauchten durch die zunehmende Öffnung des europäischen Markts verstärkt bisher nicht bekannte, von Vorwerk unterschätzte Wettbewerber auf dem deutschen Markt auf, die zudem neue Ideen hatten wie Staubsauger ohne lästige Tüten, Wasserstaubsauger, Saugrobotern. Vermehrt gab es unter diesen Angeboten auch welche mit Allergiefilter und Sauger, die starre, druckluftbetriebene oder motorgetriebene Bürsten enthielten und damit das ehemalige Alleinstellungsmerkmal bedrohten. Der Wettbewerb war aber auch über deren Internetauftritte gegeben. Der Verkauf über Internet kennt keine nationalen Grenzen, sodass hier keine Maßnahmen – außer über Patentschutz oder Gesetze des Unlauteren Wettbewerbs – möglich waren.

(Das) vorläufige(s) Ende 2009

Jedenfalls des klassischen Direktvertriebs an der Haustür aus den 1930er-Jahren und dessen Weiterentwicklungen, der durch Management-Entscheidungen im Jahr 2005 und daraus entstehenden Auswirkungen bis Ende 2008 zu einem neuen Vertriebssystem im Jahr 2009 führten.

Es sind auch hier grundsätzlich zwei Vorgänge zu unterscheiden, der persönliche als auch der im Bezirk. Nur zufällig fallen diese Vorgänge zeitlich eng zusammen.

Der Niedergang der Bezirke

Über diese Zeit hatten sich berufliche Freundschaften entwickelt, wobei einige noch ein paar Jahre über die Zeit bei Vorwerk hinausgingen. Allerdings sind viele danach selbstständig im eigenen Unternehmen mit ähnlichem Profil, in anderen Außendiensten oder Strukturvertrieben tätig geworden, manche wechselten die Tätigkeit und Branche, wenige waren danach auf aktiver Stellensuche oder wurden weitergebildet. Wer sich aber von Vorwerk getrennt hatte – die meisten gingen selbst – wollte später meist nichts mehr davon wissen. Auch gab es keine Ex-Mitarbeiter mehr, die wie in den ersten Jahren wieder zu Vorwerk zurückkamen.

Der Nachfolger vom bisherigen Bezirksleiter, der zum Gebietsverkaufsleiter in Norddeutschland aufstieg, versuchte sich mit vielen Geschenken im Bezirk, bei meinem Gruppenleiter bzw. gerade in Gerlingen beim neuen Leiter und bei den einzelnen Fachberatern gewogen zu machen, was ihm eher sofort schadete, weil es seine Autorität und Fachkompetenz als schwach erscheinen ließ – denn wer will schon angebiedert werden? Vor allem wir, die wir alle ganz gute Menschenkenntnis im Job erlangt hatten. Er wurde einmal auf der Fahrt ins Bezirksbüro geblitzt und musste dafür bluten, was ihm wohl eine Mitteilung an uns wert war. Er war als Fachberater erfolgreich gewesen, hatte ein Haus gebaut, war verheiratet, fuhr einen guten Mittelklassewagen, war bei uns zu dem zweifelhaften Ruf gelangt, sich mit Wohltaten einen guten Ruf zu schaffen. Allerdings konnte er damit weder den einzelnen Fachberater noch Gruppen hinreichend motivieren. Was ihm dazu den Kopf kostete, war sein übermäßiger Verbrauch an Spesen und Geldern, die als Inzentives-Mittel sparsam eingesetzt werden sollten und schon nach der halben Periode „verbrannt" worden waren.

So wurden wir mit allen Gruppen ins Bezirksbüro geladen, als die Zahlen drastisch fielen, um uns zu motivieren. Dabei stellte der Bezirksleiter die Novemberzahlen dar, wohl wissend, dass dies ohnehin der schlimmste Monat für Fachberater und Gruppenleiter ist. Er ist der unbeliebteste Monat der Deutschen. Im Vergleich dazu ist der Mai der beliebteste. Der Dezember läuft meistens besser, da Advent ist, Kerzen brennen und durch die Weihnachtslaune die Stimmung, Geld auszugeben, hoch ist, aber es sind nur drei effektive Wochen gute Arbeit möglich und die Staubsauger müssen bis Weihnachten ausgeliefert sein. Wobei dann die Forderung doch kam, wieder aktiver zu sein. Die Rückfrage, worin die Fachberater die Ursache sahen, wurde in dieser Drucksituation auch nicht hinreichend untersucht, da der Erfolgsdruck immens war.

Es zeigte sich auch, als der vorletzte Bezirksleiter im Jahr 2006 bekannt gab, dass er zum Ende des Jahres gehen werde, dass er sich keine Sorgen um seine Zukunft machte und längst eine neue Stelle hatte. Stattdessen machte ihm zu schaffen, er sah es den Zahlen wohl an, dass es viel zu viele Gruppenleiter gab, die wegen Unregelmäßigkeiten gekündigt wurden, aber auch Fachberater, wo viele trotz Arbeit im Debit lagen oder einer nicht den Steuerberater bezahlen konnte, nachdem er seine Tätigkeit aufgab.

Ihm folgte ein weiterer und letzter Bezirksleiter in meiner Zeit, der aber eher durch geringe Präsenz auffiel und den Eindruck vermittelte, dass er ein Abwickler im Bezirk sei. Er verwehrte mir Materialbestellungen, schickte mich immer wieder in die gleichen Bezirke, dabei waren am Ende wohl von 40 Fachberatern im Schnitt wohl höchstens noch 10 dabei und konnten noch nicht einmal Stuttgart abdecken. Eigentlich wäre es zu dieser Zeit möglich gewesen, dass ich überall im Stuttgarter Raum akquirieren konnte. Jedoch, was Verbrauchsmaterialien und Reparatur von Geräten durch Plagiatshändler anging, waren diese in Stuttgart und im Umkreis von 150 km vollständig abgedeckt.

Zusammenfassung: Krise der Bezirke

Auf diese Weise hatte das Management durch Fehleinschätzungen von Kunden, Fachberatern und dem aufkommenden Internet, wie sich in der Folge zeigte, eine jahrelange Krise mit verursacht, die bis zum Zeitpunkt meines Schreibens – jedenfalls für das Gründerland Deutschland – noch nicht endgültig überwunden scheint.

Bilder und Quellen

Bilder/Grafiken: privat, Bild (Katze): Tilman Ehrcke

1 Roland Leonhardt: Lebensweisheiten berühmter Dichter und Denker – über 2000 Zitate von Aristoteles bis Zuckmayer, Hannover, Originalausgabe (Buch); 2011

2 ebenda

3 a. a. O. Diller (Hrsg.), vergl. „Käufer", S. 75

4 ebenda, vergl. „Verkauf", S. 1749

5 „Willensfreiheit oder Determinismus" in Gerhard Czermak: Problemfall Religion – Ein Kompendium der Religions- und Kirchenkritik, Marburg, 2014, S. 152

6 a. a. O. Diller (Hrsg.) vergl. „Kundenfang", S. 860

7 ebenda vergl. „Kaufzwang", S. 760 analog „Sozialer Einfluss", S. 1577

8 a. a. O. Ebenda „Verkaufsargumentation“, insbesondere „Routine – Einwände, Demonstrations – Einwände, Dissonanz – Einwände“, S. 1753f

9 ebenda, vergl. „Direktvertrieb“, S. 313ff

10 vergl. „Absatzweg“ Gabler Kompakt-Lexikon Wirtschaft A–Z, 3000 Begriffe nachschlagen, verstehen, anwenden, Wiesbaden, 9. Vollständig überarbeitete und erweiterte Auflage, 2008, vergl. „Absatzweg“, S. 3

11 ebenda vergl. „Persönlicher Verkauf“, S. 161

12 Text auf der Bestellkarte o. V.: Kobold EB 360 Elektrobürste mit Zubehör ein Vorsatzgerät zu Ihrem Kobold Staubsauger Gebrauchsanleitung Vorwerk Deutschland Stiftung & Co. KG, Wuppertal, 06. 07. 2012

13 Uwe Engler, Ellen Hautmann: Grundwissen Marketing MaFo und Analyse, Marketingplanung, Marketinginstrumente, Berlin, 2. Überarbeitete Auflage 2010, S. 198

13a vergl. 4.4 „Soziale Konflikte“ in Lutz von Rosenstiel: Grundlagen der Organisationspsychologie Basiswissen und Anwendungsbeispiele, 3. überarbeitete und ergänzte Auflage, Stuttgart 1992, vergl. 4.4 „Soziale Konflikte“, S. 286–288

13b vergl. insbesondere 4. Kapitel: Konfliktlösungen Flucht Kompromiss in Gerhard Schwarz: Konfliktmanagement – Konflikte erkennen, analysieren und lösen, 8. Auflage, Wiesbaden, 2010, S. 277–300

14 a. a. O. Leonhardt, 2011

15 vergl. o. V.: Kobold EB 360 Elektrobürste mit Zubehör ein Vorsatzgerät zu Ihrem Kobold Staubsauger Gebrauchsanleitung Vorwerk Deutschland Stiftung & Co. KG, Wuppertal, 06. 07. 2012

16 vergl. o. V.: Vorwerk Reinigungsgerät 135, Kobold EB 351, FK 351 mit Kobold-Maskottchen, Gebrauchsanleitung, Vorwerk Systems, Vorwerk Deutschland Stiftung & Co. KG; Wuppertal, 2005

17 vergl. o. V.: Tiger 260, Kobold EB 351 mit Maskottchen, FK 351, Gebrauchsanleitung, Vorwerk Systems, Vorwerk Deutschland Stiftung & Co. KG, Wuppertal, 2005

18 vergl. o. V.: Kobold PB 420 Polsterboy, ein elektrisches Zubehör zu Ihrem Kobold Staubsauger Gebrauchsanleitung Vorwerk Deutschland Stiftung & Co. KG, Wuppertal, 06. 07. 2012

19 vergl. o. V.: EB 351 Elektrobürste; FK 351 Frischer-Kit; Gebrauchsanleitung Vorwerk Systems, Vorwerk Deutschland Stiftung & Co. KG; Wuppertal, 2006

20 ebenda

21 ebenda

22 ebenda

23 vergl. o. V.: Kobold VK 150 Handstaubsauger und Zubehör, Gebrauchsanleitung, Vorwerk Systems, Vorwerk Deutschland Stiftung & Co. KG; Wuppertal, 29. 11. 2012

24 a. a. O. Leonhardt, 2011

26 ebenda

27 vergl. „Schlüsselqualifikationen" Wolfgang Weber u. a.: Lexikon Personalwirtschaft, Stuttgart, 2. Aktualisierte und komplett überarbeitete Auflage, vergl. „Schlüsselqualifikationen", S. 279

28 „Mündliches Bewerbisch in Perfektion – Das Job Interview" in Francoise Hauser: Würden Sie für mich aus den Fenster springen Bewerberwahnsinn für Anfänger und Fortgeschrittene, Freiburg Basel Wien, 2013, S. 115

29 vergl. Anne Heintze: Außergewöhnlich Normal Hochbegabt, hochsensitiv, hochsensibel: Wie Sie Ihr Potential erkennen und entfalten, München, 1. Auflage 2013

30 vergl. Allen Frances: Normal Gegen die Inflation psychiatrischer Diagnosen (aus dem Amerikanischen Saving Normal. An Insider's Revolt Against Out-of-Control Psychiatric Diagnosis Dsm 5, Big Pharmacy, and Medicallization of Ordinary Life by Wiliam Morrow übersetzt von Barbara Schaden) New York/ USA und Köln/Deutschland, 2. Auflage 2013

31 „Hochsensibilität und Intelligenz", „Was ‚Abweichungsgenies' über unsere Zukunft sagen" in Matthias Horx: Wie wir leben werden unsere Zukunft beginnt jetzt München und Zürich, 2005, Taschenbuchausgabe 2008, S. 66ff

32 vergl. „Motiv" in Etymologisches Wörterbuch der Deutschen, Koblenz, 2014, S. 893

33 vergl. „Motiv“ in Wolfgang Hilber: Lexikon der Philosophie, Königswinter, 10. Auflage 2009, S. 285

34 vergl. „Motivation“ in o. V: Gabler Kompakt Lexikon – Wirtschaft A–Z, Wiesbaden, 9. Auflage 2006, S. 242

35 a .a. O. Diller (Hrsg.) vergl. „Motivation/Motive“, S. 1146ff

36 ebenda vergl. „Multi-Level-Marketing“, S. 1150f

37 vergl. LR Health and Beauty (Hrsg.): Ihr Weg zum Erfolg; Ahlen/NRW; 2006

38a a. a. O. Diller (Hrsg.) „Marketing-Controlling“, S. 968

38b „Leistungsmotivationstheorien“ in Wolfgang Weber u. a. Lexikon Personalwirtschaft, Stuttgart, 2. Auflage 2005, S. 185

38c ebenda vergl. „Erwartungs-Valenz-Theorie“, S. 109

39 ebenda vergl. „Motivation“, S. 205f

40 a. a. O. ebenda, vergl. „Motivationstheorien“, S. 206f

41 Handbuch der Wirtschaftsethik, Band 1 bis 4, Gütersloh 1999, Berlin 2009, vergl. S. 208ff (Band 3)

42 „Firmenwitze“ in Wolfgang Weber u. a.: Lexikon Personalwirtschaft, Stuttgart, 2. Aktualisierte und komplett überarbeitete Auflage 2005, S. 174

43 Vorwerk (Hrsg.) Geschäftsbericht 2007, Vorwerk & Co., Wuppertal, 2008, S. 12

44 ebenda vergl. S. 10

45 ebenda vergl. S. 36

Teil 4

Der persönliche Weg

„Was ist dein Beruf? Gut zu sein.“/1/
Marc Aurel

Wie es begann

Es war gerade die Mittagszeit, als es klingelte. Mitten im Kochen des Mittagsessens für die Kinder, die von der Schule kamen, mitteilsam und hungrig. Das Essen war so gut wie fertig. Eigentlich wollte ich gar nicht zur Türe gehen, denn was da auf dem Herd stand, konnte schnell anbrennen.

Doch da stand ein netter Vorwerk-Vertreter – oder besser Fachberater – vor der Tür, der sich später als ein Gruppenleiter von Vorwerk herausstellte. Was und wie ist aber Vorwerk? Ich konnte mich nur schemenhaft erinnern, mal etwas von diesem Unternehmen wahrgenommen zu haben – irgendwas mit Haushaltsgeräten, aber Staubsauger. Als ich merkte, dass dieser nette Mann an der Türe sich nicht abwimmeln ließ, weil ich ihm den Eintritt in die Wohnung verwehrte und den Kauf eines Staubsaugers kategorisch ablehnte, ließ ich mich dazu überreden, seine Arbeit kennenzulernen und zwar am folgenden Wochenende. Einen Staubsauger zu kaufen hatte ich gerade gar keine Lust, schließlich hatte ich eine weltbekannte Marke Staubsauger im Haus und war zufrieden. Es wäre ohnehin die Entscheidung meiner Frau gewesen, da ich mich in Kaufentscheidungen dieser Art nicht gerne einmische.

Ich ließ mich dennoch aus Neugierde darauf ein und auch mit der Spekulation, dass es immer noch besser ist, an der Haustüre Staubsauger zu verkaufen, als weiter Hausmann zu sein, der die arbeitende Frau und die Kinder zu Hause mittags erwartet.

Bis zum ersten Tag

Wie der Verkauf an der Tür praktisch so funktioniert ...

Bevor ich die Arbeit des Staubsauger-an-der-Tür-Verkaufens kennenlernte, bekam ich noch Besuch vom zuständigen Bezirksleiter. Dieser Mann, viel jünger als ich und mit einer Glatze, war der Sohn eines Altvorderen, der bis ins hohe Rentenalter immer noch tätig war, er stellte mich nach seinen eigenen Worten auch deswegen ein; weil ich, wie er sinngemäß sagte: „Ein Fernstudium der Wirtschaftswissenschaft an der Fernuniversität Hagen in meiner schwierigen Lage begonnen hatte", und er meinte noch: „... dass er mich gerade für die Altkunden-Strategie mit der Wartung von Altgeräten und Betreuung von Bestandskunden gut einsetzten könnte".

Bis zum Tag des Kennenlernens hatte ich mir Geschäftsberichte von Vorwerk aus den Jahren 1996 bis 1999 zuschicken lassen, damals war eine Internet-Recherche noch unüblich. Daraus ließen sich auch die ausgezahlten Provisionen an die Fachberater entnehmen. Leider konnte ich mit meinem damaligen Wissen aber keine Rückschlüsse auf Verdienstmöglichkeiten ziehen.

Am kommenden Wochenende wurde ich tatsächlich von einem meiner späteren Gruppenleiter abgeholt.

Das Bad Cannstatter Bezirksbüro passierten wir auf dem Weg zum Treff. Zuerst gingen wir zum Stuttgarter Gruppentreff in eine Fast-Food-Filiale, was meinen Gastgeber zu der Bemerkung veranlasste, dass „bei uns der Tag morgens früh gleich mit der Pause beginnt" – und: „Ich hätte, während ich noch lernte, gleich die Chance, dabei Geld zu verdienen." Damit wollte er mir wohl suggerieren, dass ich es auch könne, und den Wunsch in mir Geld zu verdienen bestärken.

In der Gruppe erfolgte eine höfliche Aufnahme mit der Vorstellung der Mitglieder, die sich aus Männern jüngeren und mittleren Alters, sowie verschiedener Nationen, zur damaligen Zeit viele mit ausländischem Hintergrund, sowie blutigen Anfängern und alten Hasen zusammensetzte. Bald ging es darum, die Ergebnisse des Vortages festzustellen. Diese Ergebnisse fielen höchst unterschiedlich aus, was ich als Laie dennoch bemerkte; aber nicht kommentierte. Danach folgte die Planung bzw. Erwartung für den aktuellen Tag, was für jeden Fachberater bedeutete einzuschätzen, was jeder an diesem Tag verkaufen wolle, aber wo auch jeder hohe Erwartungen angab. Aus dem aktuellen Tagesergebnis konnte ich schließen, dass zwischen einem super Tag und dem Totalversagen beim Kunden im Gebiet alles passieren konnte – und im Mittel es eben jeder der anwesenden Fachberater verkaufen konnte und der Gruppenleiter beständig höhere Verkaufserfolge hatte. Daraus schien sich die Berechtigung herzuleiten, diesen Job innezuhaben.

Mein Gastgeber war ein sehr erfolgreicher Verkäufer, der auch mal eine Zeit lang als Verkäufer für Jeans in einer schwäbischen Großstadt eines Weltmarktführers für Limousinen tätig gewesen war.

Abends wurde ich wieder nach Hause gebracht und bevor ich aus dem Auto ausstieg wurde ich mit der Frage konfrontiert, ob ich mir denn diese Arbeit vorstellen könnte, und „Hat es Ihnen gefallen?“ Die Antwort nach dem Einstieg ließ ich an diesem Abend noch offen, signalisierte aber, dass es schon gefallen könne, aber noch mal überlegt werden müsse. Ich vereinbarte deshalb einen weiteren „Schnuppertag“. Diese Tage waren genauso, wie ich es bei dem „Schnuppertag“ für Kundenberater oben beschrieb.

Als ich einen weiteren Tag miterlebte, lief dieser Tag viel mühsamer. Am Ende des Tages gelang es doch, noch spät abends einen Staubsauger zu verkaufen. Aber das war ein Kunde, der nur mit längeren Überredungskünsten letztlich zustimmte, was klarmachte, dass es auch für mich mühsam werden konnte.

Die Entscheidung

Als ich meine Mutter sprach war sie erstaunt, meldete aber keine Bedenken an. Später als ich es meiner Frau mitteilte, dass ich künftig Staubsauger verkaufen wolle, fiel sie erst einmal aus allen Wolken. Doch widerwillig gab sie meinem Willen dann doch nach.

Denn ich hatte es mir in den Kopf gesetzt, den Verkauf zu versuchen, anstatt noch einmal zu studieren mit ungewissem Ausgang, denn ich hatte gerade ein Fernstudium als Ergänzungsstudiengang Betriebswirtschafts-/Volkswirtschaftslehre (BWL/VWL) begonnen, deren Zahl der Studienabbrecher innerhalb der ersten zwei Studienjahre damals 80 % betrug. Diese lag damit doppelt so hoch wie im Präsenzstudium der Elektrotechnik. Was ich damals unternahm, um die arbeitslose Zeit sinnvoll zu nutzen oder mit weiteren akademischen Titeln die Chancen am Arbeitsmarkt zu verbessern. Ich hatte auch überlegt zu promovieren und ging diesen Plan mit einem professionellen Vermittler mit Ghostwritern im Hintergrund an, der sehr verärgert war, weil ich mein Anliegen nach der Zusage für Vorwerk zurückzog und mich auch nicht mehr umstimmen ließ. Hinzu kam noch, dass sich unerwartet plötzlich nach 10 Jahren mein ehemaliger Arbeitgeber aus der Branche der Personal-Leasingunternehmen für spezialisierte Akademiker, speziell Ingenieure und Techniker, meldete und mir den beruflichen Wiedereinsteig 130 km entfernt anbot. Ich stellte mich in einer nördlichen Stadt in Württemberg bei ihm auch vor, aber der dort tätige Geschäftsführer dort stand wohl kurz vor der eigenen Kündigung, denn er war nervös und machte es nicht gut. Sogar versuchte er mit dem Einschalten eines Assistenten, mich doch noch zu überreden – konnte es aber nicht begreifen, dass ich nicht wollte.

Ich hatte mich damals schon längst in meinem Herzen für die selbständige Tätigkeit als Direktverkäufer entschieden. Denn sie war eine Herausforderung an mich, die andererseits viel freie Zeiteinteilung und eigenständiges Handeln versprach und künftig gute Verdienstmöglichkeiten versprach. Hingegen die Zeitarbeit lehnte ich ab, da ich wusste, wie schnell sich Auftraggeber der Zeitunternehmen, die Besteller, umorientieren konnten. Zudem war zu befürchten, dass nach Ende des ersten Auftrags der zweite ganz anders war, was das Unternehmen und die Aufgabe anging. Durch die große Entfernung zur Familie würden es entweder hohe Reisekosten oder eine Mietwohnung und wieder eine Wochenend-Ehe werden, die ich bereits vom Beginn des Berufslebens her kannte.

Eine letzte Sicherung versuchte ich dadurch zu erreichen, dass ich vor der endgültigen Unterschrift ein Exemplar des Vertrags erhalten wollte, was erst auf dessen Bedenken und vermutlich zu Nachfragen in der Bezirksstelle beim Verkaufsleiter oder der Zentrale führte.

Schließlich willigte der Bezirksleiter trotz seiner Bedenken ein, dass ich ein Vertragsformular vor der Unterschrift erhielt – dem damals noch viel besseren Ruf der Firma Vorwerk trauend, dass ich dieses bei der Arbeitsmarkt-Integrationsstelle vorlegen konnte und diese fragte: „Ob der Vertrag in Ordnung sei?" und „Ob ich ihn unterschreiben könne, ob denn keine verborgenen Haken darin wären?"

Dann habe ich schnell Termine beim damaligen Arbeitsamt und der zuständigen Kammer vereinbart.

Die zu dieser Zeit für mich zuständige Vermittlerin beim Arbeitsamt wurde aufgesucht, die meinte nur lapidar, dass sie mir das nicht zutraue – neben ihrem ungläubigen Erstaunen, dass ich Staubsauger verkaufen könne, freute sich andererseits, dass sie wieder eine Akte weniger zu bearbeiten hatte – ein Erfolg für sie und mich.

Jeder, der früher beim Arbeitsamt als Vorgang oder heutzutage als „Kunde" beim Jobcenter war weiß, dass die Sachbearbeiter meist für die Betroffenen kaum Zeit für die Vermittlung haben durch die hohe Arbeitsbelastung aufgrund der den Sachbearbeitern zugeordneten Arbeitssuchenden.

Doch nach Vorlage des Vertrags, Abmeldung beim Arbeitsamt wurde dem Antrag auf Übergangsgeld stattgegeben.

So habe ich das Gewerbe umgehend bei der damaligen Wahl-Heimatstadt angemeldet, beim Landratsamt den Reisegewerbepass für 24 Monate für damals noch DM 200 beantragt, was wiederum einige Wochen bis Genehmigung brauchte, da sowohl finanziell als auch strafrechtlich keine Vorkommnisse dokumentiert sein dürfen.

Das eigene Leben verändert sich manchmal ganz unvorhergesehen, indem was Neues beginnt und somit bis heute meine persönliche Zukunft komplett verändert hat. Oder andersherum; was als ein Übergang oder Sprungbrett gedacht war, wie ich es mir zurechtgelegt hatte, wird auf einmal zum Beruf und zieht weitere Kreise.

Die ersten Jahre

Tag für Tag unterwegs

Zu Anfang begann ich in einer kleinen Gruppe mit drei neuen Fachberatern – meinen ersten von vielen Gruppenleitern, den ich überhaupt nicht kannte von meinem „Schnuppertag", was mich zuerst etwas durcheinanderbrachte. Mir haben sie dann noch eine zweiwöchige Einarbeitung gewährt. Da ich aber flexibel war, gerade am Beginn stand, machte ich mit.

Zwei andere Neulinge gab es noch, von denen einer immer von „Dreck" im Teppich sprach. Der Gruppenleiter hatte reichlich Mühe damit, dass dieser zum „Schmutz" im Tuch nicht „Dreck" sagen sollte, denn keine Hausfrau hatte Lust, „Dreck" weg zu saugen – also ein richtiger Frevel gegen die Vorwerk-Fachberaterehre. Dann gab es einen Kollegen, der den LKW-Führerschein vom Arbeitsamt bezahlt bekommen hatte und kurzzeitig wieder aufhören musste, um eine Fahrerstelle für ein Jahr anzutreten. Nach dem Motto: Wenn der Staat ihnen eine solche Lizenz, dann müssen sie mindestens auch ein Jahr darin arbeiten. Dann gab es einen Kollegen, der wohl aus wohlhabenden Kreisen kam – ein „Muttersöhnchen" oder „Weichei" sagen wohl Spötter dazu, sich kaum an der Tür durchsetzte, für den eine Filterkassette zu verkaufen ein Triumph war, was für andere Kollegen oder mich mit einem Staubsaugerverkauf mit den Zusatzgeräten vergleichbar, und der jahrelang mitgenommen wurde. Er war vermutlich so schwach an der Tür, dass er keinen Kunden verschreckte, da es hinterher im Gebiet kaum bemerkbar war. Ein weiterer türkischer Kollege fing ebenfalls an, bei dem hießen alle Türkinnen, wo er verkaufte, „Ayce". Er plante jede Woche anders, je nach Gefühl für die Gegend, und meinte bei Depressiven im Gebiet, das seien halt „vom Leben Enttäuschte", womit er vermutlich sogar richtig lag – abgesehen von den ständig Unzufriedenen, die es auch noch gibt. Mit anderen Worten, wenn er dort nicht verkaufte, dann war der Kunde und nicht er daran schuld. Er brachte mir das Schlips binden bei und dass ich im Anzug und mit weißem

Hemd morgens kommen sollte. Wie ich durch die Tür kam, war ihm wichtig, mich zu ermutigen und beim Verkauf zu helfen, das konnte er mir jedoch kaum. Auch erhoffte sich der dazu kommende Bezirksleiter mit dem Entfernen meines Bartes, meine Wirkung beim Kunden zu verbessern. Später avancierte dieser Fachberater, der mich über zwei Wochen einlernte, vorübergehend zum Gruppenleiter.

So zog ich in der ersten Zeit immer mit dem Komplettsatz der Vorführgeräte auf einer Sackkarre gespannt durch die Dörfer und kleinen Städte von Tür zu Tür. Eigentlich bin ich in der Orientierung nicht stark, sodass ich mir in der Anfangszeit sowohl eine Strategie für das Verbleiben meines Fahrzeugs während des Tags, dann mein Gebiet zu merken hatte, d. h. zu wissen, wo es am nächsten Tag weiterging oder ob ich Neues brauchte. Dabei kam es durchaus vor, dass der Gruppenleiter meinte, dass er mir nicht schon wieder was Neues geben könne. In der Anfangszeit machte ich wie viele andere Kollegen viele Vorführungen/Präsentationen.

Mit der beruflichen Erfahrungen und dem Kennenlernen vieler Kunden, die ich immer wieder antraf, veränderten sich meine Verkaufstechniken. Ebenso blieben mir die privaten und beruflichen Veränderungen der Kunden nicht verborgen und auch diese Nähe wirkte sich mal positiv durch Anrufe des Kunden aus, bei Enttäuschungen konnten sie künftige Besuche unmöglich machen. Nach einigen Monaten lässt es mit den Vorführungen der Geräte nach, sodass ich es mehr auf Wunsch des Kunden machte, wenn überhaupt, und eher aus der Mappe verkauft und mit Überzeugung oder Überredung das Programm an den Mann und Frau zu bringen versuchte. Aber ganz auf Vorführungen zu verzichten ging nicht, und wer es versuchte oder irgendwann innerlich aufgab, blieb meist nicht mehr lange im Geschäft. Viele Kollegen erschienen plötzlich nicht mehr – ohne, dass dies kommentiert wurde, oder sie waren nach der ersten Auszeichnung nicht mehr da.

Es ist komisch – ganz allmählich mit der Zeit – konzentrierte ich mich, aber alle, die dabei waren, dass beim Saugen der Wohnung, Staubsauger sind zwischen 70 dB (A) und 90 dB (A) (dB (A) = Dezibel mit Filter A, Maßeinheit der Lautstärke)[/2/] laut – also einem vorbeifahrenden LKW, an der Charakteristik zu hören, wenn ein

„Kobold" läuft. Solche Charakteristika kommen durch die Resonanzen, Schwingungen, Dämpfer im Gerät zustande, die durch das Design, Motor, Bürstenpaar der Staubsauger und dem Saugen auf Teppichen entstehen und werden sogar regelrecht konstruiert.

Aber selbst heute, obwohl ich mehrere Jahre nicht mehr dabei bin, erwische ich mich, dass wenn Fernsehdokumentationen des Unternehmens gezeigt werden, wenn das Produktplacement von Vorwerk gelingt, dass die Staubsauger im Betrieb sind oder Küchengeräte in Kochstudios oder Warentests im Öffentlich-Rechtlichen Fernsehen zum Einsatz kommen, immer wieder die Erinnerungen an die Gespräche mit Kunden und Kollegen wach werden.

Hinzu kam, dass ich in der Anfangszeit – zwar verbilligt – die Vorführgeräte in mehreren Raten abbezahlte, was mein Provisionskonto belastete, auch bei späteren Modellwechseln oder kompletten Neu-Einführungen wurde ich belastet. Aber es gab hier den Matthäus-Effekt, dass die Spitze der Fachberater befreit war, da sie andererseits durch ihre höheren Verkaufszahlen ohnehin die Geräte gezahlt hatten. Die ganz harte Zeit zu Beginn als einer „Noch-Hinter-den-Ohren-Grüner", die bei mir bis zum Durchbruch fast einen Monat dauerte, war, die vielen „Neins" durchzustehen – und vor allem es als keine persönliche Ablehnung aufzufassen und immer weiterzumachen bis zum ersten Erfolg. Als Hochschulabsolvent dachte ich, schnell belesen über den Verkauf, im Bezirksbüro beim Unterricht, ich würde rasch Erfolge einfahren, um dann in der Praxis des Alltags im Gebiet vor der Türe zu bemerken, dass die Kundin mich doch nicht in die Wohnung lässt oder nur Tüten braucht, dass Vor- und Einwände kommen, vor denen ich erst mal hilflos gegenüber stand. Aber ist diese Krise überwunden, kannte ich mit der Zeit die Standardsprüche, wusste aber auch, dass ich mit gezielter Zurückhaltung oder gezeigtem Interesse am Einwand Erfolg haben würde. Es ist wichtig, Kritik erst einmal zu akzeptieren, um sie im zweiten Schritt zu widerlegen. Über den Service erst einmal die Angst zu nehmen, dass der Kunde kaufen soll, dauerndes Vertrauen zu gewinnen, kompromissfähig, aber nicht nachgiebig sein.

Das Alltagsgeschäft des Verkaufs ist eine harte Arbeit, eigentlich wie jede Arbeit, aber zu Anfang voller Überraschungen, da ich täglich auf andere Menschen in den unterschiedlichsten Situationen treffe, gute Erfahrungen mache oder durch deren Schicksale wegen meiner geschulten Sensibilität manchmal mehr berührt werde, als es für meine Tätigkeit dienlich war.

Der Unterschied besteht darin, dass man nicht mit Kollegen im Büro sitzt, in der Werkhalle arbeitet oder am Fließband den Takt einhalten muss, sondern Kunden besucht und möglichst einen Verkauf erreichen muss. So lassen sich die Arbeitstage nicht exakt vor planen, was den Tagesverlauf oder Erfolg angeht – außer man arbeitet so lange bis zum beabsichtigten Tages- und Wochenziel oder hofft und bittet Gott, dass das Glück dem Tüchtigen hilft. Aber auch dies ist, selbst bei starken Verkäufern, nicht immer sicher. Hier kommt es darauf an, wie man dies erlebt und verarbeitet. Hier sitzt einem der Chef nicht im Nacken mit dem nächsten Stapel der durchzuführenden Aufgaben, den er auf den Schreibtisch knallt mit der Terminvorgabe: „Am besten werden Sie es bis gestern erledigt haben", sondern man erledigt die Arbeit alleine beim Kunden im zugewiesenen Bezirk, mag es eine kleine Gemeinde, mittlere Stadt oder die City einer Großstadt sein. Ich meldete mich täglich durch mein Kommen in die Gruppe oder mit dem Handy, wenn man die Arbeit alleine macht. Wenn es sehr gut läuft, kann man mal ein paar Stunden früher frei machen. Kein Boss und keine Kollegen werden einen mobben können, dafür kann ein guter Kundenbesuch erfolgreich und kurz sein und dabei viel Umsatz in 1 ½ Stunden bringen.

Immer wieder hatte ich mit Kunden zu tun, die einem selbst nach viel investierter Zeit, ausführlicher Beratung, selbst bei Widerlegung aller Argumente am Ende des Besuchs nichts abgekauft haben. Diese Art von unentschlossenen Kunden lassen sich meist als Besserwisser, zu langen Monologen neigende Menschen, die oberlehrerhaft mich als Fachberater behandeln, mit ihren Bastelkünsten des schwäbischen Bastlers daherkommen oder Ehefrauen, die ihren Gatten für einen Genie halten, beschreiben. Meist erkannte ich das zu spät und es ist auch nicht immer leicht, diese Kunden höflich zu stoppen.

Problematisch ist es auch, wenn mich der Kunde, weil er Geburtstag hat oder ein Jubiläum feiert und in Feierlaune mich zum Anstoßen mit Wein, Schnaps oder Bier animiert. Hier versuchte ich zwar abzuwiegeln, dass ich Alkohol schon wegen der Rückfahrt mit dem PKW oder dem Alkoholverbot am Arbeitsplatz nicht annehmen dürfe und ich weitere Kunden mit Alkoholgeruch im Mund nicht mehr besuchen könne. Aber eine totale Ablehnung, in dieser zwiespältigen Lage, kann als Affront ausgelegt werden. Gelingt es nicht, kann ein kleiner Ausweg darin bestehen, dass ich ohne Alkohol mit anstoße, wie den berühmten Orangensaft, eine süße oder saure Schorle (Wein mit süßem oder sauren Sprudel gemischt), Radler (Bier mit süßem Sprudel gemischt) oder Sekt mit viel Orangensaft und mich auf ein Glas beschränke.

Manchmal wurde ich von den Hausfrauen in der Gleichförmigkeit oder Langeweile des Tages sehnsüchtig erwartet und in der Mittagszeit eingeladen und an heißen Tagen waren manche Kunden so nett, dass ich zum Kaffee trinken Sprudel oder Apfelsaft angeboten bekam, sodass ich selten darum bitten musste.

Andererseits wurde ich auch von Bestands/Altkunden angesprochen, dass man Tüten brauche, ich mal beim Staubsauger nachsehen solle oder vom Nachbar die Empfehlung gekommen war, dass man sich einen Staubsauger kaufen wolle. Dies führte einmal bei mir dazu, dass ich an einem Wochenende zum Erstaunen der anwesenden Gruppenleiter – eigentlich aller im Bezirksbüro, die ihren Sieg sicher in der Tasche glaubten – mit doppelt so viel verkauften Geräten gewann. In einem kleinen Teilort einer Gemeinde, den ich mir mit einem Kollegen teilte und der in einem Tag abzuarbeiten war, traf ich auf eine Künstlerin, die für diese Stadt einen großen Auftrag fast erledigt hatte und sich selbst das komplette Programm schenkte, wobei ich ihr von der Teppichreinigung bis zur Bettenreinigung in ihrem Schlafzimmer alles vorführen durfte. Aber dies sind absolute Ausnahmen im Alltag, ergeben sich bei ständiger Arbeit und manche nennen das schlicht Glück. Das gilt auch für „Terminle", die häufig gar nicht stattfinden – und wenn doch, dann sind die Umsätze viel niedriger als es beim spontanen Entschluss des Käufers sind, weil Termine nur im Versicherungsgeschäft üblich sind – nicht bei Staubsaugern. So wird das Gebiet oder der Kunde für einen schnell zum Stressauslöser – oder wenn mehrere Tage die Umsätze niedrig oder gar nicht da sind, gerät man selbst in depressive Stimmung. Morgens trifft man eher Hausfrauen und wenige Hausmänner, Allein-Erziehende und nachmittags und abends eher Arbeiter, Angestellte oder Führungskräfte. Schichtarbeiter. Arbeitslose, Rentner trifft man immer an, wobei bei 50 % Trefferquote abends meist 75 % der Haushalte erreicht werden, es kann aber auch noch wesentlich besser laufen. Aber hin und wieder kam es vor, dass ich Kunden besuchte, die seit einem bis vier Jahre keinen Fachberater gesehen hatten, selbst in den noch besseren Stuttgarter Jahren.

Makaber empfand ich es meist morgens, wenn ich zum Morgentreff fuhr, dass mir auf der Bundesstraße 23 stadtauswärts Stuttgart Leichenwagen entgegenkamen. Aber bei einer Landeshauptstadt mit mehr als 500.000 Einwohnern ist es eigentlich nichts Besonderes, dass es täglich Todesfälle gibt. Da wurde ich jeden Morgen dadurch an die Vergänglichkeit erinnert, andererseits war ich im Zivildienst während meiner Arbeit in Altenheim auch damit ständig konfrontiert gewesen.

Hinzu kommt der Stress im Gebiet, dass man sich selbst seine Erwartungen bezüglich der eigenen Leistung erfüllen will, die Erwartungen der Gruppe, des Gruppenleiters, die Leistungsanforderungen sind mit hohem Druck an alle verbunden wie bei Wochenenden- oder Sondereinsatz-Wettbewerben. Rückschläge bewirken, dass man geneigt ist, aufzugeben für den Tag, abzubrechen, es persönlich nimmt oder die folgenden Kunden unter der Brille des Misserfolges falsch einschätzt, andererseits beflügeln in guten Gebieten die Kunden einen so, dass man denkt, dass nun jeder einem einen Staubsauger abkaufen würde. Wobei sich zeigt, dass beide Extrempositionen verallgemeinern und nicht weiterhelfen. Deshalb gilt, wie schon die Römer wussten, „carpe diem“: aus dem Lateinischen etwa so ins Deutsche übersetzt wie „Nutze den Tag“ oder „die Gelegenheit“. In meiner Anfangszeit lernte ich besonders viele Türken, aber auch Griechen oder andere Nationen kennen, ebenso wie Menschen aus den neuen Bundesländern, letztere verrieten sich am sächsischen Dialekt. Der angehende Gruppenleiter türkischer Abstammung war zwar ein Superverkäufer, meinte aber zu mir, ich sollte doch morgens ein Gläschen Wein trinken, um locker zu werden. Was ich brüsk abgelehnt habe, da ich familiär und verwandtschaftlich Erfahrungen mit Alkoholikern und deren Folgen für Familienleben gemacht hatte. Später hatte er einige Zeit die Position des Gruppenleiters inne, scheiterte aus meiner Sicht vermutlich aber an den fehlenden Deutschkenntnissen, dazu kamen weitere Gründe des Bezirksleiters, die nie bekannt wurden doch in zu niedrigen Verkaufszahlen der Gruppe während seiner Zeit vermutlich den Ausschlag gegeben haben. Er wechselte später in einen anderen Bezirk. Wir bekamen später mal einen Rheinländer und eine sehr erfolgreiche Russin mit konstant hohen Verkäufen und hoher Durchsetzungskraft – eine der wenigen Verkaufsraketen – in unsere Gruppe, die vorher alleine einen Bezirk bearbeiteten und die Gruppe bereicherten, selbst auch von unseren Ideen profitierten. Jedenfalls wurde mit Rückzug des bisherigen Gruppenleiters diese Stelle für den Neuen frei, der unter der Voraussetzung, dass er in der Nähe seiner Wohnung mit der Gruppe arbeiten könne, die Stelle zusagte. Vorher war er wohl sogar zum Bezirksleiter in Stuttgart innerhalb kürzester Zeit aufgestiegen. Mittlerweile war er älter und erfahrener geworden, war wohl jetzt Mitte 30 oder sogar 40 Jahre alt. Er suchte das Gespräch mit mir und ging sogar einen Tag mit zu Kunden, um meine Strategie an der Tür kennenzulernen. Später blieb es nicht bei Stuttgart oder Bad Cannstatt, sondern wir fuhren in die Region Stuttgart, teilweise mit langer Hin- und Rückreise bis zu 200 km täglich, in einem Radius von 50 km mit all den kleinen Gemeinden dazwischen, auch wenn diese gerade mal 10 Häuser hatten, oder zu alleinstehenden Gehöften, was viele Kilometer und Zeit kostete. Dabei müssen Leute auf solchen Höfen, die selten Besuch bekommen, wieder anders angesprochen werden als Dörfler oder Großstädter. In der Innenstadt von Stuttgart hatte ich viele hunderte Haushalte auf einmal täglich, aber durch die Hektik der Städter brauchte ich das Mehrfache an Besuchen im Vergleich zur Provinz, wo die Menschen weniger hektisch sind und sich mehr Zeit nahmen. Altkunden, die Filtertüten dringend brauchten, kauften einem zwei Päckchen sofort ab, da sie nicht wissen, ob sie den folgenden Kollegen treffen.

Dann gibt es Kunden, die die Filtertüten ausleeren, um sie erneut zu gebrauchen. Doch die Poren sind durch den Feinstaub ohnehin zu, sodass der Spar-Effekt gering ist. Oder sie kaufen nur den

Elektrovorsatz oder den Sauger, aber wollen nicht den kompletten „Kobold“ neu bestellen. Will ich ihnen ein neues Bürstenpaar oder Kohle- und Mikrofilter verkaufen, argumentiere ich mit Zeiträumen, z. B. beim Vielsauger, dass der Allergiefilter schon nach 12 Monaten, beim normalen Saugen nach 24 Monaten fällig ist. Rundbürsten halte ich gegeneinander, damit die Kunden erkennen, dass die Kämme abgenutzt sind. Doch auch hier werden diese trotz offensichtlicher Unbrauchbarkeit dennoch nicht gewechselt. Sie halten – je nach Nutzung – zwei bis fünf Jahre. So wird das neue Vorsatzgerät oder der Sauger bis zum Nachkauf des anderen Teils schon wieder Jahre alt sind und damit schon teilweise verbraucht, aber diese Entscheidung vor Jahren verzögert zu haben, fischt den Kunden nicht an.

So führt diese schwäbische Sparsamkeit – als schwäbisches Hausfrauenprinzip – manchmal zu absurden Ergebnissen. Nicht selten kommt es dazu, dass dieser Kunde auf Märkten dann doch vermeintlich billigere Tüten kauft oder beim folgenden Kollegen das „malade“ (schwäbisch: „krank, kaputt, reparaturbedürftig“) obere oder untere Teil des Saugers oder sogar den kompletten Sauger dennoch kauft.

Dann treffen Sie auf Kunden – die Besserwisser, die mir meinen erst den Staubsauger erklären zu müssen, wobei Sie als Fachberater natürlich wissen, dass der Kunde immer im Recht ist. Da reagiere ich, indem ich dem Kunden Recht gebe, für die Belehrung danke, aber auch bemerke, dass ich die Geräte bereits seit Jahren verkaufe. Einem Kunde habe ich dann doch die Funktionen erläutert und auch die Hintergründe, worauf dieser dann total verblüfft war, aber meistens ist das nicht sinnvoll.

Andere Kunden sind vom Service des Staubsaugers so begeistert, dass sie bedauern, dass sie derzeit keinen Staubsauger brauchen, da der alte seine Arbeit noch gut verrichtet.

Wieder andere schenkten mir aus Dankbarkeit für den Service Autoatlanten oder eine Lampe, weil sie so zufrieden waren oder mich gewogen machen wollten. Oder sie luden zum Kaffee ein, weil ich nur wegen eines Filtertüten-Päckchens extra angefahren kam über 70 km, aber manchmal ergab sich direkt oder später der Verkauf eines neuen Staubsaugers daraus. Es motivierte mich, dass sich die Gelegenheit zum Draufsatteln gab, wenn ich nicht plump vorging, sondern die gute Stimmung und Gelegenheit gegeben war. Einmal rief mich ein beamteter und pensionierter Lehrer meiner Tochter des Gymnasiums um die Weihnachtszeit an. Ich konnte damit am Ende des Jahres noch meine Statistik im Weihnachts-Sondereinsatz aufbessern.

Da gibt es Zeiten des Triumphs, wenn ich als Einziger vormittags einen Staubsauger verkaufte hatte, alle anderen frustriert werden oder wenn ich bei der Abrechnung freitags die meisten Küchenberatungsscheine vorweisen konnte, wo ich einmal den Gruppenleiter in einer Woche in einem Stuttgarter Einsatz übertrumpfte – aber keine Häme oder Triumph zeigte. Dabei waren einige nicht motiviert, passten sich nicht im Auftreten an, hatten kein langes Durchhaltevermögen. Aber zum Ende meiner Zeit hatte ich einen guten Verkäufer geworben, der wirklich spitzenmäßig verkaufte – eine Rakete. Gleichzeitig war in der Gruppe ein engagierter Fachberater, der trotz vielem Einsatz wenig verkaufte und dennoch dabeiblieb.

Dann blieb man im Außendienst nie von Wetterkapriolen verschont, sodass es bei sehr starkem Regen oder Schneefall kaum Sinn machte, zum Kunden zu fahren – oder ich mit Erlaubnis des Gruppenleiters auswich. Bei vielen Regentagen hintereinander traf ich auf schlecht gelaunte Kundinnen, im Sommer wurde ich von den Kunden im Garten empfangen. Bei großer Hitze bekam ich ein Getränk vom Kunden in der Wohnung angeboten, dazwischen verkroch ich mich im Schatten des Waldes mit dem Auto, döste nur, markierte die Aufträge, setzte Zwischenmeldungen ab, füllte Nachbestellungen aus – nach erlaubtem Rahmen – dann ging es in die Gaststätte, um im Mittagstreff einen Radler trinken, denn Alkohol im Außendienst geht gar nicht. Einmal traf ich auf eine verärgerte Kundin, die sich über das Benehmen meines Vorgängers beklagte und dass dieser nach Alkohol roch und Körpergeruch hatte. Die Weihnachtszeit ist allenfalls gut bis zum 3. Advent, wenn ich dennoch mit Eifer am 22. Dezember noch nachmittags an der Türe stand, dann ließ sich mit Not eine Packung Filtertüten oder Rundbürsten verkaufen. Auch kam sehr oft auf, dass die Kunden Weihnachten ziemlich überflüssig fanden und meist nichts schenken wollten. Aber gerade die Feiertage Weihnachten und Ostern hinterließen immer ihre Spuren im Geschäft, denn selbst diejenigen, die diesen Feiertagen nichts abgewinnen können oder Atheisten können sich diesen Stimmungen, die typisch vor Weihnachten mit Beleuchtung der Innenstädte, Weihnachtsliedern und -sendungen oder die Vorosterzeit mit Karneval, Aschermittwochs, dem „gombiger Doschdig“ (schwäbisch: „Dreckiger Donnerstag“; der folgende Tag nach Aschermittwoch) und anschließender Fastenzeit locken, nie ganz entziehen, vermutlich, da sie bei Nachbarn als Spaßverderber oder Unangepasste ihren Ruf ruinieren könnten.

Nach solchen einschneidenden Feiertagswochen kehrten sich die Verhältnisse fast schlagartig um, war erst mal das große Feiern vorbei. Was für Christen Advent, Weihnachten und Ostern sind, erleben die Mohammedaner beim Ramadan. Der Vorteil des Herbstes und Winters ist aber zweifellos, dass man an den brennenden Lichtern in den Häusern sieht, wer zu Hause aus. Im Hochsommer bleiben das zweimalige Klingeln oder der Versuch den Kunden im Garten, beim Autowaschen oder Kaffeetrinken auf der Terrasse aufzuspüren, nicht erspart. Hat man aber an solchen extremen Tagen den Kunden erreicht, ist dieser sogar dankbar der vielen Mühe, die man sich gegeben hat. So führte ein Einsatz im Stuttgart-Käfertal trotz großer Hitze unsere Gruppe zu einem außerordentlichen Erfolg, weil wir dennoch motiviert waren.

Eine andere Herausforderung für den Fachberater besteht gerade in der beginnenden Winterzeit von November an mit den niedrigsten Umsätzen, bis es Februar langsam besser wird, wenn der Januar vorbei ist mit Zahlung der Versicherungen – auch die Reisezeit, hauptsächlich im August, bringt Einbußen. Eine weitere Herausforderung ist, wenn das Gebiet von einem vorausgehenden Plagiatshändler oder Spendensammler sowie religiösen Fanatikern besucht wurde, die die Kunden verstimmen. Oder in der Vorweihnachtszeit Wohltätigkeitsorganisationen ebenfalls an der Tür aktiv gewesen sind. Damit wird dann ein Gebietswechsel erforderlich.

Ist man wie ich lange in diesem Geschäft tätig war ich zum alten Hasen geworden. Durch die notwendige Begrenzung des Gebiets komme ich wieder zu den gleichen und da ich sie kenne, meine ich zu wissen, was der Kunde braucht und oft richtig ist. Aber es hat auch den Nachteil, dass ich mich auch an Ablehnungen genauso fotografisch erinnerte wie an die Person, was dann dazu führte, es nicht noch einmal zu versuchen. Die Erfahrung lehrt nämlich ebenso, dass sich auch Menschen verändern durch Glück oder Pech, das sie erlebt haben.

Was mich dann immer verdrießlich machte, wenn beim vorherigem Durchgang durchs Gebiet Kollegen die Kunden gar nicht besucht oder wenn sie zu viel versprochen hatten, ihnen das Gefühl gaben, schlecht behandelt zu werden oder sogar alkoholisiert erschienen und ich dann darunter litt, dann merkte ich, dass es manchmal ein Jahr dauerte, bis es sich wieder normalisierte. Aber es kam auch vor, dass Kunden mich nicht wieder erkannten und die Klage mir galt. Deshalb nahm ich die Beschwerden freundlich und beschwichtigend entgegen, doch es war damit klar, dass Vorsicht gegenüber Kunden, die übel über mich reden, geboten ist.

„Locker bleiben“ oder „Chakar, Chakar!“ waren die Sprüche meines langjährigen Gruppenleiters. Ein Rezept, das meistens half, ruhig zu bleiben oder aktiv zu verkaufen – diese innere Gelassenheit und Motivation gehört dazu.

In den aktiven Zeiten gab es auch immer wieder Anwerbungsversuche anderer Direktvertriebe/Strukturvertriebe/Handels-Vertretungen. Da das Klima in der Gruppe aber gut war und die Verdienstmöglichkeiten weit höher als bei anderen Direktvertrieben waren, war der Anreiz nicht besonders hoch, allenfalls als ein weiteres Standbein war es interessant.

Da sich in Gesprächen mit Kunden hin und wieder ergab, dass ich Ingenieur sei, wurde ich gefragt, ob ich mich nicht angesichts des Fachkräftemangels bewerben wolle. Leider war ich aufgrund langer Suche in den 1990er-Jahren derart frustriert, dass ich bei Vorwerk blieb, denn ich war mit meinen 43 Jahren damals auch schon an der Schwelle zum älteren Mitarbeiter, der bekanntermaßen zwischen 45 und spätestens 55 Jahren noch immer – trotz aller öffentlichen Bekundungen, dass Ältere oder Erfahrung gefragt sei – bei vielen Unternehmern zu liegen scheint.

Wie ich später einmal bei einem Besuch bei meinem Onkel bemerkte, ein emeritierter Hochschulprofessor, hatte dieser einen Vorwerk Bodenstaubsauger mit Großkatzennamen in den 1990er-Jahren gekauft und hat ihn heute noch. Aber das ist schon wieder 20 Jahre her und später – darauf angesprochen von mir – dachte er nicht daran, diesen zu ersetzen.

Als Anfänger unterschätzte ich den ständigen Wandel im Markt, der sich aber nur in Nuancen zeigt, oder die schwachen Signale, die durch den Internethandel aufkamen, aber deren Blase und anschließende Krise es vergessen ließen. Denn noch war das Geschäft an der Haustür zu Beginn des neuen Jahrtausends davon nur schwach beeinflusst, sollte aber später für das Unternehmen noch gravierende Folgen haben (siehe Multi-Kanal-Marketing).

„Man kann nicht allen helfen, sagt der Engherzige, und hilft keinem.“/3/
Marie von Eber-Eschenbach

Gruppen-Treffs

Die Treffs fanden in kleinen Gaststätten von Fußballvereinen, im Fast-Food-Restaurant und Autobahn-Raststätten/Autohöfen jeweils morgens, mittags und selten abends statt – nur freitags zur Abgabe oder Meldung letzter Umsätze.

So kamen meine zwei Kollegen und ich beim ersten Gruppenleiter morgens einmal eine Woche lang spät, dass dieser sich bei uns nicht blicken ließ. Doch unsererseits haben wir dann in dieser Gemeinde unsere Arbeit weiter erledigt. Danach waren wir zuverlässiger, aber eigentlich war es ein Autoritätsverlust für ihn gewesen. Dies blieb aber eine einmalige Geschichte.

Die Unpünktlichkeit einiger Fachberater trat temporär als Herausforderung für alle Gruppenleiter immer mal wieder auf, konnte dann mit Ermahnungen korrigiert werden, spiegelte aber auch, dass Selbstständige sich nicht so leicht zu führen sind – schließlich waren sie nicht weisungsgebunden und der Eigenmotivation geschuldet. Eine gewisse Toleranz gegenüber diesem Phänomen, wenn auch nicht völlige Freiheit für die Kollegen zu gewähren, konnte hilfreich und entspannend sein, aber nur, wenn die tägliche Arbeit gemacht wurde und die Umsätze stimmten.

Ärgerlich konnte es sein, wenn es mittags in Gaststätten nur ein asiatisches Knoblauch-Menü zu bestellen gab, was meinen damaligen schwäbischen Gruppenleiter dazu veranlasste zu sagen: „Jetzt stinke ich wie ein Iltis und kann für vier Stunden keine Kunden besuchen".

In den Hundstagen des Augusts fuhr ich gar nicht ins Mittagstreffen oder wenn mein Gebiet mehr als eine Viertelstunde außerhalb lag. Wenn doch, trank ich halt einen Radler, danach wich ich auf alkoholfreie Getränke oder sogar Wasser aus, denn an heißen Tagen oder mit Kundenkontakt im Außendienst gehen selbst kleine Mengen Alkohol nicht.

In den ersten Monaten des Übergangsgeldes war dadurch mein Einkommen – auch durch die Anfangseuphorie – so hoch, dass ich in der Gaststätte mittags essen konnte. Zu dieser Zeit waren gerade der große Salat-Teller (mit Fisch/Putenfleisch) bei mir der Renner, sodass ich mir oft den Gesundheitssteller bestellte. Als das Übergangsgeld auslief und ich es nicht hatte verlängern lassen, wechselte ich wieder zu mitgenommenem Brot und Joghurt von zu Hause. Abends aß ich dann warm zu Hause, was meine damalige Frau auch mitmachte, denn sie konnte vom Mittagessen mit den Kindern noch Reste aufwärmen.

Aber wir erfuhren, dass ein guter Gruppenleiter – eine Verkaufsrakete – dennoch einen Kredit für sein neues Auto aufnehmen musste und auf viele Vorhalte bei seine Hausbank traf, dort viele Unterlagen vorlegen musste und lange mit dem zuständigen Sachbearbeiter kämpfte, bis er schließlich genug Sicherheiten für den Kredit beigebracht hatte, wurde einigen Kollegen und mir klar, dass wohl unsere Kreditwürdigkeit noch schlechter sein musste. Es wäre für jeden von uns eine Selbsttäuschung gewesen, für ein neues Auto einen Konsumentenkredit von der Hausbank haben zu wollen, denn scheinbar waren wir für Banken ein nicht zu vertretendes Risiko.

Einmal haben wir es in einem südlichen Stuttgarter Treff etwas auf die Spitze getrieben. Das versnobte Restaurant, das von außen einem Schlösschen glich, hatte wohl damals gerade eine neue Pächterin, die auf ihren guten Ruf bei liquider besserer Kundschaft setzte. Als wir in fröhlicher Runde morgens da saßen, kam eine nette, schöne Frau zu unserem Tisch und fragte, ob wir auch Teilnehmer der Veranstaltung seien, was wir bejahrten. Vorher hatten wir uns durch Blicke und kurze Ansage verständigt, nicht unsere Tätigkeit Preis zu geben, sondern uns einen Spaß zu machen, zumal die Stimmung an diesem Wochenanfang gut war, weil die Geschäfte liefen. Es gab einen Zusammenhalt in der Gruppe und der Gruppenleiter hatte eine motivierte Mannschaft, wo jeder sich verstanden fühlte. Darauf unterhielten wir uns im Kreis locker weiter und bezogen sie ins Gespräch. Mit der Zeit merkte sie, dass es wohl doch um andere Themen ging, und sie fragte, wer wir denn seien. Als sie erfuhr, dass wir Vorwerk Fachberater seien, stürmte sie entrüstet vom Tisch, während wir die Lachenden waren. Denn für uns war es nur ein Spaß gewesen, wenn auch auf Kosten der Teilnehmerin. Vermutlich führte dieses Ereignis und der Wunsch nach einem guten Ruf und nicht gerade bombastischen Umsätze mit der Gruppe – dazu, dass die Pächterin uns das Haus Wochen später verbot – und auch nicht mehr umzustimmen war. Wir waren eben etwas unkonventioneller im Benehmen und lockerer als klassische Geschäftsleute oder Seminarteilnehmeraus Unternehmen. Sie ließ ganz klar erkennen, dass sie sich andere Kunden wünschte, wir eindeutig hier nicht die Zielgruppe ihrer Wahl waren.

Das Verbot führte lediglich dazu, dass wir uns in Gaststätten von Stuttgarter Amateur-Fußballvereinen, Autobahn-Raststätten oder Autohöfen künftig trafen, wo wir uns zudem mit der weiblichen Bedienung gut verstanden und uns gut aufgehoben fühlten. Wer dagegen mit seiner Herkunft kokettierte, wie es einmal eine klein gewachsene, rothaarige Kollegin und gute Verkäuferin aus den neuen Bundesländern tat, der setzte sich beim Gruppenleiter – im Endeffekt bei allen Kollegen – Spott und Häme, mindestens feiner Ironie aus. Auch mit Misserfolgen sich Mitleid der erfolgreicheren Kollegen zu ergattern, wurde bestenfalls gekontert, dass einer sagte: „Eine Runde Mitleid“ und mit dem Lachen der Meute quittiert, das ging regelmäßig daneben.

Denn viele Fachberater, die diese Tätigkeit als Rettungsanker ergriffen hatten oder zur Überbrückung angenommen hatten, kannten das Gefühl, eben nicht im Leben bevorzugt worden zu sein. Eher selten hatten diese eine Vorbildung, Erfahrung oder (höhere) Qualifikation erworben und diese Fachberater waren regelmäßig erfolgreicher und erhielten die Führungsaufgaben wie Gruppenleiter oder sogar zum Bezirksleiter. Doch dieser Weg führte nur über den Einstieg als Fachberater, so dass sie sich immer wieder an ihre Niederlagen und Triumphe in der Anfangsphase erinnern konnten.

Den 11. September 2001 – bekanntlich auch als Wendepunkt für die USA und die Qualität des Terrors von Islamisten in die neuere Geschichte als „Nine-Eleven" eingegangen – erlebten wir in einer Stuttgarter Vereinsgaststätte, als uns die zwei weiblichen Gäste, die schon vor uns im Fernsehzimmer anwesend gewesen waren, erzählten: „Dass in New York City Flugzeuge fliegen würden, wo das nicht erlaubt ist." Wir sahen uns die Berichterstattung im TV an, sahen, dass das zweite Flugzeug in den zweiten Twin-Tower in New York City raste. Dies löste natürlich Verwunderung aus, denn einordnen konnten wir die Vorgänge damals nicht. Als ich – zu den anderen mit unserem Spruch kam: „Sie wissen schon; dass wird teuer", verwunderten sich alle über darüber. Ein besonders ein erfolgreicher Fachberater engagierte stark, der später aufhörte um ein eigenes Staubsaugergeschäft zu gründen, benutzte gern diese Formulierung nämlich dafür um bei den Kunden statt nur eine Reparatur der Bürste, diesem stattdessen gleich eine komplett neue zu verkaufen und diesen Spruch verband ich mit diesem Geschehen. Nachmittags führten wir das Geschäft weiter. Die Kunden erzählten uns, dass die beiden Türme (Wahrzeichen des Kapitalismus, der Finanzwelt neben der Wall-Steert mit der Börse und Handelsmetropole der Welt mit ihrem Hafen und der Freiheitsstatue New York) zusammengestürzt waren. Überraschenderweise verkaufte ich an diesem Tag einen Staubsauger, weil die Kundin dringend auf uns wartete. Zwar meinte die amerikanische Regierung, dass die Ereignisse schnell zu einer harschen Reaktion führen würden – innenpolitisch, aber auch militärisch im Mittleren Osten. Experten gingen davon aus, dass die Konjunktur sich verschlechtern würde, weil jetzt die Angst regierte. Doch diese Befürchtungen bewahrheiteten nicht sofort, sondern erst ein halbes Jahr später.

Dann, als der spätere Staubsaugergeschäftsgründer seine großen Verkaufserfolge – gerade in einem wohlhabenden Stuttgarter Stadtteil mit gut gehenden Verkäufen und hoher „Staubsauger-Dichte" – aufgeben wollte und diesen Konflikt vor der Gruppe austrug, kämpfte unser Gruppenleiter stark um ihn. Er kam aber nach einem Vier-Augen-Gespräch mit ihm zum Schluss resigniert in die Gruppe zurück und meinte, dass wir halt „leider jemanden verlieren würden", aber „fehlende Umsätze könnten halt nicht dauerhaft" von anderen Kollegen oder „durch ihn aufgefangen werden".

Diese Treffen spiegelten oft die Stimmung der aktuellen Woche wieder – und wenn die Woche gut begann, dann wirkte es sich auf die restliche Woche positiv aus, genauso wie umgekehrt. Sahen Interessierte sich die Arbeit einen Tag an oder gab es Anfänger, so veränderten diese auch wieder die Gruppe. Deshalb gab es immer regen Gedankenaustausch, was die anderen und ich beim Kunden erlebten, Manöverkritik, aber auch Anregungen, Fragen, was ich vorher beruflich gemacht hätte, was man von der Tätigkeit, den Kunden oder manchen Gebieten hielt, was privat angesagt war mit Frau und Kindern, mit Urlaub, Festen mit den Kindern. Aber es gab auch mal persönliche Gespräche mit dem Gruppen- oder Bezirksleiter bei besonderen Leistungen, Ehrungen, selten erfolgten auch Beschwerden von Kunden. So gingen manche immer wieder zu Stammkunden und versuchten erneut dort zu verkaufen, andere beackerten immer neue und gewannen Kunden hinzu. In den ersten 18 Monaten meiner Zeit ging ich noch ziemlich regelmäßig zu den Treffs, doch schon nach einem Jahr löste ich mich ab und konnte es später mit einem einmaligen wöchentlichen Zusammentreffen bewenden lassen. Da konnte ich dann meine geschriebenen Aufträge abgeben, die Zahlen melden, ein neues Gebiet für Kundenbesuche erbitten, eventuelle Fragen oder Probleme mit ihm bereden. Später gab er mir Briefumschläge für die Vorwerk-Zentrale mit, so dass ich wöchentlich sammelte und einschickte. Wurde ich jedoch vom Gruppenleiter gebeten, bei Feiern zu erscheinen, wegen Anwesenheit des Bezirksleiters, um einen Interessenten abzuholen und in die Gruppe zu bringen oder nach Hause zu fahren oder aufgrund einer allgemeinen Anordnung teilzunehmen, kam ich in die

Gruppe. Dies hielt sich aber in Grenzen, da mein Gruppenleiter um meine Verlässlichkeit im Gebiet Staubsauger zu verkaufen wusste und meine ständige Präsenz, beim Kunden Verbrauchsmaterialien unterzubringen. In jedem Gebiet, ob Blöcke, Villen oder heruntergekommene Gegenden oder vorher gar nicht oder kaum bearbeitete Gebiete zu besuchen waren, gelang es mir, wie er meinte, auch noch die „Perlen“ unter den Kunden zu finden. Das war eine Anspielung darauf, dass ich zwar relativ wenig Geräte, aber viele Verbrauchsmaterialien „vertickte“, doch die gewonnen Kunden widerriefen die Bestellungen selten. Denn es macht wenig Sinn, wenn Fachberater zwar viele Staubsauger verkaufen, aber dann der Auftrag rückgängig gemacht wird. Dies wird, wenn Beschwerden zunehmen und wiederholt sind, für den Gruppenleiter und im Bezirk problematisch.

Für eine gut gelaufene Woche lud uns der Gruppenleiter auch einmal donnerstags auf eine Stuttgarter Kirmes ein, einerseits ein Spaß, andererseits steigerte auch hier das Vergnügen später den Zusammenhalt und die Motivation. Auch vereinbarte mein Gruppenleiter immer wieder ein Gruppenziel für einen Frühjahreswettbewerb, den wir immer gewannen und die vereinbarten Gewinne gemeinsam genießen konnten.

„Solidarität ist was andres als Gefühlsduselei.“ [/4/]
Willy Brandt

Erlebnisse mit den lieben Kollegen/-innen

Einmal wurden wir überraschend ins Bezirksbüro nach Stuttgart beordert und sollten und wollten pünktlich sein. Da die Bundesstraße 10 gut ausgebaut nach Stuttgart führt und je näher man ins Zentrum fährt, die Geschwindigkeitsbeschränkungen zunehmen und sehr viele stationäre „Starenkästen“ oder mobile Blitzer vorhanden sind, verführt dies bei freier Bahn die Geschwindigkeitsbegrenzungen nicht so ernst zu nehmen, die im städtischen Teil der

Straße oder nach Tunneln folgen, oder zu ignorieren. Ergebnis des Besuchs im Büro waren neben den neuen Informationen ein paar saftige Knöllchen über 40 Euro oder mehr für meine Kollegen. Meins fiel etwas günstiger aus, da ich die Vorschrift nur um ca. 12 km/h gerissen hatte und mit 15 € davon kam. Extreme Fälle gab es nicht, weil sehr hohe Überschreitungen unter Umständen den Führerscheinentzug für einen Monat bedeuten können, was für Selbstständige existenzgefährdend werden kann, selbst wenn der Richter einem noch die Zeit des Entzugs zu wählen freistellt. Denn damit ist der Kundenbesuch nur noch dann möglich, wenn die Kollegen bereit sind, dich morgens ins Gebiet zu bringen und abends abzuholen, jedoch nicht kostenlos.

Waren wir in der Stuttgarter Innenstadt Nähe des Hauptbahnhofs, beim Bezirksbüro oder beim Cannstatter Vasen oder in Fellbach bei Stuttgart unterwegs, kam ich ums kostenpflichtige Parken in der City nicht umhin, was jedem Fachberater täglich einige Euros kostete. So fielen Kosten an, obwohl in Innenstädten nahe beim Büro meist die Umsätze sich halbierten bei Geräten, Verbrauchsmaterial verkaufte sich im Vergleich zu der ländlichen Umgebung wesentlich schlechter und das Storno-Risiko sich hier leicht verdoppeln oder verdreifachen kann. Der Kunde konnte bei uns nach einer Vorführung kaufen, sich die neue Elektrobürste im Büro holen und wir bekamen davon nichts ab. Wenn wir in der Großstadt arbeiteten, dann arbeiteten alle zügig, damit wir wieder in die Provinz kamen um die lebensnotwendigen Umsätze erreichen zu können.

Es fingen auch einmal Kollegen an, die einen Business-Plan vorlegen wollten, mir aber nicht ganz geheuer waren. Doch auf längeres Bitten habe ich ihn dann doch übergeben mit der Bitte um baldige Rückgabe. Doch meine Befürchtung, dass er nie mehr auftauchte, bestätigte sich umgehend.

Ein anderer junger Kollege kam aus einem handwerklichen Beruf und wollte auf Dauer mehr als im angestammten Beruf verdienen – und dies in Jahresfrist herausbekommen. Als sich nach einem Jahr herausstellte, dass er das Ziel nicht erreichte, wollte er aufhören. Es gab noch eine längere Diskussion mit meinem Gruppenleiter im Auto. Doch er war nicht umzustimmen, aber das hatte ich meinem

Gruppenleiter ohnehin vorher schon gesagt. Einmal haben wir uns auch mit der Gruppe an dem regionalen Spektakel des Wasens in Stuttgart beteiligt und sind auf dem Fest dabei gewesen – trafen dort auch auf Kunden, nutzen diese Herbstzeit einfach einmal dazu, locker zu lassen, was auch die Motivation positiv auswirkte.

Während sonst Alltagsprobleme des Gruppenleiters darin bestanden, ob die einzelnen Fachberater wirklich im zugewiesenen Gebiet arbeiteten oder in fremden Gebieten „wilderten". Da dies von der Bezirksleitung weder verboten noch sanktioniert wurde. Manchmal wurde ich auch nach Besuchen einige Monate später angerufen, um dann den Staubsauger doch zu ordern. Es war somit für den Gruppenleiter und Bezirksleiter ein Abgrenzungsproblem und daher wurde es letztlich toleriert. Denn ohnehin wurden solche Aufträge selten gefunden, da die Kunden – bereits versorgt – keinen Grund hatten, schon wieder einen Kollegen in die Wohnung zu lassen.

Überraschungen gab es immer wieder, so ist ein Fachberater abends und danach monatelang nicht mehr aufgetaucht, kam nach fast einem Jahr wieder, um dann seinen nächsten Brillanten zu schreiben. Dies nahm der Bezirk und Gruppenleiter klaglos, aber ohne großes Verständnis hin, da er sich nicht meldete und auch sich nicht abmeldete. Was bei seinen Leistungen auffiel, war, dass sie sehr schwankten, manchmal von Woche zu Woche, während viele Fachberater zwar gewisse Schwankungen hatten und einige ziemlich stabile Verkaufszahlen aufwiesen. Diese Schwankungen im Verkauf gingen auf objektive Gegebenheiten wie Gebiet, Jahreszeit, aber auch subjektive Fähigkeiten wie Zeiteinsatz, Persönlichkeitsmerkmale einher. Er war vorher selbstständiger Heilpraktiker, der später in seinen Beruf und alten Wohnort zurückkehrte.

Wer seinen schwäbischen oder Berliner Dialekt zu sehr betonte, der wurde damit durch übertriebenes Nachäffen wie „Juhdha" (für Jutta). „Muhder" (für Mutter) oder „Freihndin" (für Freundin) gehänselt und musste dies eine längere Zeit über sich ergehen lassen.

Neulinge, zu Beginn in großer Euphorie gestartet und mit großen Verkaufserfolgen aus Ladengeschäften, wurden meist bescheiden über die Zeit oder wurden auch mal in schwierige Bezirke geschickt und verließen uns bald wieder. Wer auch meinte, dass wer bei Lebensmittel-Discountern oder beim Einzel- sowie Sortimentshandel gut verkaufen könnte, könne dies automatisch beim Haustürverkauf, erlebte dort bald seine ersten Enttäuschungen: Denn Verkäufer, die gut verkaufen und über lange Zeit in ihrem Job erfolgreich sind, die haben immer wieder Neues oder Ideen. Sie übernehmen die Informationen, die Anfänger mitbringen aus deren Erfahrungswelt. Sie, integrieren dieses neue Wissen und die Stornierungen ihrer Kunde, liegen oft nur im einstelligen Prozentbereich.

Morgens und abends, fast zu jeder Tageszeit, nahm ich in Richtung Stuttgart zwischen der Heimatstadt und Gerlingen schon mal mit dem Auto die Abkürzung durch Feldwege, was bei vielen Fahrten außer Zeit auch noch Geld für Sprit und Verschleiß am PKW sparte. Zwar machten die Fußgänger, die ausweichen mussten, ihrem Ärger dann meist Luft – das reichte bis zu Drohungen oder sogar dem Klopfen mit den Fäusten auf die Motorhaube, was Dellen machen konnte, aber ich ignorierte das mehr oder weniger. In einem Winter, der Schnee war tief und es war schon später abends, habe ich es wieder versucht. Doch nach einigen hundert Metern blieb ich stecken, kam mit Fahrmanövern auch nicht mehr raus. Als Automobilclub-Mitglied holte ich Hilfe, doch selbst dem Transporter mit dem Experten gelang es nicht, mich aus der Lage befreien. Ich konnte den Helfer überreden, im naheliegenden Ort einen Bauer zu bitten, mich mit dem Traktor zu befreien. Es gelang uns nach einiger Zeit und gutem Zureden, den Bauer zu überzeugen. Schließlich konnte das Fahrzeug befreit werden. Der Helfer war so nett, das Auto den Feldweg herauszufahren. Ich kam an diesem Abend erst spät in der Dunkelheit heim – und meine Frau wollte mir das nicht glauben, meinte, ich wäre bei einer Freundin gewesen, was weder finanziell noch zeitlich gegangen wäre.

Es gab so einen Tag, da war ich morgens im Begriff etwas später zum Treff in Herrenberg zu kommen, sodass ich auf einer langen Strecke zwischen zwei Ortschaften von dem vorausfahrenden Traktor mit Anhänger genervt war. Den Entschluss überholt zu haben wurde mir zum Verhängnis an der innerstädtischen Ampel, als ein Motorradfahrer an die Scheibe klopfte, mich belehrte, im Überholverbot überholt zu haben, und nach dem Namen fragte. Ich nannte ihn und erhielt durch diesen übereifrigen Polizisten – er war gerade wie ich auf dem Weg zur Arbeit – einige Wochen später eine Ordnungswidrigkeit mit Geldbuße. So hatte ich neben der Verspätung in der Gruppe an diesem Morgen meine Eile teuer zu bezahlen.

Ein anderer Kollege hat extrem schnell durch hohe Leistungen seine ersten Sporen verdient, war sehr ungeduldig, forderte viel von sich, konnte aber anderen sein Können und Wissen kaum vermitteln. Als er zum Gruppenleiter avancierte und es schließlich wurde, konnte er mich – immer autonom und ein wenig eigensinnig – nur schwer einbauen in seine Vorstellungen – zumal ich auch schlechte Wochen gut verkraftete und stoisch hinnahm. Um angehende Fachberater und Neulinge zu Leistungen zu bringen, ging er oft mit diesen gemeinsam ins Gebiet, um ihnen zu zeigen, wie man verkauft. Dabei verkaufte er letztlich, überließ aber den Fachberater die Unterschrift für die Provision, was deren finanzielle Situation verbesserte, aber nicht deren Problem mit dem Verkaufen lösen konnte. Das wurde auch von den anderen Gruppenleitern erkannt, doch eine Veränderung war nicht möglich, da es nicht genügend potenzielle Kandidaten gab.

Dazu hatten wir zeitweise einen jüdischen Kollegen der streng den Sabbat (jüdisch: Schabbat) einhielt, der aber nicht mit dem Samstag zu verwechseln ist. Je nachdem, wann freitags die Sonne unterging, in den Herbstmonaten bis 19.05 Uhr, besonders im Winter von Ende November bis Ende Dezember mit Zeiten zwischen 16.09 Uhr und 16.52 Uhr, begann er seinen Arbeitsschluss mit Beginn der Fastenzeit. Dazu kam noch die Abweichung der Feiertage im Jüdischen zum Christlichen wie Pessach I, II; VII; VIII, Pessach-Ende (parallel zu Ostern); Chukkat, Jom Kippur[/5/]. Bei den türkischen Kollegen, die Kinder der Gastarbeiter aus den 1960-er Jahren waren, war der familiäre und verwandtschaftliche Zusammenhalt größer als bei den Einheimischen sowie der Glaube der Moslems tiefer und mit dem Fastenmonat Ramadan verbunden sowie ein Zehntel des Einkommens den Armen zu geben, so dass diese positiven Bedingungen dem einzelnen Fachberater als auch der Gruppe mehr Erfolg brachte, Auf der anderen Seite wurden durch die gläubigen Juden und Moslems die religiöse Toleranz der Gruppe gegenüber diesen Mitgliedern arg strapaziert, aber andererseits kannte ich auch im Alltagsgeschäft Verhaltensweisen meiner Kunden, die ebenfalls nur mit Gleichmut und Toleranz hingenommen werden konnte.

Da jeder selbständige Fachberater auf eigene Rechnung und Risiko unterwegs war, gab es darunter wenige Kollegen, die geringe Umsätze hatten. Doch da sie weder für die Gruppenleiter viel Aufwand brachten noch Kosten für den Bezirk, geschweige denn die Wuppertaler Zentrale belasteten, wurden diese lange toleriert. Selten brachten Kollegen oder Führende ihnen gegenüber das Problem manchmal zur Sprache in der Hoffnung, dass sie selbst die Konsequenzen daraus ziehen würden. Nur selten drängten Gruppenleiter zur Aufgabe des Geschäfts.

Manche Kollegen schafften es zum Morgentreff, wenn sie von Stuttgart nach Herrenberg anreisten, was sie schon ungern taten, sich mit Raserei in dem letzten Ort Nürtingen, wo von beiden Seiten des Ortes mit Starenkästen und mobil geblitzt wird, morgens früh erwischen zu lassen. Wobei ich einmal witzelte, auf welcher Seite der Kollege denn gefahren sei oder der Gruppenleiter genüsslich sagte, ob er denn beim „Blitzen wenigstens gelächelt" habe.

Einmal bei einem Sondereinsatz in einem Stuttgarter Stadtteil, der sowieso als schwierig galt, traf ich auf eine Kundin, die den neu erworbenen – noch nicht mal ausgepackten – Bodenstaubsauger erklärt haben wollte. Daraufhin gab sie mir aus Dankbarkeit einen hohen Geldbetrag. Als ich dann noch das verkaufte Material bis zum Ende addierte, hatte ich das verdient, was andere Kollegen mit dem Verkauf eines Staubsaugers verdient hatten. Also kein Grund enttäuscht zu sein.

Bei potenziellen Kunden, die an solchen Tagen stolz an der Tür verkündeten, dass sie ein bekanntes Produkt eines Wettbewerbers aus Westfallen hatten, konterte ich dann sofort mit „Wie, Sie haben eine Mühle?" kontern, oder wenn es an Tür hieß, dass man nichts kaufen wolle, erwiderte ich, dass ich nichts verkaufen, sondern nur informiere wolle oder dass wer nicht kaufen wolle, dass der auch nichts bekomme. Aber unter uns Fachberatern galt auch, dass in der Ablehnung des Kaufs eigentlich der Kaufwunsch verborgen war oder die Angst, wieder schwach zu werden, wenn es dem Fachberater gelänge, in die Wohnung zu kommen.

Kamen hingegen Mängelrügen im Wortschwall vom Kunden, vorgetragen schon beim ersten Erscheinen an der Tür, dann ging ich darauf ein und brachte die Geräte meist durch den Service in Ordnung. Meist genügte eine Erklärung oder nochmalige kurze Vorführung. Manche hatten auch den Staubsauger beim Verkauf nicht erklärt bekommen und waren erstaunt wegen der vielen Möglichkeiten, die das Gerät neben der Teppichreinigung durch das Set für Heizkörperrippen, Spinnweben-Entfernung an Decken oder Fugenreinigung noch hatte. Ich meinte aber, wenn Kunden Fehler beschrieben, dass dieser mir zum ersten Mal überhaupt bekannt wurde. Damit meinte ich die Ausnahme, dass die Geräte gut und sicher waren, selten fehlerhaft, aber die Kundin war nicht schuld.

Überhaupt gilt auch hier die statistische gemessene Pareto-Regel. Nur in jedem 5. Fall konnte ich berechtigte Klagen feststellen, die teilweise mit einem neueren Staubsauger-Modell beseitigt wurden oder mit Reparaturen. Wird dieser Kundenservice ernst genommen, kann er zu späteren Abschlüssen führen. Wer hier als Fachberater nur auf den Verkauf neuer Geräte setzt und an eigene Provisionen denkt, verdient nur kurzfristig mehr. Währen der fetten 1960er bis 1990er Jahre gab es immer wieder lange Jahre 45- oder 90-minütige Dokumentationen im öffentlichen-rechtlichen Fernsehen gab, die als Public Relation (PR) dazu dienten, die Arbeit von Staubsauger-Vertretern als angenehme Arbeit mit netten Kollegen, kaufwilliger Kundschaft und leicht zu machenden Umsätzen darzustellen. Diese dienten sowohl der Image-Werbung als auch der indirekten Werbung von Fachberatern bzw. uns Fachberatern bei der Personalwerbung zu unterstützen.

Einmal selbst als Scherz mit eigener Kamera eine solche Dokumentation quasi nachzustellen, aber die Kunden dabei darüber im Unklaren zu lassen, ist wohl ein Scherzen aus purer Wichtigtuerei oder Angeberei von Fachberatern. Die kolportierte Story entbehrte aber jeglicher Grundlage.

Ein anderer Fachberater soll wohl bei einem Kunden das alte Konkurrenzgerät in Zahlung genommen haben, nach den Statuten verboten, und ihm dafür einen Bodenstaubsauger verkauft haben. Anschließend verkaufte er den gebrauchten Konkurrenz-Staubsauger, was wiederum verboten ist, an einen weiteren Interessenten und machte doppelten Gewinn. Diese Story dürfte genauso ein Märchen sein, denn es ist davon auszugehen das die Bezirksleitung davon im Laufe der Zeit erfährt. Hier bleibt dem Bezirk, stellt sie sich als echt heraus, nichts anders übrig als sich zu trennen. Durch Beharrlichkeit bekam ich bei einem Inhaber eines Ingenieurbüros einen Termin. Als ich den Termin wahrnahm, das Gerät vorführte und schließlich verkaufte war das gelungen, was vielen Fachberatern verwehrt blieb. Wahrscheinlich spielten hier aber die gleiche Berufssprache von Ingenieuren, meine Ausdauer und Flexibilität zum Erfolg.

Bei Empfehlungen hatte ich meist sehr hohe Abschlüsse, sodass sich meine Gruppenleiter und Kollegen immer fragten, warum ich im Tagesgeschäft nicht so durchsetzungsfähig war. Andererseits hatte meine gute Vorarbeit bei vielen Kunden die Folge, dass die Fachberater-Kollegen dort viel eher einen Staubsauger verkauften. Ich profitierte von hohen Materialverkäufen des Services, aber weniger von Geräten, während die anderen besser die Geräte verkauften, aber bei Verbrauchsmaterialien viel weniger Engagement als ich zeigten.

Dann gab es auch böse Überraschungen, wenn ein Kollege an der Tür oder beim Kunden in der Wohnung tätlich angegriffen wurde, was sich tatsächlich in Stuttgart ereignete. Dies führte zu einer Anzeige, Ermittlungen wegen Körperverletzung bzw. tätlichen Angriffs und sogar zu einer Gerichtsverhandlung. Leider gab es keinen Verdienstausfall, da bei Selbstständigen ohnehin keine konstanten Einnahmen fließen und der Ausfall auch schwerer quantifizierbar ist als beim Angestellten. Zudem war die Strafe äußerst gering, da die gegnerische Seite gut anwaltlich vertreten wurde. Wir waren vor dieser Haustür bzw. diesem Menschen gewarnt und es passierte, wegen gebotener Vorsicht, nicht noch einmal. Aus Solidarität haben wir den Geschädigten mit unseren Verkäufen unterstützt.

Ich hatte auch einmal das Vergnügen, dass mir der Hund eines potenziellen Kunden in einem kleinen Vorort Sindelfingens unvermittelt ins Bein biss, doch es ging glimpflich ab – aber besucht habe ich ihn an diesem Tag oder später nie mehr.

Einmal passierte es mir, dass ich mit einem Kunden in einer mittelgroßen Stadt zusammentraf, der einerseits kein Geld zu haben schien, dem gegenüber ich mich wegen seiner Annäherungen aber vorsichtig verhalten musste. Mir gelang es durch viel Fingerspitzengefühl, schließlich mit ihm ins Gespräch zu kommen und ein Geschäft abzuschließen. Am darauffolgenden Tag habe ihm dann die Ware vorbeigebracht.

Es gab aber auch Überraschungen beim Verkaufsgespräch, wenn die Nachbarn oder Kindern oder Enkel ihren älter gewordenen Eltern davon abrieten, dass diese entgegen ihrer eigenen Überzeugung keinen Staubsauger kauften, oder Ehefrauen darum baten vorbeizukommen, wenn der Ehemann nicht anwesend sei. Auch erlebte ich, wie eine Kundin gegen den Willen des Ehemanns nach meiner Vorführung am Vortag und anschließendem Gespräch mich am folgenden Tag bat vorbeizukommen und mit dem selbst verdienten Geld einen Staubsauger kaufte. Andererseits gab es Ehemänner, die einen Wagen einer weltweit bekannten Automarke fuhren und dort auch Geld investierten, aber sich dagegen aussprachen und durchsetzen wollten, wenn die Ehefrau auch nur eine neue Büste mit Elektromotor kaufen mochte.

Böse Überraschungen gab es, als mir im Raum Kunden Sindelfingen klagten, dass sie beim erfolgreichen, aber auch manchmal hitzigen und ungehobelten Fachberater sich hatten Teppiche reinigen lassen und er ihnen 150 Euro dafür abverlangt hatte. Er hatte angeblich zu den Kunden gesagt, dass er schließlich in der Zeit der Reinigung auch zwei Staubsauger hätte verkaufen können. Aber hier hatten die Kunden nicht widersprochen und der Berater hatte argumentiert, dass sie nur den ortsüblichen oder tariflichen Preis einer solchen Dienstleistung zahlen würden. Da diese Kunden aber weder Belege hatten – sie hatten schließlich bar bezahlt – und auch den Auftrag erteilt, habe ich ihnen gesagt, dass ich nichts tun könne. Ich habe meinen Gruppenleiter in Kenntnis gesetzt, den aber nur interessierte, ob das Bezirksbüro davon wusste, was ich verneinte. Damit war die Sache erledigt.

Bei einem späteren Sondereinsatz, an dem ich ebenso teilnahm, hatte dieser Kollege bei den Kunden erzählt, das die sonst zuständige Kollegin im Festgebiet bereits verstorben sei – und dies nur deshalb, um an diesem Tag zu verkaufen. Sein Verhalten, als es schließlich bekannt wurde, löste in der Gruppe Unverständnis als auch bei der betroffenen Kollegin Wutgefühle aus.

Mir selbst passierte es einmal innerhalb eines Stuttgarter Vororts, dass ich versehentlich Freitagnachmittag auf die letzte Minute ein Pärchen traf, das unbedingt noch einen Staubsauger kaufen wollte. Nach Vorstellung des Geräts kam es schließlich zum Abschluss mit einem Ratenkauf. Da ich hier versehentlich im Gebiet eines anderen Fachberaters aktiv war – und es sich an dieser Stelle kein weiteres Geschäft für einen Staubsauger-Verkauf ergab – machte er wegen dieses Irrtums lange Streit und Hader mit dem Gruppenleiter und auch mir.

Mit einem anderen Kollegen, der anfänglich sehr erfolgreich mit wenig Deutschkenntnissen verkaufte und dessen Erfolge nach zwei bis drei Jahren trotz aller Mühe einbrachen, passierte mir auch ein Ungeschick. Beim Sondereinsatz wollte er mich in ein Neubaugebiet abschieben und selbst lieber die alten Häuser machen. Als ich merkte, dass ich im Neugebiet nach drei Monaten nichts ausrichten konnte, ging ich auch zu seinen Häusern hin. Als er mich traf, stellte ich es als ein Versehen hin, aber ich kriegte seine Wut ab und er war nur schwer zu besänftigen. Wenige Monate später gab er seinen Job auf, denn bei den sinkenden Umsätzen konnte er weder seine Familie, deren Lebensstandard und Auto zahlen. Er spürte da, dass er sich auf einen Job eingelassen hatte, bei dem man, wenn einen das Glück verlässt, gezwungen wird, unseriös zu werden, Ansprüche zurückzuschrauben oder es schnell aufzugeben.

Konnte ein Kollege wegen einmonatigem oder längerem Führerschein-Entzug nicht selbst fahren, wurde er immer von Kollegen ins Gebiet gebracht oder abgeholt. Manchmal hatten es Kollegen zum Termin zu eilig oder wurden, wie andere auch, nach Feiern und Alkoholgenuss von der Polizei angehalten und getestet.

Einen Tag bei einer Autoinspektion oder Krankheit konnte man schon verschmerzen und zu Hause bleiben. Meist gingen andere Fachberater, Gruppenleiter aber trotz Krankheit, wenn kein hohes Fieber oder totale Schlappmache vorhanden war, wie andere Selbstständige ihrer Arbeit nach. Wie viele Solo-Selbständige wissen, werden in diesen Zeiten Krankheit und Urlaub zum Luxus, da dies nicht nur Erholung oder Genesung ist, sondern auch keine Einnahmen möglich sind.

Ich nahm bei Inspektionen oder Reparaturen ein Leihfahrzeug vom Händler meist gratis oder gegen geringe Gebühr mit.

Da ich einmal Schwierigkeiten mit meiner Karre beim Transport meiner Vorführkoffer hatte, ließ ich diese kurz in einer Seitenstraße von Herrlingen stehen.

Anstatt in einem Laden auf dem Weg zu fragen, ob ich die Koffer kurze Zeit unterstellen könne, um schnell das Auto zu holen; ließ ich ihn stehen. Das musste aber von Langfingern beobachtet worden sein, die die Chance wohl sofort wahrnahmen. Als ich zurückkam, hatte ich zwar noch meine Mappe, die Koffer waren aber weg. Ich habe es gleich zur Anzeige bei der örtlichen Polizei gebracht. Statt mit Koffer habe ich dann, was viele nach langer Erfahrung machten, aus der Mappe verkauft und Verbrauchsmaterialien hatte ich noch im Fahrzeug dabei. Am folgenden Tag hat mir die Sekretärin des Bezirksbüros schnell mit Geräten und Koffern geholfen, die ein ausgeschiedener Kollege kurz vorher abgegeben hatte. So musste ich lediglich die Transportkarre neu kaufen. Die Polizisten der Wache wunderten sich über diesen Vorfall, doch trotz einer spezifischen Nummer kann man solche Vorfälle selten erfolgreich erklären. Doch es muss wohl vom Polizeibericht später in der Regionalzeitung darüber berichtet worden, denn als ich später dort wieder unterwegs war und beim Kundengespräch darauf zu sprechen kam, bekundeten mir einige Kunden Unverständnis über einen solchen Diebstahl und das Mitleid mit meiner Lage.

Ebenso wollte einmal ein Ehepaar in Herrlingen mich bei der Polizei anzeigen, weil ich ihnen wohl verdächtig oder unseriös vorkam, sie schlechte Erfahrungen mit Kollegen gemacht hatten oder durch Verbraucherschützer vor Haustürgeschäften gewarnt worden waren. Ich sollte vor der Tür des Hauses warten. Doch der Ehemann hat bei der Polizei wohl meinen Namen genannt, der aber nach dem Diebstahl von meinem Geräten dort bekannt war, und da die Polizisten mich kannten, ignorierten sie einfach den Anruf. Sie scherten sich nicht darum, kamen gar nicht erst vorbei, um bei mir zu fragen, was denn vorgefallen sei.

Was mir nicht passieren durfte und auch beim Gruppenleiter zu Schwierigkeiten führen konnte, waren viele Tage hintereinander ohne Umsatz, noch schlimmer keine Geräte vorgeführt zu haben oder zu verkaufen, wozu wir kurz „schreiben“ sagten (Auftrag,

Empfehlung oder Personalwerbung geschrieben, Kunde hat Auftrag unterschrieben), mindestens aber Verbrauchsmaterial oder wenigstens eine Personal- oder Küchenwerbung beim Kunden unterzubringen.

Aber es blieb mir nicht erspart, dass sich trotz langer Tätigkeit bei mir zwei oder drei längere Krisen ohne Verkauf ergaben und ich es nur mit viel Mühe und mit Unterstützung meines dritten Gruppenleiters schaffte, mich zu fangen. Für viele meiner Kollegen konnten solche Zeiten das Aus einläuten, aber auch der Tod eines Familienangehörigen, Streit unter den Ehepartnern und hin und wieder mal eine Trennung/Scheidung führte zum Austreten.

Ein oder zweimal im Jahr gab es manchmal auch innerhalb der Familie oder Verwandtschaft die Gelegenheit, einen Staubsauger zu verkaufen. Doch ich habe mich immer auf Kunden außerhalb der Familie und der Wohnorte konzentriert. Nur bei Nachfragen, die von dort kamen, habe ich auch diese Kunden bedient. Als ich mich von meiner Frau trennte oder als sich die Trennung von Vorwerk wegen steigender Verkaufsprobleme und Schwierigkeiten noch Verbrauchsmaterialien zu bekommen andeutete, nahmen Kunden daran Anteil, indem sie fragten, ob ich noch dabei sei, oder meinten, dass ich wohl wieder eine Frau finden werde – ich sei doch ganz nett.

Hin und wieder überließen mir Vermieter von Wochenendwohnungen in Orten mit spektakulären Vergnügungsparks, Küchengeräte-Beraterinnen, eine Architektin in einem kleinen Vorort von Stuttgart ihre Visitenkarten in der Hoffnung, dass ich ihnen Kunden besorgen könne. Doch im Direktgeschäft – außer man hat eine sehr gute Woche und den Kopf frei – kann man sich nicht um andere Geschäfte kümmern. Ein anderer Gruppenleiter sollte mich nach seinem 37. Geburtstag in der darauf folgenden Woche wieder aufbauen – wir fanden uns von Anfang an sympathisch, waren auf Anhieb befreundet, als ich mit ihm in meiner Anfangszeit am Wochenende unterwegs gewesen war. An einem Montagmorgen starb er überraschend – wahrscheinlich war ihm die Bauch-Aorta geplatzt bei der Gebietseinteilung und anschließend beim Hinlegen im Auto, weil er einen Brustschmerz fühlte, der dann in der Folge schnell zum Tod führte. Die Kollegen erzählten, dass „ihm schlecht geworden war", dass er sich dann auf die Rückbank in seinem Wagen legte,

„eine blaue Färbung bekam“ und sie beim Ansprechen merkten, dass er „wohl gestorben“ sei. Die Polizei sei gekommen und die Kollegen mussten eine Befragung über sich ergehen lassen, aber schließlich war es die Pflicht der Polizisten, dass ein Fremdverschulden ausgeschlossen werden konnte. Als ich in das Mittagstreff kam, erzählten mir die überraschten Kollegen von dem plötzlichen Tod des Gruppenleiters, der aus heiterem Himmel für die ganze Gruppe und den Bezirk gekommen war. So waren nicht nur wir als Gruppe außer Takt, wir bekamen mit, wie die anderen Gruppenleiter und der Bezirksleiter innezuhalten schienen. Wir haben die Woche dennoch unter Schmerzen und Trauer versucht voll durchzuziehen, viele Kollegen fuhren am Donnerstag der gleichen Woche nach Dornstadt zur Beerdigung. Die Vorwerk-Fachberater stellten die Mehrheit der Trauernden. An diesem Freitag wurde ich kurz zum temporären Gruppenleiter ernannt, sammelte die Verkäufe in der Liste und nahm Freitagabend im Bezirksbüro am Treffen der Gruppenleiter im Bezirk mit dem Leiter teil. Der Schock saß bei allen im Bezirk tief – dass man „eben nicht immer alles verlangen“ könne, eben „Spitzenleistungen ständig zu fordern“, der Todesfall hatte den Bezirksleiter nachdenklich gemacht und „das menschliche Maß wieder zu beachten“ bei allem Druck in diesem Geschäft kam wieder mehr zum Zuge.

Da ich auch Anfänger mit Vorwerk Verbrauchsmaterialien versorgte bzw. aushalf, hatte ich manchmal Pech. Denn diese hörten manchmal überraschend auf und so musste ich jährlich einen höheren Betrag als Verlust abschreiben. Bei Gruppenleitern waren diese Verluste höher, doch die Prämien am Jahresende sorgten für eine Kompensation. Manche Gruppenleiter ließen sich die Materialien netto auszahlen und minimierten damit das finanzielle Risiko. In guten Zeiten hatte man Tage, wo im dreistelligen Bereich Verbrauchsmaterialien wie Tüten und Filter bar verkauft werden konnten und man so viel verdiente, als hätte man einen kompletten Staubsauger verkauft, und konnte relativ zufrieden den Tag beenden.

Eine geschiedene Kollegin hat mir mal erzählt, dass sie wegen meiner Ermunterung bei Vorwerk durchhielt, sie war mittlerweile mit einem Kollegen liiert.

Kolleginnen, die nicht aufpassten in ihren Äußerungen, standen in der Gefahr, dass sich die Männer untereinander solidarisierten oder das es spöttisch um die „kleine Rote“ ging, die beim Kunden gewesen war. Zu ihrem Glück blieb ihnen aber das so in Büros verpönte Kaffeekochen für die Männer erspart. Als eine Kollegin sich einmal darüber beklagte, dass sie im Osten Deutschlands geboren sei, trieb es mein Gruppenleiter auf die Spitze, indem er die Beispiele so weit trieb, dass wir alle inklusive seiner Person im Osten geboren seien. Im Allgemeinen führte die Anwesenheit des weiblichen Geschlechts dazu, dass es in den Treffs sprachlich weniger derb zuging, das kooperative, unterstützende Element neben dem Wettbewerb um Umsätze und Rang innerhalb der Gruppe zum Tragen kam. Eine Kollegin verunglückte einmal bei der Rückfahrt zur Gruppe, da sie auf einem Feldweg mit einem Traktor des ortsansässigen Bauers zusammenstieß. Auch ihr wurde solidarisch geholfen. So wurde sie ins Gebiet morgens gefahren und auch mittags und abends abgeholt, was sie wiederum bezahlte.

Später zog mein Gruppenleiter mit einer jüngeren Kollegin zusammen, die er selbst geworben hatte. Da bekam ich mit, dass es viele Geschiedene gab, die sich mühsam wieder orientierten und neue Liebesbeziehungen suchten. Zwischen Ostern und Pfingsten 2005 widerfuhr mir dann das gleiche Schicksal. Aber auch erfuhr ich Solidarität, dass mir in allem Chaos und Verwirrtheit die Wohnungssuche gelang und mir die Kollegen beim Umzug halfen.

Geburtstagsfeiern und andere Anlässe

Geburtstagsfeiern fanden eher im beschaulichen Maß statt, nämlich damit Getränke für die Runde zu schmeißen oder gebackenen Kuchen der Freundin oder Frau zu servieren, soweit es die Gaststätte zuließ. Nur unser Gruppenleiter lud meist alle zum Grillfest einmal jährlich in der Nähe seines Wohnorts ein, wobei ich auf dessen Familie, seine Kinder, seine Ex und aktuelle Freundin treffen konnte und seine beiden Hunde. Die Weihnachtsfeier organisierte er ebenso mit einem Abendessen und Getränken, wobei die meisten ohnehin durch die Anfahrt abends nicht zu lange bleiben konnten. Wie bei Betriebsfesten üblich konnte schon mal ein weiterer Bezirksleiter dabei sein, solche Feiern endeten mit Ehrungen für erreichte Leistungen mit entsprechendem Dank. Die meisten Fachberater erreichten nicht viele Auszeichnungen, denn diejenigen, die lange durchhielten über Jahre und Jahrzehnte, lagen eher im einstelligen Prozentbereich oder Promillebereich, waren dann aber stark und fast nie aus der Ruhe zu bringen, sie liefen wie Uhrwerke.

Sanktionen/Strafen

Wenn Kollegen in ihnen nicht zugewiesenen Gebieten vom Gruppenleiter Kundenaufträge akquirieren, dann kommt es zum „wildern“: Es wurde zwar innerhalb der Bezirke nicht geahndet, jedoch dann, wenn es einer aus einem benachbarten Bezirk tat. Allerdings war es – meinen Erfahrungen nach – unwahrscheinlich bis nahe Null, maximal 10 %; entdeckt zu werden. Damit war es fast eine Einladung dazu, wenn man gerade keine Erfolge hatte.

Abweichend davon war das Schreiben aber erlaubt; wenn also ein Kunde anrief – auch Wochen später oder einen als Stammberater wollte, durfte man dort einen Auftrag zu schreiben. Bei solch relativ harmlosen Verstößen ist es wichtig zu unterscheiden, ob es überhaupt ein Verstoß war.

Da Reisende nach dem Handelsgesetzbuch (HGB) Selbstständige oder Subunternehmer waren, war die Möglichkeit zu Sanktionen für Vorwerk mehr als eingeschränkt.

Aber Vorwerk achtete streng darauf, dass nicht einmal der Verdacht von Scheinselbstständigkeit aufkam, obwohl Vorwerk andererseits darauf bedacht war, das Geschäft sauber zu halten. Deshalb definierte man Verhaltensregeln und Standards und suchte diese dann durchzusetzen. Des Weiteren konnten Verstöße abgestuft geahndet werden, die sich aus den vereinbarten Regeln im Exklusiv-Vertrag, den Verhaltensregeln im Bezirk oder den allgemeinen Vorwerk Regeln für Mitarbeiter im Direktvertrieb ergaben, von leichten Verstößen mit Abmahnung, finanziellen Strafen und zuletzt der Kündigung.

Denn ansonsten Fachberater auf eigene Verantwortung konnte bis zu einer hohen Schwelle des Geduldet-Werdens verkaufen – von Mitleid erregen, vorspiegeln von besonderen Angeboten – trotz Festpreisen und stark eingeschränkten Möglichkeiten der Fachberater zu Rabatten oder Zugaben, vermeintliche Lieferengpässe vorzugaukeln, angeblich nicht mehr lohnenden Reparaturen, wenn die Andeutungen im Wagen blieben, die Kundin dies aber glaubte im Vertrauen oder aus Naivität. Kam es beim Bezirk zu Kundenbeschwerden, bei denen das konkrete Verhalten des Fachberaters aufzuklären geboten war, konnte es leicht bestritten werden, dass es emotionalen Druck oder Beschönigungen gegeben hatte, weil es keine weitere Beteiligte gab. Außerdem blieb es dabei, dass das Unternehmen und Fachberater verkaufen mussten, womit das Interesse, jegliches Verhalten zu sanktionieren, als fehlende Solidarität gewertet werden konnte. Deshalb ging man nur in unstrittigen und eindeutig beweisbaren Vergehen gegen Fachberater vor und wenn sich die gleichen Beschwerden massiv häuften.

Außerdem wird man keine Fachberater mehr gewinnen oder Umsätze machen können, wenn der Außendienst sich bei Problemen sofort an den Pranger gestellt fühlt.

Eine schwache Möglichkeit der Kontrolle, dies objektiv zu ermitteln, bestand darin, dass man die Kennzahlen des Fachberaters analysiert im Gruppen- oder Zeitvergleich. Auffälligkeiten, d.h. gravierende Abweichungen, sind erste Indizien für vielleicht bestehende Unregelmäßigkeiten, die aber nur mit weiteren Daten zu Konsequenzen führen kann. Dazu mussten aber Kundenbeschwerden oder andere Beweise kommen, die erste Verdachtsmomente aus Indizien bestätigten.

So konnten manche Kollegen sogar über längere Zeiträume Verstöße begehen, ohne aufzufallen, da die Zentrale in Wuppertal relativ langsam war und durch ihre Spezialisierung zeitweise für über 600.000 Belegschaft sowie Fachberater und vier Divisionen zuständig, aber auch eigenständige Distributoren, assoziierte Partner, Banken in über 70 Ländern (s. o. Vorwerk Zusammenfassung). Deshalb sind sie nicht in der Lage immer angemessen schnell zu reagieren. Außerdem konnte es im Rahmen solcher Ahndungen von Verstößen nachträglich immer noch zu Gerichtsverfahren kommen, die Beweise von Zeugen oder aus Dokumenten mussten damit „wasserdicht" sein und konnten zudem auch für Vorwerk peinlich werden, weil auch eine eventuelle Mitschuld oder das lange Hinnehmen von Praktiken der Branche damit öffentlich wurden.

Kommt es zu Klagen vor Gericht, so verweist Vorwerk im Verfahren zu Recht darauf hin, dass man solche Verhaltensweisen nicht fördert und meist auch, was wiederum richtig ist, solche Außendienstler mit Strafen belegt oder sich von ihnen trennt, was auch während meiner Zeit mehrmals geschah.

Deshalb hatte in vielen Fällen weder der Fachberater/Gruppenleiter oder das Unternehmen Vorwerk ein großes Interesse an solchen gerichtlichen Streitigkeiten und die Möglichkeit war relativ groß, sich entweder mit Strafe abzufinden oder vor einem anstehenden Verfahren einen Vergleich erfolgreich auszuhandeln.

Da es sich ohnehin meist um eine zivilrechtliche und keine strafrechtliche Auseinandersetzung handelte, streben Richter und Gerichte in der ersten Instanz einen Vergleich an und sprechen ein Urteil erst dann aus, wenn dieser keinesfalls erreichbar ist.

Mein persönlicher Rückzug aus dem Geschäft

Persönlich kam mein Ende 2007 ganz anders vor, als ich das Jahr zu Beginn wahrnahm. Wobei ich die ersten 13 Wochen oder 3 Monate (entspricht einem Quartal) im neuen Jahr benötigte, um zu realisieren, dass hier nicht nur das erste schlechte Quartal vorlag, sondern es sich um eine langfristige Krise handelte, die mit einem Umsatzeinbruch um 80 % über die Zeit von einem halben Jahr bis zum endgültigen

Ausstieg führte. Dabei habe ich ein weiteres Quartal noch damit gekämpft, die Umsätze wieder zu erhöhen zu können, in der Hoffnung, dass doch irgendwie und irgendwann eine Markterholung einsetzte. Aber die Sekretärin des Bezirksbüros klagte schon im Februar, dass sie seit 2007 immer weniger Fachberater zu betreuen hatte – und selbst der Techniker wollte wissen, wie es bei mir so lief. Als sie mich im Büro fragten, meinte ich da, dass ich noch nie eine so lange und schlechte Zeit am Jahresbeginn erlebt hatte. Meine Umsätze waren weiter auf viel zu niedrigem Niveau, was schon eine Demotivation an sich war. Auch der noch manchmal anwesende, aber desinteressiert wirkende Bezirksleiter ließ mich hängen, machte es mir unmöglich noch Verbrauchsmaterialien zu bestellen, schickte mich fortwährend in das gleiche Gebiet. Dabei waren durch die vielen Abgänge ganz Stuttgart und dessen Umgebung mittlerweile ohne Versorgung. Diese wurden zu dieser Zeit aber schon durch Passend-Für (Plagiate Händler) bedient, sodass der Wegfall dieser Umsätze der Vorwerk-Fachberater zu Beginn des Jahrtausends nicht merkbar ins Gewicht fiel, aber 2006 und 2007 hatten diese große Kundenanteile auf ihre Seite gezogen. Ich traf mich mit meinem Ex-Gruppenleiter, der mittlerweile für den amerikanischen Konkurrenten verkaufte, wo er schon länger Wechselpläne hatte. Er war schon vorher in Ungnade gefallen, da auch er, wie bereits drei andere Gruppenleiter zu für Vorwerk nicht konformen Verkaufsmethoden griff, um das wegbrechende Geschäft doch noch persönlich für sich zu retten. Was bei ihm und den anderen zur fristlosen Kündigung führte, aber danach über ein Quartal praktisch das Stuttgarter Bezirksbüro arbeitslos machte, denn die restlichen Gruppen lösten sich danach allmählich auf. Dies führte für ihn später noch zu einem gerichtlichen Nachspiel für ihn. Doch meinem Ex-Gruppenleiter gelang es auch hier eine große Auseinandersetzung vor Gericht zu bestehen. Wir hatten noch intern einen Finanzausgleich vorzunehmen, da er eine meine Empfehlungsadresse gegen Ende seiner Zeit bei Vorwerk schrieb und mir der Betrag noch zustand. Er meinte, dass der Stuttgarter Bezirk „ohnehin für Vorwerk nicht mehr existent sei“ und als er sich nach meinen aktuellen Umsätzen erkundigte, da wurde mir klar, dass es auch mich nicht mehr halten konnte.

Doch das endgültige Aus fiel schwer, da noch ein hoher Debit (Schulden) bestand. Ich rang mich durch, um danach die restlichen Verbrauchsmaterialien zu verkaufen, zu kündigen mit allen Konsequenzen und künftig mit Plagiaten und Staubsauger-Empfehlungen weiterzuarbeiten.

Mittlerweile waren Kundenwünsche nach Verbrauchsmaterialien, Reparaturen und Gebrauchtgeräten durch mehrere Läden der Plagiatshändler im Raum Stuttgart, aber auch in danebenliegenden Landkreisen abgedeckt, sodass mir noch fünf Quartale das Überleben in der neuen Selbstständigkeit gelang.

Nach längerem Hin und Her mit der Vorwerk Rechnungsabteilung, wobei fair Forderungen und Gegenforderungen, teilweise zu 100 %, und am Ende im außergerichtlichen Vergleich ausgeglichen wurden, kam das endgültige Aus. Noch mit dem Steuerberater und dem Finanzamt wurde abgerechnet und eine; für das Steuerberaterbüro und mich, tragbare Übereinkunft getroffen, dass die Gewerbeabmeldung und die Abwicklung durchgeführt wurde. Dies gelang wiederum durch rechtzeitige Information des Beraters und Abtretung von Forderungen. Beim geleasten Auto gelang es durch mein Vergleichsangebot, Einschaltung der Schuldnerberatung beim Landratsamt und Hilfe der Familie und Verwandtschaft letztlich auch hier eine Lösung zu erreichen.

Besonders traurig war für mich, dass ich mein Auto nicht halten konnte. Künftig war alles zu Fuß, mit dem Fahrrad oder Zug zu erledigen. Da ich auch bei Vorwerk ein hohes Debit hatte, war dies eine Zukunftsbelastung, die reduziert oder abgeschafft werden musste.

„Der oberste Zweck des Kapitals ist nicht, mehr Geld zu schaffen, sondern zu bewirken, dass das Geld sich in den Dienst der Verbesserung des Lebens stellt.“[/6/]
Henry Ford

Vergleich Kundenberater/Shopbetreiber/ Angestellter

	Selbständiger Handelsvertreter als Fach- oder Kundenberater	Selbständiger Shop Inhaber und Geschäftsführer (und E-Commerce)	Arbeitnehmer	Ihre Priori-täten
Priorität, persönlich, dazu Punkteanzahl zur Orientierung				Die jeweils Priorität hier einsetzen
Vertragsinhalte				
Punkte	3	5	1	
Vertrag	Exklusiv	Mündlich und schriftlich im Rahmen des BGB	Arbeitsvertrag / Tarifvertrag	
Punkte	1	5	1	
Produkte / Dienstleistung / Entwicklung / Produktion	Vorgegeben	Frei gestaltbar	Vorgegeben	
Punkte	1	3	0	
Marketing / Werbung / PR Materialien dazu	Vom Vertragspartner	Bereitgestellte Werbematerialien, Preislisten	Nein	
Punkte	1	3	0	
Kaufvertrag / Preise / Rabatte /AGB	Vorgegeben	Bei Exklusivvertrag : Preisliste, sonst Marktpreis oder Exklusivpreis bei Alleinstellung möglich	Kein Einfluss	
Punkte	3	5	2	
Weisungen	Schulung, Einarbeitung, aber sonst keine	Nein	disziplinarisch und fachlich	
Punkte	3	3	0	
Fürsorgepflicht	Nein	Nein	Ja	
Punkte	5	10	3	
Chancen	Gruppen- /Teamleiter	Sieger der Exklusivvertretungen ,Marktführer	Karriere / Gehaltserhöhung / Führungsaufgaben / Sonderaufgaben	
Punkte	3	7	2	
Risiken	Zu wenig Umsatz, Krankheit, (Privat-) Insolvenz	Wandel im der Gesellschaft oder im Kaufverhalten der Kunden usw., Geschäftsaufgabe, Insolvenz	Wandel in der Gesellschaft z.B. Jüngere und billige Arbeitskräfte, Automatisierung, Versetzung, Kündigung	

Sonstiges				
Punkte	3	5	1	
Steuerberater	empfehlenswert	ja	Nein, allenfalls bei hohem Einkommen und Abschreibung von Investitionen oder Immobilen	
Punkte	1	2	1	
Rechtsanwaltliche Beratung	Im Einzelfall, bei Streitigkeiten	Im Einzelfall, bei Streitigkeiten	Bei Kündigung / Versetzung	
Punkte	1	3	0	
Schutz	Aufstockung, Hartz IV (SGBII)	Hartz IV (SGBII)	Arbeitslosengeld, dann Hartz IV (SGB II)	
Punkte	1	1	0	
Freiwillige Einzahlung in Arbeitslosenversicherung	Ja	Ja	Bereits über Sozialversicherungen gegeben	
[illegible]	[illegible]	[illegible]	[illegible]	
[illegible]	[illegible]	[illegible]	[illegible]	
[illegible]	[illegible]	[illegible]	[illegible]	

©Bild 22: Vergleich zwischen selbständige Handelsvertreter, Selbständiger Shop, Arbeitnehmer

Vergleich Kundenberater/Shopbetreiber/Angestellter

Die Kriterien gelten unabhängig von schulischer und beruflicher Vorbildung. Generell lässt sich dazu aber sagen, dass je besser die Vorbildung (Hauptschulabschluss/Realschule bis Hochschul-/Universitätsabsolvent), je besser die Berufsausbildung (z. B. Handwerker waren bei Vorwerk meist erfolgreich), je höher die praktische Intelligenz, je mehr Berufserfahrung, oder man aus einer anderen Selbstständigkeit kommt, desto höher ist die **statistische** Wahrscheinlichkeit zum Erfolg.

Berufliche Qualifikationen in kaufmännischen Berufen bleiben auch deshalb unberücksichtigt, da sie für den Fachberater bis zum Jahr 2008 oder für den Kundenberater ab dem Jahr 2009 aus Sicht von Vorwerk nicht erforderlich sind.

Dieser Kriterienkatalog ist aus **meinen Erfahrungen** entstanden und damit **weder wissenschaftlich noch überprüft**, sondern pragmatisch und soll die eigene Einschätzung erleichtern, auf Herausforderungen und Unterschiede zum klassischen Beruf und Karriere aufmerksam machen.

Damit Sie, lieber Leser, sich entscheiden für eine dieser drei Varianten, gelten folgende grobe Orientierungen:

Punkteauswertungen:

Von 11 bis 19 Punkte: weniger gut geeignet; besser weiterhin im Job bleiben oder später starten

Von 20 bis 29 Punkte: geeignet, aber Potenzial ausbauen

Von 30 bis 39 Punkte: gut geeignet, Fach- und Kundenberater

Von 40 bis 49 Punkte: sehr geeignet, hohes Potenzial, Teamleiter

Von 50 bis 58 Punkte: sehr geeignet, sogar Potenzial für Start-up (Existenzgründung)

Genauere und verbindliche Auskünfte dazu bieten entsprechende Beratungsstellen in Städten, Hochschulen, Arbeitsvermittlungen, Arbeitsberatern der Jobcenter und berufsständische Kammern an. Auch über mögliche finanzielle Förderungen der Länder, des Bundes oder EU kann man sich dort informieren.

Auf jeden Fall sollte **der Schritt in die** volle **Selbstständigkeit**, abgesehen als Nebentätigkeit – egal ob im Direktvertrieb, Networking, E-Commerce, Franchise, Händler, als Versicherungs-Makler – immer **gut überlegt sein**.

Aber **kein Berater**, keine Institution oder Organisation kann Ihnen Ihre Entscheidung abnehmen, für die **Sie verantwortlich sind!**

Eine Garantie, Erfolg zu haben oder hohe Einkommen zu erzielen, **kann Ihnen niemand** seriös im Vorhinein versprechen!

Persönliches Resümee/Ausblick

„Wir sind verantwortliche menschliche Wesen, nicht blinde Automaten. Wir sind Persönlichkeiten, nicht Puppen.“/7/
Martin Luther King

Abgesehen von einer großen Unternehmenskrise sollten für den Einstieg in den Direktvertrieb Einzelerlebnisse keinen Ausschlag geben. Deshalb ist trotz meines persönlichen Ausstiegs und dem neuen Multi-Kanal-Marketing, was vermutlich ein brauchbares Zukunftskonzept des Handels werden kann, Ihre Entscheidung aufgrund persönlicher Voraussetzungen, Ambitionen, Fähigkeiten und wie sich potenzielle Unternehmen und deren Arbeitsplatzangebot für Sie darstellen zu fällen.

Abgesehen davon lässt sich aber allgemein sagen:

Dieser Branche kann eine gute Zukunft prognostiziert[8] werden, da durch Stagnation oder Rückgang der Umsätze in den klassischen Kaufhäusern oder Sortimentsbuchhändlern (siehe den Buchhandel, Textilgeschäfte, Elektronikgeschäfte, Läden für CDs, Schallplatten usw.) in Städten und Gemeinden[9], was man als stationären und sortierten Handel bezeichnet, sowie durch die vermehrten Erfolge im Internet-Handel eine Lücke in der Beratung entsteht. Dennoch ist gerade die persönliche Beratung bei den Kunden weiterhin gefragt. Klagen von Sortimentshändlern zeigen, dass sie Kunden beraten, die aber dann im Internet shoppen gehen („Beratungsklau") – eine Masche, gegen die es bisher faktisch keine Abwehr- oder Strafmaßnahmen geben kann, die auf den Strafenden zurückfallen könnten. Außerdem ist diese Sichtweise einseitig, da sich auch im Internethandel, bei Preisbörsen usw. der potenzielle Kunde informieren kann, dann aber im Sortimentshandel einkaufen geht.

Dies könnte dazu führen, dass Geschäfte übers Internet wie soziale Netzwerke, Verkaufspartys oder Hausbesuche als eine Alternative oder Ergänzung zum alten unangemeldeten Haustürgeschäft weiterhin ihre Berechtigung haben.

Dabei haben Sie die Chance den Kontakt mit Mensschen zu erfahren, wie sie denken und man sie beeinflussen kann. Andererseits lernt man seine eigenen Grenzen kennen – wie sehr man wirklich beeinflussen kann, auch mit längeren Durststrecken oder Frustration, Niederlagen aber auch Triumphen im Verkauf umzugehen, sonst geht man innerhalb kurzer Zeit unter. Lernt man hingegen damit umzugehen, es nicht als persönlichen Angriff oder Niederlage zu interpretieren, dann kann man dieses Geschäft erfolgreich und lange betreiben.

Die Einstiegskosten, im Gegensatz zum Franchising oder dem Aufbau eines eigenen Unternehmens, sind sehr niedrig, sodass hier sogar aus einer Lage mit niedrigem Eigenkapital oder Ersparnissen gestartet werden kann.

Zum Nachdenken sollte fernerhin in Betracht gezogen werden, dass Direktvermarktung in Form des persönlichen Besuchs von Vorwerk, dem führenden Direktvertriebs-Unternehmen in Deutschland, mittlerweile selbst positiv eingeschätzt wird, da es einen Umsatzzuwachs „von 18,9 % gegenüber dem Jahr 2011“ zeigt, denn „der individuelle Nutzen … erschließt [sich] … am besten durch … persönliche Vorführung in der Wohnung“; „Die Maßnahmen [tragen dazu bei], das Berufsbild der Berater attraktiver zu machen.“/10/ Siehe das Unternehmensporträt.

Dabei kann jeder wissen, der bei der Vorwerk-Gruppe beginnt, dass dieser Global Player im Jahr seinen Umsatz zu 67 % innerhalb Deutschlands und im Kerngeschäft; gemeint sind die Direktvertriebe, zu 83 % international macht./11/

Würde dieses Vorwerk sich hieraus in Deutschland verabschieden, dann würde dies für andere Direktvertriebsunternehmen höchstwahrscheinlich eine Signalwirkung haben und die anderen Vertriebe vermutlich dazu veranlassen, ihr Engagement bzw. Vertriebskonzept ebenso zu ändern. Zumal dieser Entscheidung gewiss Informationen an die Mitglieder im Verband vorausgehen würden. Direktvertriebe, hier am Beispiel des Networking exemplarisch aufgezeigt, bieten in Deutschland die Chance als Selbstständiger in Verkauf, Beratung und Service Geld bei einem erfolgreich geprüften Marketingkonzept verdienen zu können. So stellt eine Studie aus dem Jahr 2004 zusammenfassend fest, dass viele dort „17 Stunden wöchentlich“ und „überwiegend nebenberuflich“ arbeiten, „die Masse der Networker nicht mehr als 250 Euro pro Monat verdient, (…) ein Fünftel ein Einkommen von mehr als 2.000 Euro“; die Vertriebstechnik „dominiert (…) das Einzelgespräch.“ „Die eigene Wohnung (…) ist der klassische Verkaufsort.“ Die Kundinnen „umfasst die breite Alterspanne von 30 bis 60 Jahren“ und der Networker hat „10 bis 50 Kunden“ und „der Durchschnittsumsatz pro Kunde und Jahr [liegt] zwischen 100 Euro und 250 Euro“ sowie die „extrem hohe Zahl der Stammkunden mit über 80 %“. Probleme liegen, wie in Direktvertrieben generell, im „schlechten Image der Branche“ und in „unseriöse[n] Vorgehensweise[n] einzelner Networker zu potenziellen Kunden“./12/

In jeder Branche gibt es Unternehmen, die abweichend von klassischen Vertriebswegen neue oder andere Wege zu ihren Kunden suchen – und dies ist in einer freien Marktwirtschaft durchaus gewünscht. Zu diesen nicht-klassischen Formen gehören im Verlagswesen die Privatverleger oder bei den Staubsaugern, Kosmetika oder Versicherungen und Banken die Direktvertriebe oder der Internethandel. Diese Art des Verkaufs ist deshalb, weil sie ungewöhnlich oder selten ist, aber nicht von vornherein unseriös. Sie stellen meist in ihrem Branchenumsatz keine dominante Gruppe dar, sondern bewegen sich im einstelligen Bereich. Dabei ist beim Handel über das Internet noch nicht ausgemacht, inwieweit es diesem gelingt, das Ladengeschäft in manchen Branchen stark zu verändern, wie den Buchhandel oder Textilhandel, oder nur gering, wie im Möbelhandel.

Es steht jedem Interessenten, Kunden oder Bewerber frei, eine Geschäftsverbindung mit solchen Unternehmen einzugehen, zumal offizielle oder inoffizielle Informationen heute durch gedruckte Medien der Unternehmen oder Zeitungen, aber auch Radio, TV oder Internet leicht verfügbar sind.

Solange es diesen Sonderformen des Vertriebs gelingt, Kunden und Mitarbeiter zu finden, damit Bedürfnisse des Marktes – wenn auch nur partielle – zu befriedigen, steht es jedem frei, sich da zu engagieren.[/13/]

In der o. a. Tabelle und Bewertungen aus persönlicher Sicht – habe ich zwei Selbstständigkeit und eine Angestelltentätigkeit gegenübergestellt. Daraus können Sie entnehmen, wo bei Ihnen selbst die Sympathien liegen.

Da im Außendienst nur die Erfolge zählen, die sich in realisierten Umsätzen zeigen, ist es wichtig, dies entsprechend einzuordnen bzw. sich über Hobbys, Vereine, einen verständnisvollen Partner oder Freunde einen Ausgleich zu schaffen.

Für den Fall des Scheiterns sollte bei Ihnen ein Plan B vorhanden sein, wie die Rückkehr in einem „normalen" Job, die eigene Selbstständigkeit oder als letzte Leine: die Beantragung von Aufstockung oder Existenzsicherung, wobei dann eher die Aufnahme eines zweiten Jobs – notfalls Zeitarbeit – manchmal sinnvoll sein kann.

Bilder und Quellen

Bild/Grafik: privat

1 Roland Leonhardt: Lebensweisheiten berühmter Dichter und Denker – über 2000 Zitate von Aristoteles bis Zuckmayer, Hannover, Originalausgabe (Buch); 2011

2 Markus Blepp, Eva Bommer, Dietlinde Quack: ROSA Staubsauger für den Hausgebrauch Entwicklung der Vergabekriterien für ein klimaschutzbezogenes Umweltzeichen Studie im Rahmen des Projekts „Top 100 – Umweltzeichen für klimarelevante Produkte", Freiburg, 28. 05. 2013, S. 20

3 a. a. O. Leonhardt, 2011

4 ebenda

5 Henryk M. Broder; Hilde Recher (Hrsg.): Der jüdische Kalender Fünftausendsiebenhundertdreiundsiebzig 2012–2013, 30. Jahrgang, Augsburg, 2012, S. 258–263

6 a. a. O Roland Leonhardt 2011

7 ebenda

8 URL: http//:www.direktvertrieb-.de [24. 06. 2015]

9 vergl. Direkt Magazin (Hrsg.): Bundesverband Direktvertrieb Deutschland e. V.: Berlin, April 2013

10 vergl. Lagebericht/Direktvertrieb Vorwerk Kobold Vorwerk & Co. (Hrsg.): Vorwerk Geschäftsbericht 2012 Lasst uns feiern – viel Spaß; Vorwerk & Co, Wuppertal, 2013, S. 17

11 vergl. Lagebericht/Allgemeiner Teil zum Geschäftsverlauf in Vorwerk & Co. (Hrsg.): Vorwerk Geschäftsbericht 2012 Lasst uns feiern – viel Spaß; Vorwerk & Co, Wuppertal, 2013, S. 11

12 Prof. Dr. Michael M. Zacharias: Kurzfassung der Studie Network – Marketing in Deutschland 2004, Fachhochschule Worms, University of Applied Sciences European Business Management/ Handelsmanagement, 1. Ausgabe August 2004, vergl. S. 15

13 Eduard Schönstedt, Thomas Breyer-Mayländer: Der Buchverlag Geschichte, Aufbau, Wirtschaftsprinzip und Marketing, Stuttgart/ Weimar, 3. Auflage 2010, S. 64

Teil 5

Staubsauger

Pioniere

Den ersten Staubsauger – noch ohne Motor, dafür mit einer Luftpumpe, der noch auf einem Pferdewagen transportiert wurde – gab es schon im Jahr 1876 in den USA und das erste Patent auf diesem Gebiet für ein amerikanisches Ehepaar[/1/], kurz bevor das Start-up-Unternehmen Vorwerk Teppichwerke & Co. in Wuppertal[/2/] das Licht der Welt im Jahre 1883 erblickte, das zu diesem Zeitpunkt Teppiche webte und verkaufte und niemand dort einen Gedanken an Staubsauger verschwendete.

Im Jahr 1906 wurde der erste brauchbare Staubsauger von einem amerikanischen Hausmeister[/3/] erfunden, dieser bestand aus einem Kasten, einem Ventilator und einem Kissen und rotierenden Bürsten. Das Prinzip und physikalische Grundlagen (s. u.) findet bis heute unverändert Anwendung. Im Jahr 1908 wurde dieser Staubsauger patentiert, welchen das Unternehmen Hoover Harness and Leather Goods Factory vom Erfinder kaufte und daraus ein erfolgreiches Produkt machte.[/4/]

Kommerziell konnte sich der Staubsauger erst Mitte des vorigen Jahrhunderts am Markt als Massenprodukt durchsetzen, davor konnten sich nur eine kleine Oberschicht diese leisten. Das Saugen der Wohnung wurde bis dahin als Dienstleistung verkauft.[/5/]

Neuere Entwicklungen bezogen und beziehen sich auf das Saugen ohne Tüte eines englischen Visionärs und Erfinders mithilfe eines Wirbelstroms (mehrere Zyklone). Dabei handelt es sich um konisch zulaufende Zylinder, in der die angesaugte Luft in eine drehende Bewegung gebracht wird, sodass im Inneren des Wirbels die kleinen Schwebeteilchen bleiben und außen größere Staubteile transportiert werden. Aus diesem Grund wird meist ein Feinfilter ergänzend verbaut. Äußerer Zyklon: Der äußere Zyklon filtert groben Schmutz und Haare aus dem angesaugten Luftstrom.

Sieb: Das Sieb trennt größere Schmutzpartikel aus der Luft, damit nur der feine Staub in die inneren Zyklone weitergeleitet wird.

Luftstrom: Wird durch das Zentrum der Zyklonanordnung direkt in den Ball geleitet, was die Saugkraft maximiert.

Innere Zyklone: Luftkanäle leiten die Luft aus den inneren Zyklonen weiter und reduzieren Wirbelströmungen und Geräusch.

Symmetrisch angeordnete kleinere Zyklone erzeugen starke Zentrifugalkräfte, die mikroskopisch kleine Partikel wie Pollen und Schimmelsporen aus der Luft trennen."/6/ Mit Düsen oder nur mit einem Zylinder als beutelloser Staubsauger (ein Zyklon) wird eine hohe konstante Saugleistung bis kurz vor dem vollen Behälter erzielt. Weiterhin wird dieses Konzept ständig vom Hersteller beworben und verbessert und verfügt mittlerweile über eine angetriebene Teppichbürste. Aber es gibt auch den Wasserstaubsauger, der als Isolator und Bakterienfänger wirkt und mit hohem technischem Aufwand gegen elektrischen Strom isoliert ist, weil Wasser Strom leitend ist; ebenso existieren voll automatisierte Robotersauger. Weiterhin gibt es noch die Dampfreiniger, die mit „heißer Luft bzw. Dampf" zur Bodenreinigung eingesetzt werden können, auch hier gelten ähnliche Voraussetzungen wie bei Saugern mit Wassertank.

Umweltgerecht zu entsorgende kaputte oder ausrangierte Staubsauger; Elektronik, Elektromotoren und recycelbare Plastikteile sind die Reaktion auf das gestiegene Umweltbewusstsein beim Käufer, aber durch die Rücknahme-Pflicht der Rechtsverordnung für Elektroschrott aus dem Jahr 2004 sorgen sie auch für die Ersparnis beim Kauf neuer Rohstoffe oder Bodenschätze wie Kupfer und seltene Erden. Verbesserte Filtertüten durch höhere Volumen, kleinere Poren, besseres Papier, bessere Durchlässigkeit der Luft mit Bakterien oder anderen Stoffen für den nachfolgenden Motorschutz oder Allergiefilter zum Zurückhalten des Mikrostaubs dienen ebenso dem Verbraucher durch die Kostenersparnisse und entlasten ebenso die Umwelt./7/

Industrie-Sauger als Konzept für Privat-Haushalte sind meist von der Geräteleistung überdimensionierte Lösungen und damit nicht sinnvoll. Starke Motoren von 1.600 bis 2.400 Watt werden immer noch gerne gekauft mit über 50 % Marktanteil/8/, verdecken aber meist den geringen Wirkungsgrad des Gesamtsystems. Denn wenn man dagegen setzt, dass 736 Watt eine Pferdestärke (PS) sind, dann sind Nennleistungen von 2,5 kW etwa 3 PS, etwa so viel, wie ein Mofa hat.

Roboter-Sauger, saugen automatisch, konnten sich am Markt bisher nur schwer durchsetzen, gewinnen aber neuerdings dazu.[9]

Aus den USA importiert gibt es ebenfalls im Direktvertrieb ein sehr teures, schweres Komplettsystem zum Saugen mit allen Zusatzgeräten, vergleichbar zu Vorwerk, dessen Marktanteil gering ist und dessen Werbemethoden von deutschen Kunden weitgehend abgelehnt werden, da zu Beginn des Jahrtausends mit Gewinnspielen und Preisen geworben wurde, damit zu Hause eine Vorführung stattfinden konnte.

Eine Innovation bei den Tüten stellen solche aus 100 % Polyester hergestellte dar, die zudem noch auswaschbar bei 40 Grad in der Waschmaschine sind, einen Reißverschluss und ein Fassungsvermögen von 7 Litern besitzen und laut Hersteller für viele gängige Staubsauger geeignet sind, wie folgende Beschreibung zeigt:

„Universal-Dauer-Staubsaugerbeutel: Dieser Universal-Staubsaugerbeutel passt auf alle Staubsauger. Nicht aus Papier, sondern aus robustem Textilgewebe und so immer wieder verwendbar! Ist der Beutel voll, einfach entleeren und wieder einsetzen – so sparen Sie Geld und schonen die Umwelt. Eingearbeitete Schaumstoffbarriere vor dem Reißverschluss verhindert Staubaustritt auch bei hoher Saugleistung. Waschbar bei 40 °C. Der Stoff ist so ausgewählt, dass er eine höchstmögliche Saugleistung des Staubsaugers ermöglicht, ohne dass es zum Heißlaufen des Motors kommt und somit zu Regressansprüchen. Die Nähte im Inneren des Dauerstaubsaugerbeutels sind mit Doppelstich und mit zusätzlicher Sicherheitsnaht versehen. Bei Billigprodukten wird hier oftmals gespart, was jedoch dazu führt, dass der Staubsauger keine ausreichende Leistung erbringen kann und darüber hinaus auf Dauer der Motor durch entweichende Staubpartikel geschädigt wird, was bis zu einem Motorbrand führen kann. Als Staubschutz an der hinteren Seite haben wir statt der bisherigen Stoffteile, die keinen ausreichenden Schutz bieten, vor dem Reißverschluss einen extra starken Schaumstoffstreifen angebracht, der eine optimale Luftzirkulation gewährleistet und darüber hinaus das Verstauben des Reißverschlusses verhindert. Der neue Staubsaugerbeutel ist voll waschbar. Der Adapter ist aus hitzeresistentem Hartkunststoff. Der Adapter ist abnehmbar (z. B. für die Wäsche). Bei herkömmlichen Staubsaugerbeuteln, die z. B. mit Klettband ausgestattet sind, kommt es durch die Wäsche zu einem „Verwellen" des Klettbandträgers, da dieser durch den Waschvorgang seine Form verändert (einläuft). Nach dem Waschen verliert dieser dadurch seine Passform. Fassungsvermögen ca. 7 Liter."[/10/]

Funktionsweise (Physikalische Grundlagen)

S. Bild 20[/11/]
Der Staubsauger besteht aus fünf wesentlichen Elementen wie einem Elektromotor, einem Ventilator, einem Rohr, einer Saugbürste und der Filtertüte[/12/], eventuell noch Kohle- und Mikrofilter, wobei diese auch bei modernen Staubsaugern in die Tüte integriert[/13/] sind.

Um ihn zum Laufen zu bringen, muss im Rohr ein Unterdruck mit einem Ventilator zu erzeugt werden und dafür gesorgt werden, dass eine nahezu konstante Geschwindigkeit erreicht wird. Daher heißen sie im Englischen „vacuum cleaner".[/14/] Der mathematische Zusammenhang kann hier über die vereinfachte Bernoulli-Gleichung beschrieben werden, bei der nur der dynamische Druck zu beachten ist, da sowohl der statische Druck, außen in einer Höhe von 0 und 80 cm, als konstant anzusehen ist und ebenso der Höhendruck bei solch geringen Höhen vernachlässigt werden kann. Dieser ist von dem spezifischen Gewicht der Luft (mit dem aufgesaugten Staub ein Gemisch aus gasförmigen und festen Bestandteilen) und dem Quadrat der Geschwindigkeit im Saugkanal bestimmt. Berücksichtigt man fernerhin, dass in Röhren die Strömung am Rand und beim Start des Saugers auf der Höhe Null des Teppichbodens 0 km/h betragen und in der Mitte des Rohrs bei einem die maximale Geschwindigkeit Vmax. (Annahme: parabolisches Profil; laminare Strömung[/15/]) erreicht ist, sind die wesentlichen Zusammenhänge bekannt. Aus diesen Randbedingungen lassen sich alle anderen Größen leicht berechnen. Mit der Gleichung von Hagen-Poiseuille kann man zeigen, dass die Vergrößerung des Radius um 1 % das durchströmende Volumen um 4 % erhöht[/16/], während es bei einer Druckerhöhung nur proportional verläuft. Setzt man bessere Ventilatoren ein, ordnet die Bürsten besser an, hält man die Reibungsverluste des Saugers auf dem Teppich gering, ist das Rohr möglichst glatt und lässt die Luft verlustfrei durchströmen, Staubtüte nicht vollkommen dicht, so dass die Mikrostäube im Allergiefilter landen,, ein hochwertiger Gleichstrommotor vorhanden, dann ist es möglich Staubsauger zu bauen, die nur wenig elektrischen Strom verbrauchen.

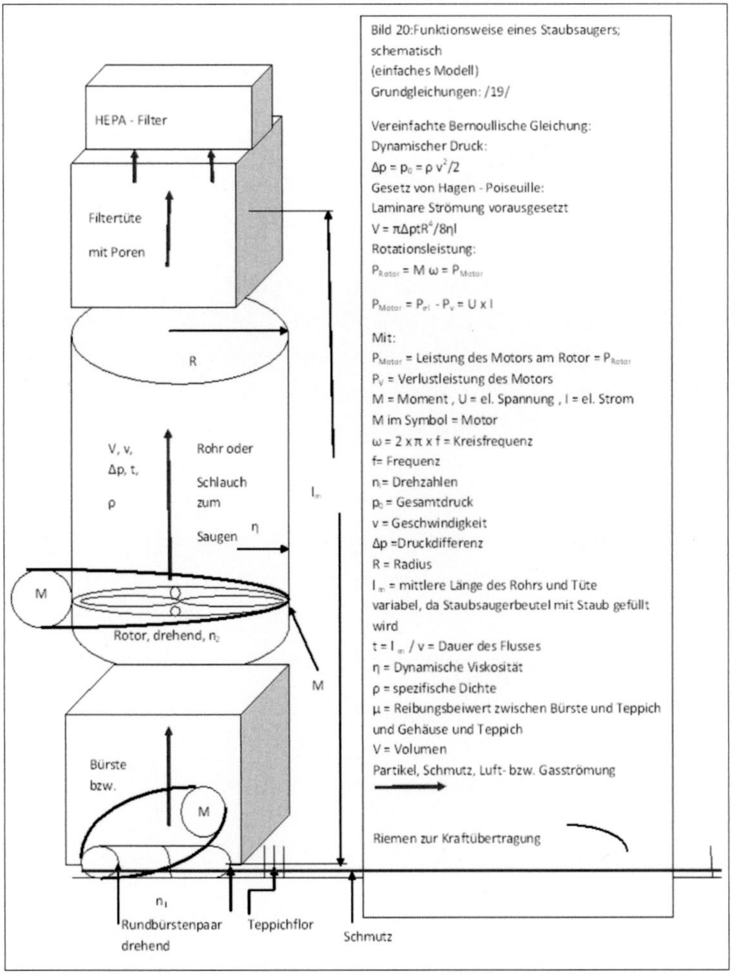

Funktionsweise des Staubsaugers (Schematische Darstellung)[/19/]

Hat der Staubsauger eine Elektrobürste, dann muss diese lediglich den Widerstand im Teppichflor überwinden und die Drehzahl muss konstant gehalten, d. h. geregelt, werden. Daher benötigen solche Motoren geringe Leistungen[/17/], werden manchmal sogar nur durch die durchströmende Luft angetrieben.

Daher darf die Geometrie des Rohrs mit nur wenigen Ecken und Kanten konstruiert sein, Übergänge zwischen den einzelnen Teilen müssen dicht sein, da sie die Gefahr des Luftdurchlasses und damit des Druckverlusts haben. An die Tüte gibt es viele Anforderungen: dass sie große Volumen fasst, die Luft durch sie durchströmt, aber dennoch die Poren sehr klein sind, dass nur noch Allergene und den Mikrostaub durchgelassen werden, die dann im Motorschutz- und Allergiefilter zum Schluss aufgefangen werden.

Die Wirkungsgrade heutiger Staubsauger schwanken bei Billigangeboten von 10 %, da hier wahrscheinlich kein großer Rechenaufwand getrieben wird, hingegen bis ca. 33 % bei Vorwerk-Geräten.[/18/] Da der Wirkungsgrad das Verhältnis der Verlustleistung zur Nennleistung angibt, bedeuten niedrige Wirkungsgrade, dass diese Sauger erheblich größere Nennleistungen erfordern, die von der Produktion mit höherem Materialverbrauch, über höheren Stromverbrauch und entsprechend höherer Stromrechnung beim Kunden bis zum Entsorgen erhebliche höhere Umweltbelastungen verursachen.

EU-Verordnung[/20/]

Bisher hatte sich diese Kommission noch nicht mit kleinen Haushaltsgeräten befasst – und entgegen der Darstellungen in der Presse wurden die Hausgerätehersteller und Gutachter vor dem Erlass mit in die Überlegungen einbezogen.

Die EU-Kommission strebt an, nachdem sie erfolgreich die Glühlampe verbot und heute viele Haushaltsgeräte nach Energieklassen oder Autos nach Schadstoffen eingeteilt sind, jetzt auch Reinigungsgeräte für Böden in der aufgenommenen elektrischen Leistung durch eine eigene Verordnung zu begrenzen.

Die Definition besagt, dass der „Staubsauger" ein Gerät bezeichnet, „das Schmutz von einer zu reinigenden Oberfläche durch einen Luftstrom entfernt, der durch einen innerhalb der Einheit erzeugten Unterdruck entsteht"[/21/], um damit Staub ins Geräteinnere zu bringen und letztlich in eine dafür vorgesehene Tüte oder Behältnis zu bringen. Dabei lassen sich verschiedene Typen von Staubsaugern unterscheiden, wie Teppich- und Hartbodenstaubsauger, Hybridsauger (Akku + Netzstrom), Industriesauger (langer Dauerbetrieb, höhere Anforderungen an Schmutzaufnahme), Zentralsauganlagen (Einbauten in Gebäuden), Dampf- und Nasssauger, Sauger für den Außenbereich oder Saugroboter. Hier hat die EU in ihrer Verordnung konkrete Vorschläge unterbreitet, was sie an Verbesserungen verbindlich vorschreibt; gleichzeitig hat sie wiederum die Verordnung im Wesentlichen auf Haushaltsstaubsauger beschränkt, damit z. B. Zentralsauganlagen, Akkusauger, Saugroboter oder Industriesauger herausgenommen werden und gleichzeitig ein, zwei Zeiträume mit leichten und verschärften gesetzlichen Anforderungen gewählt. Dazu sind die Messgrößen und -verfahren mit Toleranzen festgelegt worden. Interessanterweise geht dabei die EU von einer durchschnittlichen Wohnungsgröße von 87 m^2 aus, die deutsche DIN hingegen verlangt eine Bodenfläche von 10 m^2, und 50 Mal Saugen jährlich aus, um daraus den Jahresstromverbrauch des Saugers[/22/] zu ermitteln. Aus der Nennleistung ergibt sich die maximale jährliche Arbeitsleistung (Kilowattstunden = Nennleistung x Zeit x Fläche = elektrische Arbeit) des Saugers, aber die EU hat weder den technischen oder wirtschaftlichen Weg dazu festgeschrieben noch den Wirkungsgrad, was den Herstellern überlassen bleibt.

- Nennleistung max. 1.600 W ab dem 01. 09. 2014,[/23/]
- später max. 900 W ab dem 01. 09. 2017[/23/]
- Emissionen von Staub aus dem Gehäuse bzw. Tüte oder Behälter von max. 1 %;[/23/]
- Immissionen (Geräuschpegel) max. 80 dB (A)[/23/]
- relative Aufnahme des Staubs von Teppichen von min. 75 %[/23/]
- relative Aufnahme des Staubs von glatten Böden von min. 95 %[/23/], wobei die Nennleistung wiederum in zwei Leistungsklassen A und

B unterschieden wird und bei den anderen Kriterien sogar in die fünf absteigenden Kategorien A, B, C, D, E unterschieden werden. Damit erhält der Verbraucher nützliche Zusatzinformationen, um eine sichere Entscheidung treffen zu können.

Dabei gibt es „Haushaltsstaub“ wiederum als normiertes Material, womit die Vergleichbarkeit gegeben ist.

Nach Angaben einer Vorstudie, die das Unternehmen Vorwerk im Haus durchführte, liegt die durchschnittliche Leistungsaufnahme von „normalen“ Staubsaugern im häuslichen Bereich bei 1.900 Watt und für die eigenen Geräte bei 1.000 Watt./24/

Allerdings stellt Vorwerk mit dieser Nennleistung kein Alleinstellungsmerkmal dar. Dabei geht diese Studie von 10 Jahren Lebensdauer eines „normalen“ Staubsaugers aus und gibt für eigene Geräte eine höhere Lebensdauer von 15 Jahren an./25/

Sollte allerdings im Kaufverhalten (s. u.) zu bemerken sein, dass die Kunden vermehrt zu Akku- und speziell Roboter-Saugern greifen, so könnte es künftig notwendig sein, dass diese integriert werden könnten in eine überarbeitete Verordnung, die viele Vorschriften aus der 2. Phase übernimmt, aber beispielsweise austauschbare Akkumulatoren vorschreiben könnte und die maximale Betriebsdauer pro Saugen, damit die Algorithmen der Software die genormter Fläche von 63 m² und einwöchigem Saugen in 100 Std. bewältigt, was dem Doppelten des manuellen Saugens entspräche.

Kaufverhalten/26/

„Der Markt für technische Gebrauchsgüter in Deutschland beendet das vierte Quartal wie auch das Gesamtjahr mit einem Umsatzwachstum von jeweils 2,8 Prozent. Das zwischen Oktober und Dezember erwirtschaftete Volumen beträgt 5,1 Milliarden Euro. Der Gesamtumsatz in 2012 beläuft sich auf rund 51,6 Milliarden Euro. Das ist das Ergebnis der Konsumgüterforscher in Deutschland für das vierte Quartal 2012. So schreiben die [Verbraucherforscher aus Bayern]. Das Staubsauger-

Segment wächst im Jahr 2012 hingegen nur leicht. Den Zugewinnen bei beutellosen Staubsaugern, akkubetriebenen Handstaubsaugern und Robotersaugern stehen Rückgänge in den Segmenten Handsauger, Nass- und Trockensauger sowie Bodenstaubsauger mit Beutel gegenüber. Das vierte Quartal spielt für den Staubsaugermarkt eine vergleichsweise kleine Rolle, denn nur ein Viertel des Jahresumsatzes wird zwischen Oktober und Dezember erzielt.“[27]

Dies zeigt das geringe Interesse an diesem Waren-Sortiment. Wenn im 4. Quartal keine besonderen Umsätze erzielt werden, bedeutet dies, dass Staubsauger keine Weihnachtsgeschenke sind. Staubsauger gehören zur weißen Ware und zu den kleinen Geräten im Haushalt, denen viele Verbraucher keine besondere Bedeutung zumessen. Dennoch ist der Kleingerätemarkt mit ca. 1 Mrd. Euro schon im Konsumentenmarkt und davon 650 Mio. € für Staubsauger aller Art sind im Privaten wenig und nur relativ bedeutend.[28] So sind automatische Kaffeemaschinen emotional scheinbar interessanter. Staubsauger scheinen hingegen ein notwendiges Übel zu sein wie die Waschmaschine.

Dagegen scheinen die deutschen Verbraucher flexibel zu sein, denn im ersten Quartal 2014 kauften sie vermehrt Akku-Staubsauger, zu denen auch die Roboter-Sauger gehören. Die Letzteren sind aber ihrerseits von der neuen EU-Verordnung nicht erfasst, obwohl diese gerade in Privathaushalten von Singles oder DINKS gut einsetzbar sind. Aber hier ist es für Vorwerk schwer, Schritt zu halten, denn der konventionelle Saugroboter liegt in den Geschäften aus, kostet nur die Hälfte und ist im Internet auch schnell zu erwerben.

So gilt der Markt der Staubsauger hierzulande als gesättigt, da er praktisch in jedem Haushalt (96 %) zu finden ist.

Wenn man bedenkt, dass es ca. 39 Mio. Staubsauger in Deutschland gibt[29], von denen min. 10 % jährlich ersetzt werden müssen (10 Jahre mittlere Lebensdauer unterstellt), weil sie nicht mehr brauchbar sind, und dazu kommen noch geschätzte 20 % defekte Geräte aus jährlichen Neuverkäufen über diese Lebensdauer, sodass auch von diesen ein Großteil nicht mehr zu reparieren ist, dann ergibt sich ein jährliches Volumen von geschätzten 11 % (eigene Schätzung: 50 % Reparatur- und 50 % Austauschquote unterstellt) somit ca. 4,29 Mio. neue Geräte, was gut mit ermittelten Daten übereinstimmt. Dabei werden die meisten über den Fachhandel (29,5 %) verkauft, von den Kaufhäusern (5 %) bis zum Discounter, jeder 5. im Direktvertrieb (19,7 %) und ein weiterer Teil über Online-Handel (16,5 %).[/30/] Vorwerk weist aber hier das Vierfache des Erwartungswerts nach eigenen Angaben auf, also ca. 25 % Marktanteil, was angezweifelt werden kann, selbst bei Berücksichtigung einer höheren Lebensdauer. Nach weiteren Angaben werden von Vorwerk nur 10 % über den Internethandel (E-Commerce) verkauft, der Rest über Shops und Berater. Denn Verbraucherschützer geben für den Direktverkauf lediglich einen Marktanteil von ca. 20 %[/32/] an und da es neben Vorwerk noch andere Direktanbieter gibt, kann vermutet werden, dass die Selbsteinschätzung auf der Homepage von Vorwerk sehr optimistisch ist.

Die (mittlere) Lebensdauer ist bekanntermaßen mit der Nutzungsdauer vom Kunden zu unterscheiden. Mit der Nutzungsdauer ist die Zeit gemeint, in der das Gerät aktiv vom Kunden benutzt wird. Dies kann sehr unterschiedlich sein, je nachdem, wie der Einzelne Sauberkeit versteht, vom täglichen bis zum wöchentlichen Saugen.

Die (mittlere) Lebensdauer eines Staubsaugers ist eine errechnete, die unter plausiblen Annahmen errechnet wird, wie einer (mittleren) Nutzungsdauer, (mittleren) Wohnungsgröße oder durchschnittlichen Böden in einer Wohnung. Sie kann daher genutzt werden, um Geräte zu vergleichen oder auszuwählen. Wer z. B. wenig zu saugen hat oder eine kleine Wohnung mit wenig Teppich hat, wird beispielsweise auf die Lebensdauer weniger Wert legen und weniger für den Staubsauger auszugeben bereit sein, denn z. B. ein selbständiger Ingenieur mit eigenem Büro sowie Angestellten mit angeschlossener Villa, der aus repräsentativen Gründen eine saubere Arbeitsstätte und Wohnung vorweisen will.

Die Kundenwünsche an den Staubsauger zeigen, dass Kundinnen nach wie vor Geräte mit hoher Nennleistung bevorzugen, sodass die meisten Geräte zwischen 1.600 Watt und 2.400 Watt[/33/] verbrauchen, was gleichzeitig hohe Saugleistung vermuten lässt. Durch die mittlerweile in Kraft getretene EU-Verordnung gibt es solche Geräte nur im Second-Hand Laden, jedoch nicht mehr im Handel.

Tatsächlich kann ein Sauger jedoch nur eingeschätzt werden, wenn zusätzlich das Saugvolumen, der Wirkungsgrad und die Geschwindigkeit im Saugrohr bekannt sind[34], was aber weder Politiker noch Verbraucher als Nachricht erreicht hat. Renner sind nach wie vor Bodenstaubsauger; auch „Schlittenstaubsauger" genannt, die mehr als die Hälfte der verkauften Geräte umfassen[35], da man hier nur die Bürste bewegen muss und nicht das komplette Gerät, wie beim Hand- oder Stielstaubsauger, der seinerseits von Vorwerk überproportional abgesetzt wird. Der ermittelte Durchschnittspreis eines Staubsaugers liegt bei ca. 155 Euro, wobei es nicht sinnvoll erscheint, in der Preispanne von 125 Euro bis 185 Euro zu kaufen, wenn man als Käufer höhere Qualität erwartet. Hingegen ist das zwei- bis vierfache des Durchschnittspreises je nach Typ des Staubsaugers anzusetzen, nämlich ca. 300 bis 700 Euro, dann kann man davon ausgehen, eine gute Qualität zu erwerben.[36] Der niedrige Durchschnittspreis lässt aber ohne Weiteres darauf schließen, dass der „normale" Kunde noch immer nicht bereit ist, viel für die Reinigung seines Teppichs oder Bodens zu bezahlen. Je nach Betrachtungsweise kann man von einer Lebensdauer von 8, 10 oder 15 Jahren ausgehen, was aber von der individuellen Nutzungsdauer und dem Produktlebenszyklus abhängt, die beide erheblich abweichen können. Dies erklärt aber auch, dass Vorwerk Staubsauger, die den vier- bis fünffachen Preis eines Durchschnittssaugers kosten, Schwierigkeiten beim hiesigen Verbraucher auslöst. Vorwerk öffnet durch seine innovative Geräte, aber auch die Preise die Möglichkeiten zur Preisanpassung und Innovationen der Wettbewerber. Überhaupt lassen sich viele Aspekte wie Stromkosten von ca. 8 bis 25 Euro, Verbrauchsmaterialien mit 34 Euro oder Reparaturen mit 10 Euro jährlich nur grob abschätzen, da hier wenige seriöse Daten und Berechnungen sowie plausible Annahmen vorliegen.[37] Da die Auswahl groß ist und mittlerweile durch viele Tests bekannt, was Staubsauger zu leisten haben, spielen für Kunden zunehmend auch das Design, aber auch umweltgerechte Entsorgung, das Handhaben und komplette Zubehör wie Fugendüsen und ein Behältnis dafür im Staubsauger eine Rolle.[38]

Gehe ich vom Kauf im Ladengeschäft aus, so ist dem Kunden möglich, sich nach diesen Kriterien zu orientieren; wobei Kriterien für das Geschäft bzw. Inhaber und Marke und Unternehmen des Produkts noch paarweise unterscheidbar sind: Ansehen der Geschäfts- oder Inhabers und dessen Beratung bzw. Kompetenz, Image der Marke des Staubsaugers, Preisangebot oder dessen Verhandlung, Garantien, Nennleistung, Datenblatt bzw. Beschreibung, Handhabung, Design insbesondere Farbe, Vollständigkeit des Angebots wie mitgeliefertes Zubehör (Düsen), Testergebnisse aus Verbraucherzeitschriften, Reparaturservice, Vorerfahrung mit bisherigem Staubsauger.

Im Geschäft ist es mir als Kunden unmöglich, dass ich die Saugleistung, Dichtigkeit des Gehäuses, Qualität (z. B.: 9-lagiges Papier, kleine Poren) und die Quantität (z. B. 3,5 Liter Fassungsvermögen) der Filtertüten und die angegebenen Nennleistungen, Umweltaspekte beim Entsorgen einschätzen oder gar überprüfen kann. Lediglich über Design, Nennleistung und Preis kann ich mir einen ersten Eindruck verschaffen.

Sobald aber mehr als drei oder vier Kriterien bewertet werden müssen vom Verbraucher[/39/], wird er dazu neigen, sich nach verschiedenen Faustformeln (Heuristiken), der Intuition – im Volksmund Bauchgefühl, gelerntes Wissen und Erfahrungen das nicht bewusst ist (besser Vorbewusstsein)[/40/] –, Ratschläge von Verwandten und Bekannten (das Wissen und die Erfahrung anderer) zu orientieren. Diese Faustformeln und Erfahrungen haben sich bewährt.

Je teurer der Staubsauger ist und je weniger bekannt, desto komplizierter, langwieriger und risikoreicher dürfte eine solche Entscheidung empfunden werden. Selten wird der Verkäufer des Ladens dem Kunden den Staubsauger überlassen, damit er ihn zu Hause ausprobieren kann. Dabei könnte dieser gegenseitiger Vertrauensbeweis den Kauf fast automatisch nach sich ziehen.

Nur wenn der Inhaber oder Verkäufer fragt nach der Größe der Wohnung, der Ausstattung der Wohnungsböden, wie häufig und von wem gesaugt wird, welches Budget für den Kauf geplant ist, ob eine bestimmte Marke oder welcher Staubsauger (Hand-, Schlitten-, Akku-, Robotersauger) gewünscht ist, dann lässt diese Bedarfsermittlung zu, dass eine an den Kundenbedürfnissen orientierte Lösung gefunden werden kann. Was in dieser Ausführlichkeit eher selten vorkommen wird, weil den Kunden ihre Wünsche und Bedürfnisse selten bewusst sind. Manche potentiellen Käufer empfinden dies – entgegen der Absichten des Verkäufers – als ein Ausfragen oder den Versuch des Händlers, dass sie überredet werden sollen.

Fragt der Kunde den Inhaber des Geschäfts nach dessen Rat – sucht er nach der Bestätigung seiner eignen Vorstellung – wird er aber erfahrungsgemäß das Gerät empfohlen bekommen mit einem hohem Verkaufspreis oder bester Rendite für das Geschäft. Diese Strategie, sich auf Autoritäten zu verlassen, nutzt dem Verkäufer, aber selten dem Kunden und seinen Bedürfnissen.

Daher ist hier davon auszugehen, dass viele Verbraucher lieber zum Bewährten greifen, als das Neue zu wagen. Dieses konservative Vorgehen bietet hohe Sicherheit, jedoch wird dadurch selten Neues den Käufer erreichen, außer, der technische Fortschritt der Branche zwingt ihn dazu.

Das erklärt dann wieder, dass manche Neuerungen beim Staubsauger, wie z. B. Robotersauger, einen geringen Marktanteil von nur ca. 10 % haben, bei denen aber eine zunehmende Nachfrage angenommen werden kann. Wegen der oben angeführten konservativen Strategien der Käufer setzen sich Neuerungen nur langsam durch.

Hingegen unterschätzen die Verbraucher die laufenden Kosten, die solche Geräte durch den Strom, Tüten und Reparaturen beinhalten. So gehen die fünf Marktführer lt. Angaben eines Herstellers mit 219 Euro [41] jährlich extrem hoch von Zusatzkosten aus – aber das ist eine Werbeaussage ohne detaillierte Angaben. Während Ökologen und Warentester hingegen die laufenden Gesamtkosten jährlich mit ca. 70 Euro in der Studie veranschlagen, also wesentlich niedriger. Dabei werden, die durch politische Verordnung die Entsorgung der Geräte den Verbrauchern und den Kommunen über die Müllgebühren angelastet. Die Hersteller werden nur zum Teil an diesen Kosten beteiligt. Die notwendige Wiederbeschaffung mit von mir geschätzten 20 Euro jährlichen Kosten, die in diese Berechnung mit einfließen müssten, sind auch nicht berücksichtigt.[42] Dabei sind in der Berechnung Geräte ohne Störungen berücksichtigt, weil Frühausfälle über die Garantie oder gesetzliche Gewährleistung abdeckt werden und die Spätausfälle zum Lebensende nach 8 oder 15 Jahren des Saugers zwangsläufig den Neu- oder Ersatzkauf erzwingen. Nur im Falle von unbefriedigten Gewährleistungs- oder Garantieansprüchen, hohen Reparaturkosten oder relativen frühem Versagen des Geräts, also Unzufriedenheit in Leistung und Service oder gravierenden Verbesserungen sind Wechselargumente für den Kunden wirksam.

Hier zeigen sich erhebliche Abweichungen in den Zahlen, was unterschiedliche Berechnungsmethoden und Kostenansätze, die vermutlich unterschiedlichen Interessen unterliegen, nahe legen könnten.

Gehe ich vom Verkauf im Internet/Katalog/TV aus, dann werde ich ganz andere Kriterien anlegen, zumal das Internet anmutet, dass es hier billig ist oder gar nichts kostet. Beim Warenhauskatalog kann der Preis abweichen, wenn das Unternehmen eine zusätzliche Homepage oder Präsenz vor Ort hat. Im Fernsehen hingegen werde ich vielleicht durch ein Interview mit Vorführung geführt und anschließend zum Kauf aufgefordert. Der Katalog bietet mir eine Vorauswahl von Staubsaugern an, die gängig sind. Aus den Abbildungen, den Produktbeschreibungen, dem Preis bin ich gezwungen, mir ein Bild zu machen und dann eine Entscheidung zu treffen. Auch hier gelten die Regeln des Fernabsatzgesetzes, sodass bei Unzufriedenheit das Gerät wieder an den Versender kostenlos zurückgeben kann.

Zurück zum Internet: So erwarte ich vom Internetanbieter eine übersichtliche Homepage, einen fesselnden Auftritt, leichtes Navigieren und einen einfachen Bestellvorgang, eine Hotline für Rückfragen und evtl. Newsletter. Aber ich werde dazu neigen, dass ich bei einer solchen Anschaffung mir in Internet-Foren die Erfahrungen von bisherigen Nutzern nachlese, Preisvergleichsportale aufsuche, um den günstigsten Preis für den gewünschten Staubsauger zu finden, und dann erst bestelle. Hier, da ich das Gerät weder sehen, anfassen noch durch die abstrakte Beschreibung wirklich kennenlernen kann, bleibt der Kauf auf Probe oder mehrere Produkte gleichzeitig oder nacheinander zu testen übrig. Dabei verzichte ich auf fachmännischen Rat des Handels, aber es kann der zweite Schritt sein, dass ich mich im Handel informiere, aber im Internet kaufe.

Zwar wünschen sich die Verfechter der Öko-Bewegung, dass die Kunden interessiert sind am gesamten Lebenszyklus des Staubsaugers von der umweltschonenden Herstellung mit recycelbaren Materialien über den Betrieb beim Verbraucher, dann möglichst wenig Strom und Tüten verwenden und sich Gedanken über leichtes Entsorgen und die hohe Wiederverwertungsquote der eingesetzten Bodenschätze und Rohstoffe machen, doch scheint dies beim Verbraucher nicht im gewünschten Umfang der Fall zu sein.

Denn der Staubsauger hierzulande ist m.E. eher ein Schlittensauger oder einer ohne Staubbeutel (Zyklon) mit einem Motor, selten ein Robotersauger ohne elektrische Teppichbürste, mit mehrlagigen Papiertüten mit 3,5 Liter Volumen, Motor- und Allergifilter, einem Anschlusskabel von 7 bis 10 Metern Länge, ist 80–85 Dezibel laut und emittiert mehr als 1 % Feinstaub, hat eine Nennleistung von 1.600 bis 1.900 Watt, kostet ca. 160 € und ist zudem mit Rabatt angeboten worden, ist ein gängiges Markenprodukt, beim Fachhändler mit dessen Beratung um die Ecke gekauft, gemeinsam mit dem Partner, mit zwei Jahren Garantie und wird nach acht Jahren gegen den alten kaputten oder stinkenden Sauger ausgetauscht, soweit ein vorheriger Ausfall zum Neukauf zwingt, da eine Reparatur oft nicht sinnvoll ist.[/43/]

Danksagungen

Als ich die Weiterbildung zum Manager Anfang dieses Jahrzehnts begann, wurde ich von dem Kursleiter gebeten, meinen Weg und Berufswunsch optisch und schriftlich darzustellen. Diese Zeit war mit weiteren Selbstreflexionen und der Strategie verbunden, ein etwa zweimonatiges Praktikum in einem Betrieb zu finden, das integraler Bestandteil des Kurses war. Ich erwähnte im Kurs meinen Traum aus der Jugend, gerne zu texten, zu schreiben, was mich zuerst dazu veranlasste, Verlage anzuschreiben oder zu telefonieren.

Auf die Idee zu diesem konkreten Buch brachte mich ein weiterer Kursleiter zwei Jahre später, der in einem Vorgespräch des Bewerberkurses lapidar und eher nebenbei meinte, dass ich über „Meine acht Jahre bei Vorwerk“ schreiben könne.

Ich bedanke mich ausdrücklich beim Novum Publishing Verlag für neue Autoren, Neckenmarkt, Österreich, bei der Geschäftsführerin Frau Sabine Bader und dem Verleger Wolfgang Bader für ihre viele Geduld, Anregungen, rechtliche und sonstige Hinweise für mich als Neu-Autor.

Die Zusammenarbeit und die konstruktiven Vorschläge der Assistentin im Lektorat Frau Pfeiler-Galos und der Lektorin Frau Pia Euteneuer halfen mir sehr. Ich freue mich überhaupt über die Chance, die Idee konkret umzusetzen, dass erstmals die Vorwerk-Kunden in Deutschland, Österreich und der Schweiz interne Einblicke bei Vorwerk – Reinigungsgeräte erhalten, die jenseits der Selbstdarstellung dieses weltweit agierenden Hausgerätekonzerns liegt.

Widmung

Der Dank gilt auch meiner schwäbischen Ex-Frau, die in fünf Jahren gemeinsamer Vorwerk-Zeit, die für uns beide und die drei Kinder anstrengend war, lange zu mir hielt.

Ebenso an einen Freund am Wohnort, der mir eine wichtige Rückmeldung gab; einem weiteren Freund, der durch Unterstützung mit professioneller Software es ermöglichte, die Grafiken in das Bildformat zu konvertieren und in der Schlussphase zügig zu beenden, dem professionellen Fotografen einer schwäbischen Regionalzeitung, der das Katzenfoto (Bild 4) kostenlos zur Verfügung stellte und meiner Tochter, die in Bayern zur Zeit der Erstellung des Buches an einer bayerischen Universität Lehramt für Sprachen an Gymnasien studiert.

Abkürzungsverzeichnis

AO	Abgabenordnung
a. a. O.	am angegebenen Ort oder dort
B.	Bild
BGB	Bürgerliches Gesetzbuch (Gesetzbuch der Bürger untereinander)

bzw.	beziehungsweise oder als auch
ebenda	siehe oben
evtl.	eventuell oder möglicherweise
HGB	Handelsgesetzbuch (Gesetzbuch der Kaufleute)
i. d. R.	in der Regel, gewöhnlich, üblich, normalerweise
m. E.	meines Erachtens oder so, wie ich meine
MwSt.	Mehrwertsteuer (auf Verbraucherseite, Volksmund)
Nr.	Nummer
o. V.	ohne Verfasser oder ungenannt, unbekannt
SGB	Sozialgesetzbuch II; „Hartz IV"; Unterstützung Langzeitarbeitsloser in Deutschland
S. s.	Seite oder siehe
s. a.	siehe auch oder des Weiteren
s. o.	siehe oben
s. u.	siehe unten
u. Ä.	und Ähnliches
USt.	Umsatzsteuer, (auf Unternehmensseite, [be-]steuerbare Umsätze, Finanzamt)
u. U.	unter Umständen
w. o.	wie oben
z. B.	zum Beispiel

Anmerkungen

Beratungsgespräch: = Verkaufsgespräch.

Bezirk: = Region.

Duftchips oder -stäbchen: Stäbchen oder Chips mit Parfüm für Staubsauger-Tüten zur Verbesserung der Abluft, für alle gängigen Staubsauger geeignet und von vielen Herstellern angeboten. Siehe Allergie-Auslöser.

Gebiet: Zugewiesenes Tages- oder Wochengebiet im Bezirk an den Fachberater meist durch den Gruppenleiter festgelegt, vergeben und kontrolliert.

Fünf-Jahres Garantie und voller Service 1988: „Dafür steht Vorwerk mit der längsten Garantiezeit ein, die es für Raumpflegegeräte gibt: Fünf Jahre lang zahlen Sie keinen Pfennig für Reparaturen, sollten diese trotz sorgfältiger Fertigung und intensiver Qualitätskontrolle doch einmal auftreten. Vorwerk berechnet in den ersten sechs Monaten der Garantiezeit auch keinerlei Fahrkosten."/44/ Wurde später durch die zweijährige gesetzliche Gewährleistung ersetzt. Jedoch kehrte sie beim Multi-Kanal-Marketing wieder zurück.

Gutschein zum Kennenlernen („Schnuppertag"): Ist die Möglichkeit eines potenziellen Interessenten, unverbindlich für einen ganzen Tag die Arbeit von Vorwerk Fachberatern und mit der Gruppe kennenzulernen, um eine Entscheidung des beruflichen Einstiegs treffen zu können. Das Modell wurde auf die neuen Kundenberater im Multi-Kanal-Marketing später übertragen, wobei die Anwerbung über die Homepage erfolgt.

„Kobold": Woher der Begriff kommt, ist nicht zu klären. Historisch geht der Name bei Vorwerk auf eine Hausfrau/Kundin aus den 1930er-Jahren zurück; wie in Fachberater-Kreisen immer wieder als Legende wiedergegeben wird. Sie nannte den Sauger spontan „Kobold", da er überraschend gut reinigte. Dabei gehört ein Kobold zur Gattung der „übermütigen, teils freundlichen und heimtückischen Hausgeist[er]". Der Begriff setzt sich aus Koben für Haus und Unhold zusammen. Wird ebenso mit „Ding, Kind, Dämon" verbunden, aber auch „Wichtelmann" oder „Heinzelmann", geht weiter bis zum Negativem „Bösewicht"/45/.

Hartboden: besteht z. B. aus PVC, Holztafeln, Parkett, Steingut, Kork.

Gruppe/Team: Mehrere selbständige Fach-/Kundenberater mit einem Gruppen-/Teamleiter, die ihre Aufträge wöchentlich beim Bezirk abrechnen.

Pflege, Kosmetik- und Nahrungsergänzungsmittel (überwiegend USA, Mexiko, in Deutschland geringe Bedeutung): Ist ein erfolgreiches, komplett von Vorwerk 2004 aufgekauftes Direktvertriebssystem aus dem Bereich von Kosmetik und ursprünglich aus den USA sowie Mexiko und dort Marktführer, hierzulande wenig bedeutend. Überwiegend durch Fachberaterinnen vertreten auf Präsentationsstrecken, Verkaufspartys.

Universelles Küchengerät: Ist ein von Vorwerk entwickeltes universelles Gerät mit 12 Funktionen für die Hausfrau/-mann[/46/], das mit eigenem Direktvertriebssystem über Vorwerk vertrieben wird, aber in eigener Verantwortung mit eigenen, meist Fachberaterinnen in Kochstudios, bei Küchenvorführungen von Möbelhändlern, in Zusammenarbeit mit Volkshochschulen als Kochkurs, gemeinsames Kochen als Hausparty vertrieben wird. Ergänzend taucht dieses Gerät als Product-Placement in Fernsehsendungen auf, da im Gegensatz zum Staubsauger hier keine Fernsehdokumentationen gedreht und gesendet wurden.

Teppich: aus dem „[griech.-lat.] [Ist ein] textiles Erzeugnis; das v. a. als Bodenbelag oder Wandbehang genutzt wird. Ein Teppich wird mit verschieden eingefärbten Fäden geknüpft oder gewirkt (seit dem 19. Jahrhundert auch maschinell [1883 wurde die Vorwerk Teppichweberei gegründet]), wodurch Musterungen entstehen.“[/47/]

Teppichboden: „In Bahnen oder als Fliesen verlegter Fußbodenbelag. Oberschicht aus textilen Materialien (Chemiefasern, Wolle, Haargarn, Kokos-, Sisalfasern), Unterschicht häufig aus geschäumten Kunststoff. Nach dem Herstellungsverfahren unterscheidet man *Nadelfliesteppiche* (Laufschicht aus Nadelfilz [Industrie, Großraumbüros]); und *Tuftingsteppiche* (Nadelflurteppiche); nach Art der Oberfläche Schlingenware (mit nicht aufgeschnittenen Florgarnschlingen); *Velourware* (mit geschnittenem Flor und velourartiger Oberfläche) und *Strukturware* (mit strukturierter Oberfläche).“[/48/]

Glossar

Lexikon der Begriffe

Allergie: Medizinischer Fachbegriff für Störung, Schwächung, Überreaktion des Immunsystems durch Einflüsse aus der Umwelt. Dabei unterscheidet man Allergien grob nach Übergang in den Menschen über Atemwege, Haut oder über Verdauungsorgane.

Auslöser von Allergien: z. B.: Hausstaub, Milbenkot, s. u. Katzenhaare, genauer der Speichel der Katze[/49/] s. u., Pilze, Bakterien, Keime, Duftstoffe in kosmetischen Mitteln, s. u., Parfüms/Duftstoffe in Waschmitteln sowie Parfüms, selber und Lebensmittel.[/50/]

Berufsständische Kammern der Unternehmen, Freiberufler: Zuständige Organisationen zwischen Staat und Unternehmen als deren Dienstleistungsunternehmen oder Vertretung in Selbstverwaltung der Selbstständigen und Unternehmen, Handwerker, Ärzte. Architekten, Ingenieurbüros, Künstler, Anwälte usw.; bestimmt und nimmt die Fachberaterprüfungen ab, berät bei Geschäftsplänen, Gutachten für Existenzgründer aus der Arbeitslosigkeit (Arbeitslosengeld I in Deutschland) oder Hochschulabsolventen, Vermittlung von Kooperationspartnern, unterstützt und berät die Mitglieder auch in rechtlichen Belangen, hat branchenspezifische gewählte Beiräte und vertritt deren Interessen; macht Stellungnahmen zu Gesetzgebungsverfahren in Bund und Ländern, die für Unternehmer bedeutend sind, zu klären und sie dahin gehend zu beraten.

Jeder selbstständige Fachberater ist automatisch Mitglied einer solchen Kammer und beitragspflichtig nach gemeldeten Umsätzen, wobei es hohe Freibeträge bei dem gemeldeten Umsatz im Geschäftsjahr gibt, so das viele Selbständige kleine oder gar keine Beiträge zahlen.

Branche: Unternehmen mit Produkten und Dienstleistungen ähnlicher Merkmale, wie z. B. kleine Haushaltsgeräte.

Elektrische Kleingeräte/Kleine Haushaltsgeräte: zu diesen gehören Staubsauger, neben anderen wie z. B. Föhn, Rasierer, Kaffeemaschinen und -vollautomaten, elektrische Haushaltsmixer, Küchenmaschinen, Brotschneidemaschinen. Sie umfassen in Deutschland einen Markt von ca. 1 Mrd. Euro, davon die Staubsauger alleine ca. 650 Mio. Euro Umsatz.

Fabrikverkauf (Factory-Outlet; Direktverkauf): Verkauf meist reduzierter Qualität mit stark herabgesetzten Preisen in eigenen Läden des Herstellers für Kunden im Gegensatz der Werksverkauf für Betriebsangehörige auf dem Werksgelände mit normaler Ware, aber Rabatten für die Mitarbeiter.

Garantie: Freiwillige Leistung des Herstellers oder Händlers über die gesetzliche Gewährleistung hinaus, kann daher eingeschränkt werden, sich auf Teile des Staubsaugers beschränken und kann kostenpflichtig sein.

Gewährleistung (BGB): Ein Zeitraum von 24 Monaten, in denen der Händler oder Hersteller dafür einsteht, dass die gelieferte Ware bei der Übergabe an den Kunden keine Mängel hat. In den ersten 6 Monaten liegt die Beweispflicht beim Händler, dass der gelieferte Staubsauger fehlerfrei beim Kauf, genauer bei der Übergabe war. Ab dem siebten Monat muss der Käufer den Fehler nachweisen, was aber i. d. R. nur mit Fachkenntnissen bzw. einem Gutachten machbar ist. Die Gewährleistung können Händler und Hersteller nicht beschränken, jedoch geht dies bei gebrauchten Sachen, indem die Gewährleistung auf einen Zeitraum von 12 Monaten reduziert wird.

Internet-Recht: Aus anderen Rechtsgebieten und Verordnungen hergeleitetes Recht oder Rechtssätze zu allen Problemen und Herausforderungen von Handel nach Datenerhebung über Kundenwünsche oder Messen von Werbemaßnahmen sowie Verkauf, aber auch unter dem Schutz von Persönlichkeitsrechten des Käufers zu regeln.

„Katzenallergie“: (s. a. Allergie, kosmetische Mittel) „Durch Katzen können beim Menschen allergische Reaktionen ausgelöst werden, die von tränenden Augen und Schnupfen bis zur Atemnot reichen. Verursacht wird die Allergie durch den Speichel, den die Katze beim Putzen in ihrem Fell verteilt.“ (s. Bild 4 und[/51/])

Kosmetische Mittel: (s. a. Allergie „Katzenallergie“) „Unsere Botschaft ist heute, dass kosmetische Mittel Ihre Gesundheit gefährden können.“ [...] „Und dabei handelt es sich nur um die akuten Fälle. Die in Kosmetika enthaltenen Gifte können aber auch langfristig Beschwerden und Krankheiten auslösen, die erst Jahre nach Exposition sichtbar werden.“[/52/]

Network-Marketing oder Multi-Level-Marketing (MLM)/ Strukturvertrieb (Direktverkauf): Wird beschrieben „als der Verkauf/Vermittlung von Konsumgütern [z. B. Kosmetika, Nahrungsergänzungsprodukte] und Dienstleistungen [z. B.

Provider, Finanzdienstleistungen d. h. Versicherungen] durch Vertriebsrepräsentanzen [eigene Wohnung] direkt an den Endverbraucher [Kunden], verbunden mit der Möglichkeit des Aufbaus einer eigenen Vertriebsorganisation, d. h. Einkommen [Umsätze] der einzelnen Vertriebsrepräsentationen [Verkäufer] ist abhängig vom eigenen Verkaufs/Vermittlungsvolumen [meist Umsatz pro Verkaufsperiode, meist ein Monat] und demjenigen der von ihm geworbenen Vertriebsrepräsentante [nachrangigen (Mit-)Verkäufer]. Für die Waren und Dienstleistungen gelten in jeder Stufe des Vertriebs grundsätzlich die gleichen Konditionen. Die Startkosten für den Einstieg ins System sind in der Regel klein und überschaubar.

Zusammenfassend (...):

Network-Marketing ist eine besonders dynamische [eher schnelle Veränderungen im Markt möglich und zu erwarten] aber seriöse Form [Kriterien zur Feststellung erforderlich] des Direktvertriebs. Sie ist kein Pyramiden- oder Schneeballsystem, mit dem sie oft verwechselt wird. Sie bietet große Chancen für unternehmerisch denkende Menschen und ist die Vertriebsform mit den größten Wachstumsraten [Untersuchungsjahre sind die Jahre vor und 2004] im Vergleich zum Einzelhandel.“/53/

„Ein MLM [**M**ulti-**L**evel-**M**arketing] kann zwar in der Regel nebenberuflich, also ohne Risiko eines totalen Karrierewechsels aufgebaut werden, wobei aber trotzdem, wie in jedem anderen Geschäft [gemeint ist hier eine andere Selbstständigkeit], *gewisse* [eine Verniedlichung!] Kosten entstehen (wie Benzin, Reparaturen, Neuanschaffung [Pkw erforderlich], Telefon, Post [Briefmarken, Papier, Umschläge, Drucker], Zeit und Vorführartikel). Selbst wenn diese *minimal* gehalten werden, sollte man dennoch lieber einen geringen Erfolg oder höhere Kosten erwarten, um sich problemlos mit dem Aufbau [unbezahlt] von Kunden und Geschäftspartnern zu beschäftigen. Da man für die Führung eines erfolgreichen MLM-Geschäfts *keine* besonderen Qualifikationen [eigentlich gar nichts wissen und können müssen außer hart arbeiten] benötigt, treten immer wieder Menschen in den Vordergrund, die mit *durchschnittlicher* Bildung [gemeint ist hier vermutlich: Mittlere

Reife oder durchschnittliche Noten, also „befriedigend"] und *wenig* Geld [„arme Hunde"] ein erfolgreiches Geschäft aufbauen können."/54/ Und: „Geschäftspartner finden Sie in ihrem *engeren* [Familie und Verwandte] und sowie *erweiterten* Bekanntenkreis [Freunde und Bekannte], durch Empfehlungen (fragen Sie nach, ob jemand eine Person kennt, die an einem Zusatzeinkommen interessiert ist, durch Zufallsbekanntschaften, im Urlaub, auf Feiern usw. und aus dem eigenen Kundenstamm)." Und da die Qualifikation *nicht* vorausgesetzt wird: „Im persönlichen Gespräch werden Sie herausfinden, ob und in welcher Form *jemand* für dieses Geschäft geeignet ist [schließlich kennen Sie sich ja aus]. Prinzipiell können Sie diejenige Person als Geschäftspartner gewinnen, die auch bereit ist, dauerhaft für ein Zusatzeinkommen zu arbeiten." Das geht *ohne* Belastung, denn „Künftig wird der ‚Neue' selbst bestellen" und deshalb „Senden Sie uns *schnellstmöglich* den Beratervertrag mit der ersten Bestellung des neuen Vertriebspartners zu, damit der Warenversand erfolgen kann."/55/ (Anmerkungen und kursive Schrift vom Autor) Sie sollten dabei allerdings vorsichtig sein, sonst haben Sie bald keinen mehr, der in der Familie zu Ihnen steht oder keine Freunde mehr!
Für viele Starter bricht nach dieser ersten Euphorie das Geschäft weg, da Verkäufer-Kenntnisse und die Praxiserfahrungen fehlen oder weitere mentale Fähigkeiten (s. o.) nicht genügend vorhanden sind, um bis zum Erfolg durchzuhalten. Gleichzeitig sollen die Bekannten als Mitarbeiter gewonnen werden, von deren Verkäufen soll man dann ganz leicht in der entstehenden Struktur ein Mehr-Ebenen-System, was durchaus einer Spinne in der Mitte des Netzes oder einer Pyramidenarchitektur ähnelt, aufbauen, worin es nur wenigen über Jahre gelingen kann, ein stabiles Einkommen zu erzielen, geschweige denn zum Millionär zu werden. Sich darauf zu verlassen, vom Werber gut geschult, unterstützt und eingearbeitet zu werden, erweist sich oft als frommer Wunsch. Schließlich ist dieser dabei, dass er sein Einkommen erwirtschaften muss, also wird er wenig Zeit und Lust verspüren letztlich unbezahlte Arbeit, zu investieren, selbst wenn mittelfristig es durchaus lohnen würde. Was hingegen geschieht, ist ein

Wettbewerb unter vielen, wo die Multi-Level-System-Anbieter keinerlei Mitarbeiter-Verantwortung im Sinne der Fürsorge des klassischen Unternehmens und Risiken des Geschäfts für die Anfänger mit übernehmen. Es bestehen lediglich ständig Anreize über Provisionen und Incentives bei gleichzeitig ständiger Motivation bis zum Ausüben von Druck, um Engagement und ständigen Einsatz einzufordern, bis dadurch eine Auslese vom Markt der Besten von selbst zustande kommt, die dann jahrelang erfolgreich darin arbeiten. Damit ist auch diese Direkt-Vertriebsform ständig um Nachwuchs bemüht, gerade darauf angewiesen.

Gesetzliches Rücktrittsrecht und Fristen bei Haustürgeschäften (Haustürgeschäfte-Gesetz): Betrug im Jahr 2000 bei Haustürgeschäften eine Woche ab Erhalt, in der das Produkt eine Woche lang ohne Begründung zurückgeben oder zurückgesendet werden konnte, bis auf den Schwellenwert von 40 Euro auf Kosten des Versenders, und dass es Ausnahmen für verderbliche Waren wie Lebensmittel oder personalisierte Produkte wie die individuelle Kaffeetasse CDs, DVDs u. Ä. gab. Wurde später im **Fernabsatzgesetz** – speziell wegen des international aufkommenden Internethandels – auf zwei Wochen erweitert. So ist heute der Kunde verpflichtet, seine Gründe für Rücksendung dem Verkäufer mitzuteilen und er trägt die Kosten, wenn er die Ware zusendet. Dabei können die Internet- oder Versandhändler zugunsten des Kunden davon abweichen. Da die Entwicklung dieser neuen Vertriebsformen noch im Fluss ist, kann nicht ausgeschlossen werden, dass es hier künftig zu weiteren gesetzgeberischen Anpassungen kommen wird.

Party-Verkauf/Verkaufsparty (Direktverkauf): Dies ist meist auf Kundinnen hin gedacht, weil dort die Einladende ihre Freundinnen zum lockeren Abend einlädt, was die Verkäuferin eine Präsentation mit kleinen Geschenken und Produktproben verbindet. Hin und wieder gelingt aber auch die Zusammenarbeit mit der Volkshochschule (VHS) vor Ort, oft noch in Kooperation mit Möbelhäusern oder auf Küchen spezialisierte Möbelgeschäfte (Küchengeräte), wobei hier neutrale Vorträge gehalten oder Rezepte gemeinsam gekocht werden, dabei ist der Spagat zwischen Bildung und

Kommerz zu bewältigen, aber damit entsteht auch ein Konflikt mit Wettbewerbern, da die Bildungseinrichtung in die Rolle des Sponsors gerät. Dazu können die Produkte gesehen und können ausprobiert werden. Die potenziellen Kunden stellen ihre Fragen, Bestandskunden berichten über Erfahrungen oder was die Wettbewerber schlechter oder besser machen. Nicht zu vergessen, dass die Verkäuferin Mitstreiterinnen anwerben kann, denen man zeigt, wie einfach es ist. Oder man nimmt sie mit zum nächsten Treff in der Gaststätte, wo man auch gleich die höheren Hierarchien und Spitzenverkäufer trifft, denen man auch angehören möchte. Die Gastgeberin wird ihrerseits für das Verfügung Stellen der Wohnung entschädigt. Diese lockere, intime Atmosphäre, die im privaten Bereich die Zustimmung leichter macht und die ersten Verkäufe am Abend andere nach sich ziehen, ist gebräuchlich bei Frischhalteboxen für Lebensmittel, Nahrungsergänzungsmitteln oder auch Kosmetika.

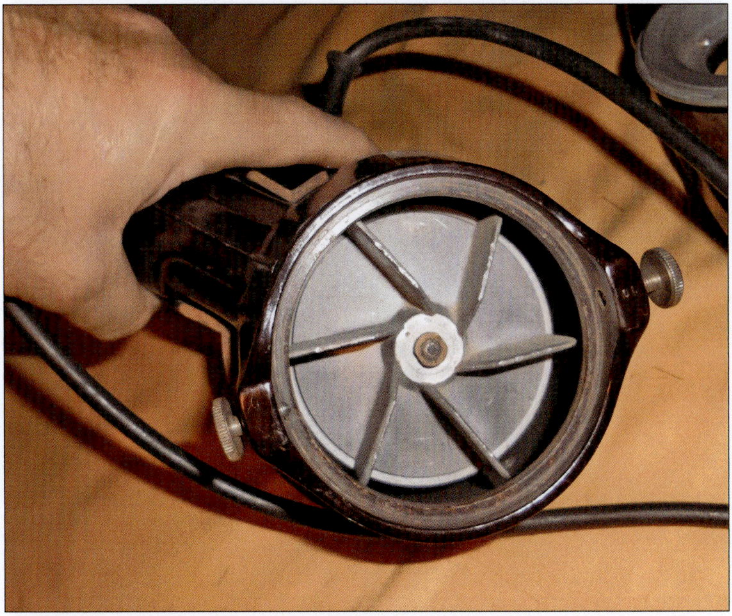

Rotor/Verdichter des Vor- und Nachkriegs-Modells (1938–1940, 1940–1952)

Schneeball-Systeme oder Progressive Kundenbewerbung:[/56/] Es gibt auch bei den Direktvertrieben jeglicher Couleur die „schwarzen Schafe“, die Interessenten und neuen Geschäftspartnern zu vermitteln suchen, dass es gar nicht auf das Verkaufen ankomme, die einen mehr als schlampig ausbilden, eine Eintrittsgebühr verlangen und damit meist einen Kaufvertrag abschließen und zuerst einmal ihre Ware im hohen Umfang an den neuen Geschäftspartner verkaufen wollen und damit „in die Pipeline“[/57/] kassieren und darüber ständig über diese künstlich geschaffene Marktnachfrage die eigenen Umsätze zu generieren. Leider sind schon viele auf diesen Waren sitzen geblieben, die man dann nur billig abgeben, verschenken oder entsorgen kann, aber zum Kauf noch diese Verluste hinzukommen. Es stellt somit ein sog. Schneeballsystem dar, d. h. nur durch das ständige Gewinnen von neuen Kollegen/Kunden finanziert sich das System. Gelingt dies nicht mehr, bricht die Lawine zusammen.
Hingegen werden bei seriösen Multi-Level-Systemen keine Warendepots angelegt, die Ware kann zurückgegeben werden und die Vergütung in höheren Stufen stellt die Bezahlung für die notwendige Betreuung der Geschäftspartner dar.

Storno/Stornoquote: zurückgezogener oder gekündigter Vertrag während der gesetzlichen Rücktrittfrist.

Versorgungswerke: gibt es für einige Berufsgruppen (Ärzte, Rechtsanwälte, Ingenieure), die für die Krankenversicherung oder Altersabsicherung zuständig sind.

Bilder und Quellen

Bilder/Grafiken: privat

1 „Staubsauger-Erfinder: James Murray Spangler, Entwicklung 1908, USA in Peter Albrecht: Geniale Erfindungen – vom Dosenöffner zum Internet, Fränkisch-Crumbach, 1. Auflage 2008, S. 42

2 vergl. Stolpe: Unternehmenspräsentation 2013, klein, in Microsoft PowerPoint, Vorwerk & Co.; Wuppertal, 15. 02. 2013

3 a. a. O. Albrecht, 2008

4 ebenda

5 ebenda

6 Dyson: Gesamtbroschüre – deutsche Ausgabe, in PDF-Format, Ausgabe 2014, S. 8

7 Zusammenfassung Tabelle Nutzenanalyse in Markus Blepp, Eva Bommer, Dietlinde Quack: ROSA Staubsauger für den Hausgebrauch Entwicklung der Vergabekriterien für ein klimaschutzbezogenes Umweltzeichen Studie im Rahmen des Projekts „Top 100 – Umweltzeichen für klimarelevante Produkte", Freiburg, 28. 05. 2013, S. 41

8 s. ebenda: Tabellen und Anmerkungen, S. 13f

9 vergl. Wolfgang Seubold, Vanessa Grag: Elektrogerätemarkt mit positiver Jahresbilanz Ergebnisse GfK TEMAX® Deutschland – viertes Quartal 2012 Gesellschaft für Konsumforschung (GfK) SE; Nürnberg; 14. 03. 2013

10 Gebrauchsanleitung: Universal Staubsaugerbeutel 0594 in PDF-Format, Wenco, 14. 02. 2014, vergl. S. 2; URL: http://www.wenco.de/Haushaltswaren.html [24. 06. 215]

11 ebenda

12 Horst Kuchling: Taschenbuch der Physik, Thun und Frankfurt am Main, 1979, S. 133, 153–160

13 „Filtertüte" in Kobold VK 150 Handstaubsauger und Zubehör, Gebrauchsanleitung, Vorwerk Systems, Vorwerk & Co.; Wuppertal, 29. 11. 2012, S. 67

14 „vacuum cleaner n[the] Staubsauger m[der]" in o. V: Langenscheidt Collins Wörterbuch Englisch plus Englisch–Deutsch, Deutsch–Englisch, Berlin München Wien Zürich New York, 2007, „vacuum cleaner n[the] Staubsauger m[der]", S. 440

15 ebenda

16 ebenda

17 Kobold VK 150 Handstaubsauger und Zubehör, Gebrauchsanleitung, Vorwerk Systems, Vorwerk & Co.; Wuppertal, 29. 11., S. 94

18 ebenda, S. 94ff

19 a. a. O. Kuchlin, 1979
20 vergl. Verordnung (EU) Nr. 666/2013 der Kommission vom 8. Juli 2013 zur Durchführung der Richtlinie 2009/125/EG des Europäischen Parlaments und des Rates im Hinblick auf die Festlegung von Anforderungen an die umweltgerechte Gestaltung von Staubsaugern
21 Ebenda vergl. 20. Begriffsbestimmungen Abschnitt 2 Punkt 1 „Staubsauger", S. 2
22 Ebenda: Abschnitt 3 „Jährlicher Energieverbrauch", S. 8
23 Ebenda: Abschnitt Ökodesign und spezifische Ökodesign-Anforderungen
24 „Produktökologie" in Thomas Behrens, Umweltmanagementvertreter: Aktualisierte Umwelterklärung Vorwerk Elektrowerke GmbH & Co. KG Standorte Laaken und Rauenthal, S. 14f
25 ebenda
26 a. a. O. Markus Blepp, Eva Bommer, Dietlinde Quack, 2013
27 a. a. O. Wolfgang Seubold, Vanessa Grag, 2013: S. 2
28 ebenda
29 a. a. O. Markus Blepp, Eva Bommer, Dietlinde Quack, 2013 „Marktsättigung", S. 8
30 a. a. O. Wolfgang Seubold, Vanessa Grag, 2013„„Marktanteile", S. 10
31 Mündliche Mitteilungen von Gruppenleitern, Bezirksleitern und Gebietsverkaufsleitern im Jahr 2000, das „Vorwerk in jedem dritten Haushalt anzutreffen sei" und in internen Schulungsunterlagen dieser Zeit
32 a. a. O. Markus Blepp, Eva Bommer, Dietlinde Quack, 2013, vergl. S. 2
33 Ebenda: Tabellen und Anmerkungen, S. 13f
34 ebenda „Saugleistung", S. 15f
35 ebenda: „Bodenstaubsauger (Schlittenstaubsauger)", S. 5
36 ebenda: „Preise", S. 10f
37 ebenda: „Lebenszykluskosten", S. 29–36
38 ebenda: Zusammenfassung Tabelle „Nutzenanalyse", S. 41
39 a. a. O. Diller (Hrsg.), 2001, „Käuferverhalten", S. 754
40 Gerhard Roth Persönlichkeit Entscheidung und Verhalten – Warum es so schwierig ist, sich und andere zu ändern, Stuttgart, 6. Auflage 2011, S. 111–132

41 S. 8 zitiert aus der Dyson: Gesamtbroschüre – deutsche Ausgabe, in PDF-Format, Ausgabe 2014, S. 8; URLs: http://www.dyson.co.uk [24. 06. 2015]; http://www.dyson.de/staubsauger.aspx [24. 06. 2015]

42 a. a. O. Markus Blepp, Eva Bommer, Dietlinde Quak, 2013, vergl. „Lebenszykluskosten", S. 29–36

43 vergl. a. a. O. Wolfgang Seubold, Vanessa Grag, 2013

44 Vorwerk Reinigungsgerät VK 122 und EB 340 Elektrobürste, Gebrauchsanleitung, Vorwerk Deutschland Stiftung & Co. KG; Wuppertal, 15. 05. 2008 (digitalisierte Ausgabe), S. 2

45 vergl. „Kobolde Etymologisches Wörterbuch des Deutschen unter Leitung von Wolfgang Pfeifer, Koblenz, Ausgabe 2014, S. 685

46 vergl. „Katzenallergie" in Gerd Ludwig: 300 Fragen zur Katze – Kompaktes Wissen von A–Z, Praktischer Rat für jede Situation, München, 7. Auflage 2011, S. 38

47 „Teppich" in Joachim Weiß, Projektleiter: Weltbild Taschenlexikon in 10 Bänden, Sonderausgabe, Mannheim, 2009, Band 9, S. 200

48 ebenda „Teppichboden", Band 9, S. 201

49 vergl. „Dieser Mix macht's" in „Vorwerk (Hrsg.): Geschäftsbericht 2010 Trautes Heim Glück allein – Willkommen, Vorwerk & Co., Wuppertal, 2011, S. 10

50 vergl. Anhang 5: ERKLÄRUNG VON SENATOR EDWARD M: KENNEDY (D-MA) HR 411 [am] 10. SEPTEMBER 1997 in Samuel S. Epstein, M.D. Das untragbare Risiko – Wie man Krebs durch Kosmetika und persönliche Pflegeprodukte vermeidet: Die Neways-Story, Chicago Illinois, USA; Borken, Deutschland. autorisierte deutsche Ausgabe, revidierte Fassung 2004

51 a. a. O. Ludwig, 2011, vergl. „Katzenallergie", S. 38

52 a. a. O. Epstein, 2004 a. a. O. Vergl. Anhang 5: ERKLÄRUNG VON EDWARD M. KENNEDY (D-MA) HR 411 [am] 10. September 1997, Siehe 50

53 Prof. Dr. Michael M. Zacharias: Kurzfassung der Studie Network-Marketing in Deutschland, Fachhochschule Worms University of Applied Sciences European Business Management/Handelsmanagement, 1. Ausgabe August 2004, vergl. S. 4

54 Konzept zum Erfolg, Health and Beauty Systems, Ahlen, 2006, vergl. S. 7

55 Ebenda: vergl. S. 25

56 a. a. O. Diller (Hrsg.): 2001, vergl. „Multi-Level-Marketing", S. 1150

57 ebenda vergl. „Schneeballsystem", S. 1518

Literatur, weiterführend

Teilweise wurde sie bereits zitiert und kann zur Vertiefung von Aspekten dienen, die wegen des begrenzen Umfangs nicht vollständig behandelt worden sind.

Allergien:

Samuel S. Epstein, M.D.: Das untragbare Risiko – Wie man Krebs durch Kosmetika und persönliche Pflegeprodukte vermeidet: Die Neways-Story, Chicago Illinois, USA; Borken, Deutschland. autorisierte deutsche Ausgabe, revidierte Fassung 2004

Entscheidungsprozess (Neurologie bzw. Gehirnforschung):

s. a. Lexika: Ap Dijeksterhuis: Das kluge Unterbewusste – Denken mit Gefühl und Intuition (aus dem Holländischen: Het Slimme Onbewußte, Amsterdam, 2007, Rechte beim Autor), Stuttgart, 2. Auflage 2010

Gerhard Roth: Persönlichkeit Entscheidung und Verhalten – Warum es so schwierig ist, sich und andere zu ändern, Stuttgart, 6. Auflage 2011

Erfolg oder Krise bei Selbstständigen:

Vera F. Birkenbihl †: Erfolgstraining – Schaffen Sie sich Ihre Wirklichkeit selbst!; Landsberg am Lech, 1. Auflage 1987

Udo Hartmann: Mentales Streß-Training – Die Kunst, gelassener zu leben, Original-Ausgabe, Düsseldorf, 1. Auflage 1989

Bernhard Steiner: Luft holen und durch – Erste Hilfe für Selbständige bei finanziellen Krisen, Weinheim, 1. Auflage 2004

Fundraising:

Standardwerk der Pionierin in Deutschland: Marita Haibach: Handbuch Fundraising – Spenden, Sponsoring, Stiftungen in der Praxis, Berlin/New York, komplett aktualisiert und erweitert. Auflage 2012

Hochsensibilität:

Standardwerk der Pionierin in denn USA: Elaine N. Aron: The Highly Sensitive Person – How to Thrive When the World Overhelms You, St. Ives, 1999

Anne Heintze: Außergewöhnlich Normal – Hochbegabt, hochsensitiv, hochsensibel: Wie Sie Ihr Potential erkennen und entfalten, München, 1. Auflage 2013

Sylvia Löhken: Leise Menschen – starke Wirkung – Wie Sie Präsenz zeigen und Gehör finden, 9. Auflage, Offenbach, 2014

Sylvia Löhken: Intros und Extros – Wie sie miteinander umgehen und voneinander profitieren, 1. Auflage, Offenbach, 2014

Innovationen:

Gunter Dueck: Das Neue und seine Feinde – Wie Ideen behindert werden und wie sie sich trotzdem erfolgreich durchsetzen, Frankfurt am Main, 1. Auflage 2013

Elko J. Kleinschmidt, Horst Geschka, Robert G. Cooper: Erfolgsfaktor Markt – Kundenorientierte Produktinnovation, Berlin Heidelberg New York, 1.? Auflage 1996

Intelligenz:

Elsbeth Stern, Aljoscha Neubauer: Intelligenz – Große Unterschiede und ihre Folgen, 1. Auflage, München 2013

Kommunikation/Rhetorik:

Vera F. Birkenbihl † : Signale des Körpers – Körpersprache verstehen und Körpersprache einsetzen, Augsburg, 1.? Auflage 1994

Siegfried W. Hartmann: Wie wir fragen und zuhören … könnten! – Leitfaden für erfolgreiche Dialoge in Führung und Verkauf, Würzburg, 2. Auflage 1993

Bruno Neckermann: Reden überzeugen gewinnen – Sicher auftreten, frei reden durch Rhetorik Training, Landsberg am Lech, 1.? Auflage 1994

Dr. Leonhard Zunin: Kontakt finden: Die ersten 4 Minuten – die Brücke zum Anderen – Eine Kontaktschule für den Umgang mit Menschen (aus dem Amerikanischen: Contact – The First Four Minutes), Bern, München, Wien, 3. Auflage der Sonderausgabe 1990

Konflikt:

Lutz von Riesenstiel: Grundlagen der Organisationspsychologie Basiswissen und Anwendungshinweise, Stuttgart, 3. erweiterte und ergänzte Auflage 1992

Gerhard Schwarz: Konfliktmanagement – Konflikte erkennen, analysieren, lösen, Wiesbaden, 8. Auflage 2010

Konflikte im Beruf:

Eberhard G. Fehlau: Konflikte im Beruf – Erkennen, lösen, vorbeugen, Freiburg im Breisgau, 5. Auflage 2010

Monika Radecki: Nein sagen – Die besten Strategien, Freiburg im Breisgau, 2010

Konsumentenverhalten:

Werner Kroeber-Riel † (1934–1995), Peter Weinberg: Konsumentenverhalten, München, 7. Verbesserte und ergänzte Auflage, 1999

Quereinsteiger:

Silvia Knecht: Erfolgsfaktor Quereinsteiger – Unentdecktes Potenzial im Personalmanagement, Wiesbaden, 1. Auflage 2014

Verhandlungstechnik:

Willem Mastenbroek: Verhandeln – Strategie Taktik Technik (aus dem Englischen), Heemstede (Holland); Wiesbaden, Frankfurt am Main, 1. Auflage 1992

Verkaufen, allgemein:

Heinz Beck: Verkaufen wie ein Profi – Persönliche Tipps aus dem Erfahrungsschatz eines Verkaufsexperten; Landsberg am Lech, 3. Auflage 1993

Tom Hopkins: Einfach verkaufen! Intensivkurs (aus dem Amerikanischen: How to master the art of selling, New York, 1982; München), 2. Auflage 1999

Dieter Kiwus: Mehr Verkaufserfolg durch Selbstcoaching – Überflügeln Sie sich selbst: in 21 Tagen zum Quantensprung, Wiesbaden, 1. Auflage 2001

Johanna Maria Lug; Kurt R: Niehaus: Verkäufer, verkauft nicht ...! Niedernhausen, 3. Auflage 2002

Umberto Saxer, Thomas Frei: Einwand-frei verkaufen – 21 Techniken, um alle Einwände wirksam und flexibel zu behandeln, Frankfurt und Wien, 3. Auflage 2004

Verkaufspsychologie bzw. Motivforschung:

Axel Bänch: Verkaufspsychologie und Verkaufstechnik, München Wien, 7. überarbeitete Auflage, 1998

Robert B. Cialdini: Die Psychologie des Überzeugens – Ein Lehrbuch für alle, die ihren Mitmenschen und sich selbst auf die Schliche kommen (aus dem Englischen: Influence), Berlin Göttingen Toronto, Seattle, 2. Vollständig und erweiterte Auflage, 2002

Wirtschaft, allgemein:

David Friedman: Der ökonomische Code – Wie wirtschaftliches Denken unser Handeln bestimmt (Aus dem Amerikanischen: Hidden Order – The Economics of Everyday Life 1996), Frankfurt 1999

Wirtschaftsethik:

Michael S. Aßländer (Hrsg.): Handbuch der Wirtschaftsethik, Stuttgart, 2011

Wilhelm Korff (Hrsg.): Handbuch der Wirtschaftsethik, Band 1–4, Gütersloh 1999, Berlin 2009

Amartya Sen: Die Idee der Gerechtigkeit: (aus dem Englischen: The Idea of Justice, 2009) ungekürzte Ausgabe, München 2012

Lexika/Wörterbücher:

Friedhelm Busch u. a: Das Börsenlexikon – Alle Begriffe, die Sie kennen müssen, Frankfurt am Main, 2000

Hermann Diller (Hrsg.): Vahlens Großes Marketing-Lexikon, Band 1 und 2, München, 2. Auflage 2001

o. V.: Gabler Kompakt-Lexikon Wirtschaft A–Z, 3000 Begriffe nachschlagen, verstehen, anwenden, Wiesbaden, 9. Vollständig überarbeitete und erweiterte Auflage, 2006

Wichtige Internet-Adressen

www.direktvertriebe.de
www.dyson.de
www.LRworld.de
www.vorwerk.com
www.vorwerk.com/de
www.vorwerk-kobold.com
www.vorwerk-kobold/com/de
www.vorwerk-kobold/com/de/carrer
www.wenco.de

Index

Konzentriert auf Fach- und Sachbegriffe:

E

F

G

H

I

K

L

M

N

O

P

Q

R

S

T

U

V

W

Z

Männchen/Maskottchen

Der Global Player des Direktvertriebs – weltweit auf Platz 3, immer noch ein Familienunternehmen, aus dem Bergischen Land, 1883 mit der Weberei von Teppichen gestartet, von zwei Visionären der Familie Vorwerk, der weltweit in über 70 Ländern tätig ist, jährlich über 3 Mrd. Euro Umsatz und 130 Mio. Euro Gewinn (2012) erwirtschaftet, bis heute über 100 Mio. Staubsauger und über 7 Mio. Küchengeräte verkaufte, aber auch Parfüm, zeitweise Küchen und Bügelgeräte, der Hunderte von Patenten hält und damit innovativ ist, mit einer Ingenieurabteilung in vier Werken mit hoher Qualität und für die Umwelt schonend die Produkte selbst fertigt und stolz darauf ist, mit über 600.000 Menschen zusammenarbeiten, dazu noch eine Bank besitzt und spekuliert sowie Finanz-, Leasing- und Reinigung als Dienstleistungen für Unternehmen erbringt und ständig expandiert durch Zukauf weiterer Direktvertriebe um die Nr. 1 der Welt zu werden.

Wenn Sie schon lange einen Staubsauger von Vorwerk zu Hause bei einem Fachberater gekauft haben, dann haben Sie sich bestimmt gefragt, wie dieser an Ihre Türe gekommen ist?

Oder Sie kaufen beim Kundenberater im Vorwerk-Shop in Ihrer Nähe und sind interessiert, wie und warum Sie nach der Präsentation einen Vertrag schlossen?

Oder Sie kauften spontan auf der Internet-Seite gleich einen kompletten Staubsauger für 600 Euro, aber warum gerade diesen?

Aber, da Sie von Ihrem „Kobold“ sicher überzeugt sind – da liege ich doch richtig? Wenn Sie wieder einen „Kobold“ kaufen wollen, dann hätten Sie gerne gewusst, welches Familienunternehmen, das sich längst zum Weltkonzern weiterentwickelt hat, dahintersteht oder stand?

Wenn Sie das interessiert, worauf der Erfolg beruhte und wie das Direktvertriebssystem bis 2007 und heutzutage die Multi-Marketing-Vertriebe aus Internet und Shops vor Ort funktionieren?

Dann sind Sie hier richtig.

Denn dieses Buch behandelt genau diese Fragen in den Zeiten, wo ich als Fachberater in den Jahren 2000–2007 innerhalb Deutschlands unterwegs war und damit erfahren Sie aus erster Hand, wie es wirklich war.

Aber es wird auch gezeigt, wie das Direktvertriebssystem bis 2008 funktionierte, sich ab dem Jahr 2009 bis heute in eine Kombination aus Kundenberatern, Shop vor Ort, Internethandel (Multi-Kanal) wandelte, aber was auch unverändert dabei blieb.

Das Buch über den Konzern Vorwerk & Co., Wuppertal, anhand deren Präsentationen, Geschäftsberichten, Familienstudien, Grafiken als Gesamtunternehmen dargestellt, wobei sich der Fokus auf die Staubsauger und Einbauküchen von 2000 bis 2007, konzentrieren im Vergleich zu den Jahren 2011 und 2012.

Zudem erfahren Sie, wie und warum ein Staubsauger überhaupt funktioniert und etwas über neuere Technologien.

Aus diesen Bildern, Quellen und um weiterführende Literatur ergänzt, haben Sie hiermit eine weitere Möglichkeit, neben anderen Recherchemöglichkeiten – auch bei Vorwerk, die heutzutage das Internet bietet, zu erkennen, ob Verkaufen und Handeln in besondere der Direktverkaufs-Methoden Ihre Berufung sein könnte – oder Sie lesen es, um dieses Geschäftsfeld kennenzulernen.

Der Autor

Der Autor wurde 1956 in Nordrhein-Westfalen geboren. Nach dem Studium der Elektrotechnik war er viele Jahre in der Branche tätig. Zu Beginn des neuen Jahrtausends begann Thorsten Kupper als Fachberater für Vorwerk und zeitweise auch für andere Produkte. Heute arbeitet er ehrenamtlich in einem Tafelladen und hält Vorträge im Männerkreis der Evangelischen Heimat – Kirchengemeinde zu verschiedenen Themen. Der dreifache Vater verfasste schon zahlreiche Fachartikel, heute lebt er in Südwestdeutschland.